大学赤本シリーズ

333

東京家政大学
東京家政大学短期大学部

教学社

は　し　が　き

おかげさまで，大学入試の「赤本」は，今年で創刊70周年を迎えました。

これまで，入試問題や資料をご提供いただいた大学関係者各位，掲載許可をいただいた著作権者の皆様，各科目の解答や対策の執筆にあたられた先生方，そして，赤本を使用してくださったすべての読者の皆様に，厚く御礼を申し上げます。

以下に，創刊初期の「赤本」のはしがきを引用します。これからも引き続き，受験生の目標の達成や，夢の実現を応援してまいります。

本書を活用して，入試本番では持てる力を存分に発揮されることを心より願っています。

編者しるす

＊　＊　＊

学問の塔にあこがれのまなざしをもって，それぞれの志望する大学の門をたたかんとしている受験生諸君！　人間として生まれてきた私たちは，自己の欲するままに，美しく，強く，そして何よりも人間らしく生きることをねがっている。しかし，一朝一夕にして，この純粋なのぞみが達せられることはない。私たちの行く手には，絶えずさまざまな試練がまちかまえている。この試練を克服していくところに，私たちのねがう真に人間的な世界がはじめて開かれてくるのである。

人生最初の最大の試練として，諸君の眼前に大学入試がある。この大学入試は，精神的にも身体的にも，大きな苦痛を感ぜしめるであろう。あるスポーツに熟達するには，たゆみなき，はげしい練習を積み重ねることが必要であるように，私たちは，計画的・持続的な努力を払うことによって，この試練を克服し，次の一歩を踏みだすことができる。厳しい試練を経たのちに，はじめて満足すべき成果を獲得できるのである。

本書は最近の入学試験の問題に，それぞれ解答を付し，さらに問題をふかく分析することによって，その大学独特の傾向や対策をさぐろうとした。本書を一般の参考書とあわせて使用し，まとはずれのない，効果的な受験勉強をされるよう期待したい。

（昭和35年版「赤本」はしがきより）

挑む人の、いちばんの味方

赤本創刊70周年

1954年に大学入試の過去問題集を刊行してから70年。赤本は大学に入りたいと思う受験生を応援しつづけてきました。これからも，苦しいとき落ち込むときにそばで支える存在でいたいと思います。

そして，勉強をすること，自分で道を決めること，努力が実ること，これらの喜びを読者の皆さんが感じることができるよう，伴走をつづけます。

そもそも赤本とは…

受験生のための大学入試の過去問題集！

70年の歴史を誇る赤本は，500点を超える刊行点数で全都道府県の370大学以上を網羅しており，過去問の代名詞として受験生の必須アイテムとなっています。

なぜ受験に過去問が必要なのか？

大学入試は大学によって問題形式や頻出分野が大きく異なるからです。

赤本の掲載内容

傾向と対策

これまでの出題内容から，問題の「**傾向**」を分析し，来年度の入試に向けて具体的な「**対策**」の方法を紹介しています。

問題編・解答編

- 年度ごとに問題とその解答を掲載しています。
- 「**問題編**」ではその年度の試験概要を確認したうえで，実際に出題された過去問に取り組むことができます。
- 「**解答編**」には高校・予備校の先生方による解答が載っています。

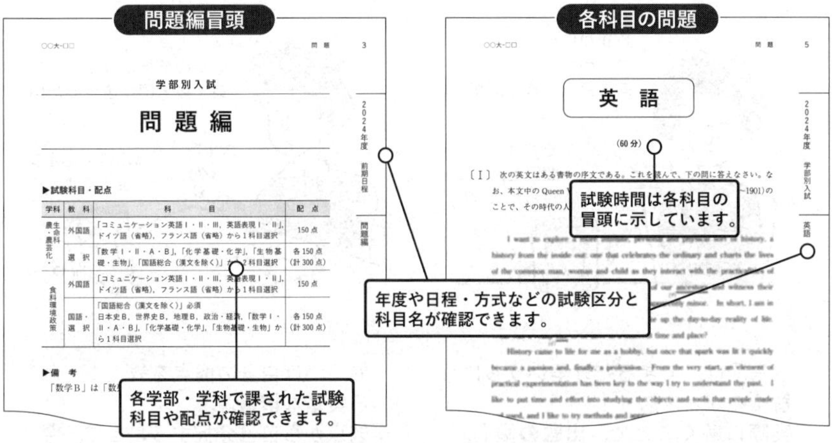

他にも，大学の基本情報や，先輩受験生の合格体験記，在学生からのメッセージなどが載っていることがあります。

掲載内容について

著作権上の理由やその他編集上の都合により問題や解答の一部を割愛している場合があります。なお，指定校推薦入試，社会人入試，編入学試験，帰国生入試などの特別入試，英語以外の外国語科目，商業・工業科目は，原則として掲載しておりません。また試験科目は変更される場合がありますので，あらかじめご了承ください。

受験勉強は

過去問に始まり，

STEP 1

なにはともあれ

まずは解いてみる

しずかに…
今，自分の心と
向き合ってるんだから
ムーン
それは
問題を解いて
からだホン!

過去問は，**できるだけ早いうちに解く**のがオススメ！
実際に解くことで，**出題の傾向，問題のレベル，今の自分の実力**がつかめます。

STEP 2

じっくり具体的に

弱点を分析する

分析の結果だけど
英・数・国が苦手みたい
スリー
必須科目だホン
頑張るホン

間違いは自分の弱点を教えてくれる**貴重な情報源。**
弱点から自己分析することで，**今の自分に足りない力や苦手な分野**が見えてくるはず！

合格者があかす 赤本の使い方

傾向と対策を熟読

（Fさん／国立大合格）

大学の出題傾向を調べるために，赤本に載っている「傾向と対策」を熟読しました。

繰り返し解く

（Tさん／国立大合格）

1周目は問題のレベル確認，2周目は苦手や頻出分野の確認に，3周目は合格点を目指して，と過去問は繰り返し解くことが大切です。

過去問に終わる。

STEP 3

志望校にあわせて

苦手分野の重点対策

明日からはみんなで頑張るよ！
参考書も！ 問題集も！
よろしくね！
呼んだ？
なにを!?
どこから!?
グッ
グッ

参考書や問題集を活用して，苦手分野の**重点対策**をしていきます。**過去問を指針**に，合格へ向けた具体的な学習計画を立てましょう！

STEP 1 ▶ 2 ▶ 3

サイクルが大事!

実践を繰り返す

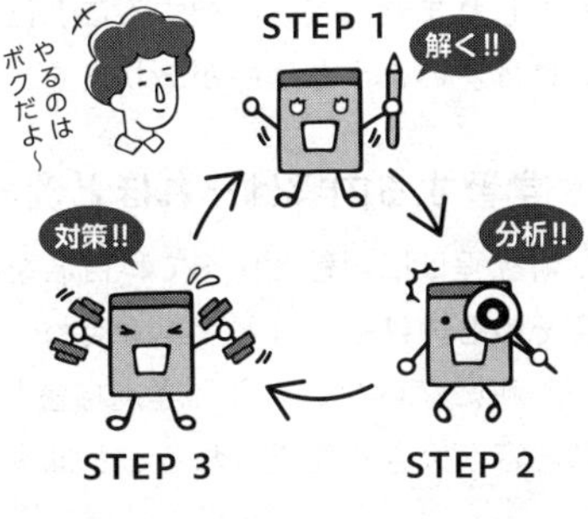
やるのはボクだよ～
STEP 1
解く!!
分析!!
STEP 2
対策!!
STEP 3

STEP 1～3を繰り返し，実力アップにつなげましょう！
出題形式に慣れることや，**時間配分を考えること**も大切です。

目標点を決める

(Yさん／私立大合格)

赤本によっては合格者最低点が載っているので，それを見て目標点を決めるのもよいです。

時間配分を確認

(Kさん／私立大学合格)

赤本は時間配分や解く順番を決めるために使いました。

添削してもらう

(Sさん／私立大学合格)

記述式の問題は先生に添削してもらうことで自分の弱点に気づけると思います。

新課程入試 Q&A

2022 年度から新しい学習指導要領（新課程）での授業が始まり，2025 年度の入試は，新課程に基づいて行われる最初の入試となります。ここでは，赤本での新課程入試の対策について，よくある疑問にお答えします。

Q1. 赤本は新課程入試の対策に使えますか？

A. もちろん使えます！

旧課程入試の過去問が新課程入試の対策に役に立つのか疑問に思う人もいるかもしれませんが，心配することはありません。旧課程入試の過去問が役立つのには次のような理由があります。

● 学習する内容はそれほど変わらない

新課程は旧課程と比べて科目名を中心とした変更はありますが，学習する内容そのものはそれほど大きく変わっていません。また，多くの大学で，既卒生が不利にならないよう「経過措置」がとられます（Q３参照）。したがって，出題内容が大きく変更されることは少ないとみられます。

● 大学ごとに出題の特徴がある

これまでに課程が変わったときも，各大学の出題の特徴は大きく変わらないことがほとんどでした。入試問題は各大学のアドミッション・ポリシーに沿って出題されており，過去問にはその特徴がよく表れています。過去問を研究してその大学に特有の傾向をつかめば，最適な対策をとることができます。

出題の特徴の例	・英作文問題の出題の有無 ・論述問題の出題（字数制限の有無や長さ） ・計算過程の記述の有無

新課程入試の対策も，赤本で過去問に取り組むところから始めましょう。

Q2. 赤本を使う上での注意点はありますか？

A. 志望大学の入試科目を確認しましょう。

過去問を解く前に，過去の出題科目（問題編冒頭の表）と 2025 年度の募集要項とを比べて，課される内容に変更がないかを確認しましょう。ポイントは以下のとおりです。科目名が変わっていても，実際は旧課程の内容とほとんど同様のものもあります。

英語・国語	科目名は変更されているが，実質的には変更なし。 **▶▶ ただし，リスニングや古文・漢文の有無は要確認。**
地歴	科目名が変更され，「歴史総合」「地理総合」が新設。 **▶▶ 新設科目の有無に注意。ただし，「経過措置」(Q3 参照) により内容は大きく変わらないことも多い。**
公民	「現代社会」が廃止され，「公共」が新設。 **▶▶「公共」は実質的には「現代社会」と大きく変わらない。**
数学	科目が再編され，「数学 C」が新設。 **▶▶「数学」全体としての内容は大きく変わらないが，出題科目と単元の変更に注意。**
理科	科目名も学習内容も大きな変更なし。

数学については，科目名だけでなく，どの単元が含まれているかも確認が必要です。例えば，出題科目が次のように変わったとします。

旧課程	「数学Ⅰ・数学Ⅱ・数学 A・数学 B（数列・ベクトル）」
新課程	「数学Ⅰ・数学Ⅱ・数学 A・**数学 B（数列）・数学 C（ベクトル）**」

この場合，新課程では「数学C」が増えていますが，単元は「ベクトル」のみのため，実質的には旧課程とほぼ同じであり，過去問をそのまま役立てることができます。

Q3. 「経過措置」とは何ですか?

A. 既卒の旧課程履修者への対応です。

多くの大学では，既卒の旧課程履修者が不利にならないように，出題において「経過措置」が実施されます。措置の有無や内容は大学によって異なるので，募集要項や大学のウェブサイトなどで確認しておきましょう。

◯旧課程履修者への経過措置の例

- 旧課程履修者にも配慮した出題を行う。
- 新・旧課程の共通の範囲から出題する。
- 新課程と旧課程の共通の内容を出題し，共通範囲のみでの出題が困難な場合は，旧課程の範囲からの問題を用意し，選択解答とする。

例えば，地歴の出題科目が次のように変わったとします。

旧課程	「日本史 B」「世界史 B」から１科目選択
新課程	「**歴史総合**，日本史探究」「**歴史総合**，世界史探究」から１科目選択※ ※旧課程履修者に不利益が生じることのないように配慮する。

「歴史総合」は新課程で新設された科目で，旧課程履修者には見慣れないものですが，上記のような経過措置がとられた場合，新課程入試でも旧課程と同様の学習内容で受験することができます。

新課程の情報は WEB もチェック！
より詳しい解説が赤本ウェブサイトで見られます。
https://akahon.net/shinkatei/

科目名が変更される教科・科目

	旧課程	新課程
国語	国語総合 国語表現 現代文A 現代文B 古典A 古典B	現代の国語 言語文化 論理国語 文学国語 国語表現 古典探究
地歴	日本史A 日本史B 世界史A 世界史B 地理A 地理B	歴史総合 日本史探究 世界史探究 地理総合 地理探究
公民	現代社会 倫理 政治・経済	公共 倫理 政治・経済
数学	数学Ⅰ 数学Ⅱ 数学Ⅲ 数学A 数学B 数学活用	数学Ⅰ 数学Ⅱ 数学Ⅲ 数学A 数学B 数学C
外国語	コミュニケーション英語基礎 コミュニケーション英語Ⅰ コミュニケーション英語Ⅱ コミュニケーション英語Ⅲ 英語表現Ⅰ 英語表現Ⅱ 英語会話	英語コミュニケーションⅠ 英語コミュニケーションⅡ 英語コミュニケーションⅢ 論理・表現Ⅰ 論理・表現Ⅱ 論理・表現Ⅲ
情報	社会と情報 情報の科学	情報Ⅰ 情報Ⅱ

目　次

2023年度 問題と解答

掲載内容についてのお断り

2023年度のグローアップ入試および一般選抜（2期）は掲載していません。

UNIVERSITY GUIDE

大学情報

基本情報

学部・学科の構成

大　学

●**児童学部**　板橋キャンパス
　児童学科（児童学専攻，育児支援専攻）
　初等教育学科
●**栄養学部**　板橋キャンパス
　栄養学科
　管理栄養学科
●**家政学部**　板橋キャンパス
　服飾美術学科
　環境共生学科
　造形表現学科
●**人文学部**　板橋キャンパス
　英語コミュニケーション学科
　心理カウンセリング学科
　教育福祉学科

●健康科学部　狭山キャンパス

看護学科

リハビリテーション学科（作業療法学専攻，理学療法学専攻）

●子ども支援学部　狭山キャンパス

子ども支援学科

●短期大学部　板橋キャンパス

保育科

栄養科

大学院

人間生活学総合研究科

大学所在地

狭山キャンパス

板橋キャンパス

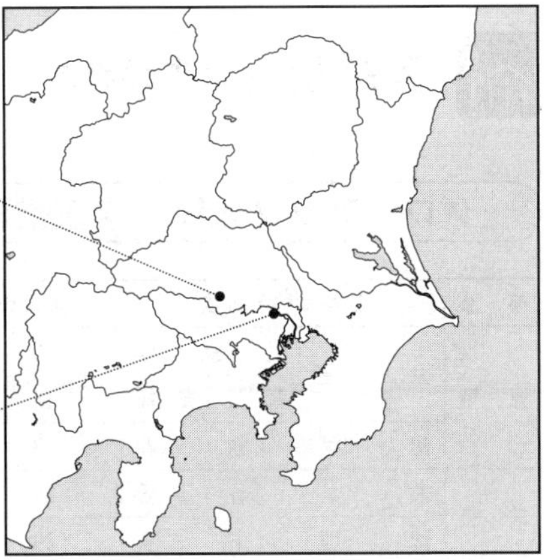

板橋キャンパス　〒173-8602　東京都板橋区加賀１-18-１

狭山キャンパス　〒350-1398　埼玉県狭山市稲荷山２-15-１

2024年度入試データ

入試状況（志願者数・倍率など）

グロープアップ入試（学校推薦型選抜）

学部	学科・科・専攻		募集人員	志願者数	合格者数	競争率
児童	児童	児童学	15	6	6	1.0
		育児支援	15	4	3	1.3
	初等教育		13	0	0	—
栄養	栄養		24	23	22	1.0
	管理栄養		29	67	47	1.4
家政	服飾美術		22	7	7	1.0
	環境共生		12	1	1	1.0
	造形表現		8	0	0	—
人文	英語コミュニケーション		10	0	0	—
	心理カウンセリング		20	26	21	1.2
	教育福祉		6	4	4	1.0
健康科	看護		10	11	10	1.1
	リハビリテーション	作業療法学	6	2	2	1.0
		理学療法学	4	2	2	1.0
子ども支援	子ども支援		10	3	3	1.0
短大部	保育		25	2	2	1.0
	栄養		19	1	1	1.0

（備考）競争率は志願者数÷合格者数で算出。

一般選抜

●統一地区

学部	学科・科・専攻		募集人員	志願者数	合格者数	競争率	合格最低点／配点
児童	児童	児童学	26	152	26	5.8	111.5/200
		育児支援	24	98	59	1.7	76.7/200
	初等教育		18	105	68	1.5	76.7/200
栄養	栄養		30	350	108	3.2	106.7/200
	管理栄養		42	462	78	5.9	115.9/200
家政	服飾美術		45	124	75	1.7	67.5/200
	環境共生		20	71	44	1.6	55.5/200
	造形表現(学力)		20	62	43	1.4	72.0/200
	造形表現(実技)		5	10	10	1.0	70.0/100
人文	英語コミュニケーション		25	82	55	1.5	59.8/200
	心理カウンセリング		24	254	32	7.9	117.8/200
	教育福祉		20	122	73	1.7	87.1/200
健康科	看護		25	118	63	1.9	129.9/300
	リハビリテーション	作業療法学	9	31	19	1.6	79.2/200
		理学療法学	13	63	42	1.5	77.7/200
子ども支援	子ども支援		17	47	30	1.6	73.7/200
短大部	保育		20	11	9	1.2	68.0/200
	栄養		22	75	40	1.9	79.7/200

（備考）
- 合格最低点（換算点）は各々の科目の得点を偏差値に換算した合計で，合格者の最低点。ただし，家政学部造形表現学科（実技）は素点。
- 競争率は志願者数÷合格者数で算出。
- 補欠合格者数（外数）：栄養学科 12 名，管理栄養学科 20 名，服飾美術学科 1 名，心理カウンセリング学科 19 名，教育福祉学科 11 名，看護学科 5 名，短期大学部栄養科 2 名。

●1期

学部	学科・科・専攻		募集人員	志願者数	合格者数	競争率	合格最低点/配点
児童	児童	児童学	14	57	22	2.6	101.3/200
		育児支援	10	33	26	1.3	75.6/200
	初等教育		10	42	31	1.4	75.6/200
栄養	栄養		21	113	66	1.7	90.5/200
	管理栄養		33	167	40	4.2	110.3/200
家政	服飾美術		20	43	31	1.4	67.9/200
	環境共生		8	18	15	1.2	67.9/200
	造形表現		15	29	22	1.3	75.5/200
人文	英語コミュニケーション		12	33	28	1.2	67.9/200
	心理カウンセリング		12	108	24	4.5	113.0/200
	教育福祉		12	41	34	1.2	75.6/200
健康科	看護		15	62	27	2.3	138.6/300
	リハビリテーション	作業療法学	2	17	15	1.1	78.9/200
		理学療法学	3	21	14	1.5	87.9/200
子ども支援	子ども支援		8	19	12	1.6	83.7/200
短大部	保育		8	4	4	1.0	58.1/200
	栄養		6	19	13	1.5	75.5/200

(備考)

- 合格最低点（換算点）は各々の科目の得点を偏差値に換算した合計で，合格者の最低点。
- 競争率は志願者数÷合格者数で算出。
- 補欠合格者数（外数）：栄養学科 13 名，管理栄養学科 23 名，服飾美術学科 1 名，心理カウンセリング学科 26 名，教育福祉学科 1 名，看護学科 12 名。

●2期

学部	学科・科・専攻		募集人員	志願者数	合格者数	競争率	合格最低点/配点
児童	児童	児童学	若干名	7	1	7.0	68.1/105
		育児支援	若干名	4	2	2.0	65.7/105
	初等教育		若干名	9	6	1.5	63.6/105
栄養	栄養		若干名	17	2	8.5	64.4/105
	管理栄養		若干名	15	1	15.0	236.5/305
家政	服飾美術		2	11	7	1.6	35.0/105
	環境共生		若干名	8	6	1.3	23.6/105
	造形表現(学力)		若干名	3	2	1.5	44.0/105
	造形表現(実技)		若干名	4	3	1.3	76.4/105
人文	英語コミュニケーション		若干名	11	7	1.6	45.4/105
	心理カウンセリング		若干名	14	7	2.0	154.7/305
	教育福祉		若干名	11	7	1.6	54.1/105
健康科	看護		若干名	7	1	7.0	265.1/405
	リハビリテーション	作業療法学	若干名	3	3	1.0	55.6/105
		理学療法学	若干名	5	2	2.5	55.7/105
子ども支援	子ども支援		若干名	7	3	2.3	54.1/105
短大部	保育		若干名	2	2	1.0	34.7/105
	栄養		若干名	8	4	2.0	25.3/105

(備考)

- 合格最低点（換算点）は各々の科目の得点を偏差値に換算した合計で，合格者の最低点。ただし，家政学部造形表現学科（実技）は素点。
- 競争率は志願者数÷合格者数で算出。

●共通テスト利用型

学部	学科・科・専攻		募集人員	志願者数	合格者数	競争率	合格最低点/配点
児童	児童	児童学	若干名	10	8	1.3	83.7/120
		育児支援	若干名	6	3	2.0	87.8/120
	初等教育		若干名	14	12	1.2	74.4/120
栄養	栄養		若干名	22	18	1.2	65.8/120
	管理栄養		若干名	36	32	1.1	71.0/120
家政	服飾美術		若干名	4	2	2.0	80.2/120
	環境共生		若干名	3	2	1.5	72.6/120
	造形表現		若干名	5	4	1.3	64.4/120
人文	英語コミュニケーション		若干名	7	4	1.8	69.4/120
	心理カウンセリング		若干名	30	25	1.2	76.8/120
	教育福祉		若干名	8	6	1.3	73.6/120
健康科	看護		若干名	17	9	1.9	80.8/120
	リハビリテーション	作業療法学	若干名	2	2	1.0	80.4/120
		理学療法学	若干名	5	5	1.0	91.6/120
子ども支援	子ども支援		若干名	4	2	2.0	76.4/120
短大部	保育		若干名	0	0	0.0	0.0/120
	栄養		若干名	3	2	1.5	90.0/120

（備考）
- 合格最低点（換算点）は各々の科目の得点を偏差値に換算した合計で，合格者の最低点。
- 競争率は志願者数÷合格者数で算出。

大学入学共通テスト利用入試

●A日程

学部	学科・科・専攻		募集人員	志願者数	合格者数	競争率	合格最低点/配点
児童	児童	児童学	10	74	73	1.0	200.0/400
		育児支援	6	61	60	1.0	200.0/400
	初等教育		4	103	97	1.1	220.0/400
栄養	栄養		14	92	87	1.1	200.0/400
	管理栄養		18	94	37	2.5	211.0/300
家政	服飾美術		21	73	73	1.0	169.0/400
	環境共生		8	67	67	1.0	152.0/400
	造形表現		17	50	46	1.1	192/400
人文	英語コミュニケーション		15	111	111	1.0	144.0/400
	心理カウンセリング		18	109	35	3.1	292.0/400
	教育福祉		7	80	78	1.0	200.0/400
健康科	看護		16	108	41	2.6	191.5/300
	リハビリテーション	作業療法学	2	20	19	1.1	200.0/400
		理学療法学	2	32	29	1.1	200.0/400
子ども支援	子ども支援		6	43	42	1.0	200.0/400
短大部	保育		5	9	9	1.0	200.0/400
	栄養		5	10	10	1.0	175.0/400

（備考）
- 競争率は志願者数÷合格者数で算出。
- 補欠合格者数（外数）：心理カウンセリング学科 25 名，教育福祉学科 2 名，看護学科 18 名。

●B日程

学部	学科・科・専攻		募集人員	志願者数	合格者数	競争率	合格最低点／配点
児童	児童	児童学	若干名	8	1	8.0	334.0/400
		育児支援	若干名	9	8	1.1	203.0/400
	初等教育		若干名	9	8	1.1	203.0/400
栄養	栄養		3	15	3	5.0	319.0/400
	管理栄養		4	12	4	3.0	306.0/400
家政	服飾美術		若干名	9	9	1.0	203.0/400
	環境共生		若干名	11	11	1.0	142.0/400
	造形表現		若干名	10	10	1.0	170/400
人文	英語コミュニケーション		若干名	12	12	1.0	203.0/400
	心理カウンセリング		若干名	14	11	1.3	226.0/400
	教育福祉		2	14	13	1.1	203.0/400
健康科	看護		2	4	2	2.0	166.0/300
	リハビリテーション	作業療法学	若干名	4	4	1.0	140.0/400
		理学療法学	若干名	5	4	1.3	203.0/400
子ども支援	子ども支援		若干名	7	6	1.2	203.0/400
短大部	保育		若干名	3	3	1.0	203.0/400
	栄養		若干名	4	4	1.0	194.0/400

（備考）

• 競争率は志願者数÷合格者数で算出。

募集要項(出願書類)の入手方法

すべての入試がWeb出願となります。

問い合わせ先

東京家政大学・東京家政大学短期大学部
アドミッションセンター
〒173-8602　東京都板橋区加賀 1-18-1
TEL　03-3961-5228（直通）
FAX　03-3961-1736
ホームページ　https://www.tokyo-kasei.ac.jp/
E-mail　nyushi@tokyo-kasei.ac.jp

TREND & STEPS

傾向と対策

科目ごとに問題の「傾向」を分析し，具体的にどのような「対策」をすればよいか紹介しています。まずは出題内容をまとめた分析表を見て，試験の概要を把握しましょう。

注意

「傾向と対策」で示している，出題科目・出題範囲・試験時間等については，2024 年度までに実施された入試の内容に基づいています。2025 年度入試の選抜方法については，各大学が発表する学生募集要項を必ずご確認ください。

来年度の変更点

2025 年度入試では，下記の変更が予定されています（本書編集時点）。実施されない科目は，本書には掲載しておりません。

- グローアップ入試（公募推薦）において英語，国語が課されなくなる。
- 一般選抜（統一地区）において日本史，化学，生物が課されなくなる。

英　語

年度	区分		番号	項　目	内　容	
2024 ●	統一地区	1月26日	〔1〕	文法・語彙	空所補充	
			〔2〕	会 話 文	空所補充，内容説明	
			〔3〕	読　解	主題，内容説明	
			〔4〕	読　解	主題，空所補充，内容説明	✓グラフ
			〔5〕	文法・語彙	語句整序	
		1月27日	〔1〕	文法・語彙	空所補充	
			〔2〕	会 話 文	空所補充，内容説明	
			〔3〕	読　解	主題，内容説明，空所補充	
			〔4〕	読　解	同意表現，内容説明，内容真偽	✓グラフ
			〔5〕	文法・語彙	語句整序	
	1期		〔1〕	文法・語彙	空所補充	
			〔2〕	会 話 文	空所補充，内容説明	
			〔3〕	読　解	主題，内容説明	
			〔4〕	読　解	同意表現，内容説明，内容真偽	✓グラフ
			〔5〕	文法・語彙	語句整序	
2023 ●	統一地区	1月26日	〔1〕	文法・語彙	空所補充	
			〔2〕	会 話 文	空所補充，内容説明	
			〔3〕	読　解	内容説明，主題	✓グラフ
			〔4〕	読　解	内容説明	
			〔5〕	文法・語彙	語句整序	
		1月27日	〔1〕	文法・語彙	空所補充	
			〔2〕	会 話 文	空所補充，内容説明	
			〔3〕	読　解	内容説明，主題	✓グラフ
			〔4〕	読　解	内容説明，同意表現	
			〔5〕	文法・語彙	語句整序	
	1期		〔1〕	文法・語彙	空所補充	
			〔2〕	会 話 文	空所補充，内容説明	
			〔3〕	読　解	内容説明	✓グラフ
			〔4〕	読　解	内容説明，主題	
			〔5〕	文法・語彙	語句整序	

（注）●印は全問，◐印は一部マークシート方式採用であることを表す。

傾向 英語の基礎的学力を試す問題

01 出題形式は？

解答方式は全問マークシート方式による選択式で，大学・短大で問題は共通である。試験時間は，2023年度は50分あるいは2科目100分であったが，2024年度は健康科学部看護学科は60分，それ以外は2科目120分で実施された。

02 出題内容はどうか？

一般選抜の解答個数は全日程を通じて40個程度となっている。全日程で語句整序の大問が出題されており，頻出イディオムや基礎文法・構文の知識は必須である。会話文も全日程で出題されており，空所補充と内容説明を中心に問われている。直前・直後の相手の発言を中心にヒントを見つけ出し，そこに注目して答えを導き出すとよい。読解問題は日程によって英文量に多少差があり，難しく感じられるものもあるが，設問は基礎的な部分に関することも多く含まれるので，怖気づくことなく一問ずつ丁寧に解き進めていくことが大切である。

03 難易度は？

各年度・日程とも，難易度の点では大差はない。文法・語彙問題は，高校の授業で取り扱われるものを確実に身につける努力を惜しまなければ難なく解答できる内容である。実用英語検定準2級および2級のレベル程度の実力を身につけておきたい。読解問題では，長文で時間がかかると思われる出題も一部あるが，丁寧に内容をつかみ，また与えられた設問に導いてもらえば，試験時間内には答えに到達することができるだろう。見慣れない単語が出てくる場合があるが，それらには注がついているか，または，その単語により全体の理解が大きく妨げられることはない。知らない単語にうろたえて，理解できるはずのものを見落としてしまわないよう注意しよう。基本的な文法の知識や語彙力，英文を読み内容を理解する力をつけておくことが大切である。時間配分に注意しながら，テンポよく解き進めていこう。

対策

01 読解力

読解問題は例年１，２題は必出である。難しく感じられる長文もあるが，基礎的な英語力を習得しておけば対処できる問題である。設問中に解答のヒントが示されていることも多く，また，設問に答えていくうちに見えてくる解答もあるので，設問中の英文にも注目する姿勢が大切であり，特に，固有名詞や数字に注目して手がかりとしたい。初級～中級レベルの長文に毎日触れておこう。その際，長文を読むための特別な技法にこだわり過ぎず，まずはその中の英文一文一文が正しく読めるように，基本的な文法や構文の理解，語彙力の充実に努める必要がある。また，共通テストの長文問題に似た問題形式も例年多く出題されているため，共通テストの過去問を演習として使うことも有効だろう。他におすすめの問題集は『やっておきたい英語長文』のシリーズ（河合出版），『入門英語長文問題精講』『基礎英語長文問題精講』（いずれも旺文社）などである。

02 文法・語彙，会話文

文法問題に関しては，高校の教科書または文法問題集を複数冊熟読して解答する練習をしておこう。何度も繰り返して学んでおけば，その努力がストレートに得点に反映される問題である。

会話文に関しては，文法・語彙力，読解力を駆使し，また，他の問題同様，一体何を問われているのかを設問や問題文からしっかりと読み取る力を備えていれば，選択肢から正解を選び出すことはさほど大変ではないだろう。基本的な単語，文法，構文を十分に理解し，習得して試験本番に臨みたい。

なお文法・語彙対策におすすめの問題集・参考書は，文法演習では，『Next Stage 英文法・語法問題』（桐原書店），『英文法・語法 Vintage』（いいずな書店），『スクランブル英文法・語法』（旺文社），単語集では，『英単語ターゲット 1900』（旺文社），『DUO 3.0』（アイシーピー出版），『速読英単語』（Z会）など。

数　学

年度	区分		番号	項　目	内　容
2024 ●	統一地区	1月26日	〔1〕	小問9問	(1)2重根号 (2)因数分解 (3)命題の真偽 (4)2次不等式 (5)内接円の半径 (6)箱ひげ図 (7)分配方法 (8)整数問題 (9)外接する2つの円
			〔2〕	図形と計量	余弦定理，三角形の面積
			〔3〕	データの分析	標準偏差，偏差値
			〔4〕	確　　率	与えられた値をとる確率，条件付き確率
		1月27日	〔1〕	小問9問	(1)絶対値を含む不等式 (2)因数分解 (3)集合の要素 (4)放物線の平行移動・対称移動 (5)余弦定理・面積 (6)分散の変化 (7)重複する文字の並べ方 (8)一次不定方程式 (9)接弦定理
			〔2〕	2次関数	放物線のグラフ
			〔3〕	データの分析	箱ひげ図，相関係数，散布図
			〔4〕	図形の性質	重心・外心・内心・垂心
	1期		〔1〕	小問9問	(1)連立不等式 (2)式の値 (3)命題の否定 (4)放物線のグラフ (5)余弦定理・正弦定理 (6)四分位偏差 (7)確率 (8) n 進法 (9)内接円の半径
			〔2〕	2次関数	2次方程式の解の配置
			〔3〕	図形の性質	三角形の面積，四面体の体積
			〔4〕	確　　率	条件付き確率
2023 ●	統一地区	1月26日	〔1〕	小問9問	(1)連立不等式 (2)式の値 (3)2次関数のグラフ (4)正四面体 (5)標準偏差 (6)トーナメント戦 (7)最大公約数 (8)循環小数 (9)頂点・辺・面
			〔2〕	図形と計量	直角三角形の内接円・外接円，2次方程式
			〔3〕	2次関数	連立2次不等式の共通解，整数解の存在条件
			〔4〕	式と証明	命題の証明，反例，必要条件・十分条件
		1月27日	〔1〕	小問9問	(1)式の値 (2)因数分解 (3)2次関数の最大値 (4)ド・モルガンの法則 (5)角の2等分線 (6)4桁の整数の作り方 (7)反復試行の確率 (8)約数・倍数 (9)平面と直線の平行・垂直
			〔2〕	データの分析	箱ひげ図，ヒストグラム，相関係数
			〔3〕	図形と計量	三角形の形状，余弦定理，外接円の半径
			〔4〕	整数の性質	不定方程式の自然数解

1期	〔1〕	小問9問	(1)整数部分・小数部分 (2)絶対値付き方程式 (3)命題の否定 (4)三角比の値 (5)中央値 (6)最短経路 (7)1次不定方程式 (8) n 進法 (9)円に内接する四角形
	〔2〕	2次関数	2次関数のグラフ
	〔3〕	図形と計量	空間図形，三角比，余弦定理，三角形の面積
	〔4〕	確率	サイコロの目が出る確率

（注）●印は全問，◑印は一部マークシート方式採用であることを表す。

出題範囲の変更

2025年度入試より，数学は新教育課程での実施となります。詳細については，大学から発表される募集要項等で必ずご確認ください（以下は本書編集時点の情報）。

2024年度（旧教育課程）	2025年度（新教育課程）
数学Ⅰ・A	数学Ⅰ・A（図形の性質，場合の数と確率）

旧教育課程履修者への経過措置

旧教育課程履修者に対して不利とならないよう配慮して出題する予定。

傾向　全分野から出題　難度の高い問題も！

01 出題形式は？

全問空所補充形式のマークシート方式で，大学と短大の問題は共通である。大問4題（うち1題は小問集合）からなっている。試験時間は，2023年度は2科目100分あるいは1科目50分であったが，2024年度は2科目120分となった。

02 出題内容はどうか？

例年，図形と計量，2次関数，確率，データの分析からの出題が多い。小問まで含めれば，すべての分野から出題されている。

03 難易度は？

かなり考えさせる問題や，計算が複雑なものなども出題されていて易しくはない。全問解答するには時間が不足する可能性がある。先に確実に解答できる問題を見極めて解き，そのあとで残りの問題に挑戦するなど，時間配分に気をつけたい。

対策

01 基本事項のマスター

まず教科書の定理や公式を正確に使える状態にしておこう。次に教科書の例題・類題レベルの定型的な問題は必ず解けるようにしておきたい。

02 頻出事項のチェック

これまでの出題内容をみると幅広い分野から出題されている。各分野とも弱点がないように学習しておきたい。典型的な問題は短時間で正確に解けるように，普段から問題演習を欠かさないこと。過去問の演習もしっかりやっておこう。データの分析は共分散や相関係数の計算までできるようにしておきたい。

03 マークシート方式に慣れる

マークシート方式は問題を解くことはもちろん，答えの数値を選んでマークするため，慣れていないと時間がかかる。この練習も兼ねてマーク式対策用の問題集にあたっておくとよいだろう。さらに，答えしか評価されないためケアレスミスは命取りになりかねないので，正確に計算することを常に心がけ，演習すること。

各日程とも１題，共通テストを意識したような対話形式の出題がある。問題文が長くなり読解力も要求されている。決して難しくはないが，少しでも共通テスト向けの問題を解いておけば，そういう出題があっても驚かないだろう。

04 解きやすい問題から解く

問題によって難易度のレベルにかなりの差がある。全体を見極め，確実に解ける問題から取り組むように普段から心がけよう。

国　語

年度	区分		番号	種　類	類別	内　容	出　典
2024 ●	統一地区	1月26日	〔1〕	現代文	評論	書き取り，内容説明，空所補充，内容真偽	「災害対策の倫理」　寺本剛
			〔2〕	現代文	小説	語意，内容説明，内容真偽	「黛家の兄弟」　砂原浩太朗
		1月27日	〔1〕	現代文	評論	書き取り，内容説明，内容真偽，文章の構成	「都市の問診」　饗庭伸
			〔2〕	現代文	小説	語意，内容説明，表現効果	「類」　朝井まかて
	1期		〔1〕	現代文	評論	書き取り，内容説明，空所補充	「悲しい曲の何が悲しいのか」　源河亨
			〔2〕	現代文	小説	語意，内容説明，表現効果	「よだかの片想い」　島本理生
2023 ●	統一地区	1月26日	〔1〕	現代文	評論	書き取り，内容説明，内容真偽	「デザインを教えることはできるのか」　シン・ヒーキョン
			〔2〕	現代文	小説	語意，内容説明，空所補充，表現効果	「輝山」　澤田瞳子
		1月27日	〔1〕	現代文	評論	書き取り，内容説明，内容真偽	「哲学の使い方」　鷲田清一
			〔2〕	現代文	小説	語意，内容説明，表現効果	「本心」　平野啓一郎
	1期		〔1〕	現代文	評論	書き取り，内容説明，語意，内容真偽	「科学の創造性と倫理」　村田純一
			〔2〕	現代文	小説	語意，内容説明，表現効果	「風のリボン」　小池昌代

（注）●印は全問，◐印は一部マークシート方式採用であることを表す。

傾向　現代文２題で全問選択式 新傾向の出題がめだつ

01 出題形式は？

現代文の大問２題の出題で，全問マークシート方式による選択式である。一般選抜は大学と短大で共通問題で，試験時間は，2023年度は２科目100分または１科目50分であったが，2024年度は２科目120分となった。

02 出題内容はどうか？

現代文２題で，評論と小説が１題ずつという構成である。問題文について，「文章Ⅰ」「文章Ⅱ」のように２つの文章を並べたり，設問の中で「資料」などとして別の文章を示して内容を問うたりするような出題が目立つ。また，本文の内容を，図や表などにまとめ直したものを示して，その空所を補充させる問題がみられた。さらに，本文について生徒が話し合っている際の発言が選択肢となっている問題もあった。これらはいずれも，共通テストにもみられる問題であり，新しい傾向として注意しておきたい。

03 難易度は？

文章の量が多く，選択肢も長いので，問われている内容を理解し解答にむすびつく箇所を探し出すのに手間取るため時間的には厳しい。特にここ数年は，図や表を含め，多彩な文章・資料を読み取る必要がある。文章や資料のポイントを的確に読み取る力が必要である。

対策

01 現代文

問題本文の内容を的確に読解することができるように，評論文に対する読解力を身につけておく必要があるのは言うまでもない。本文や設問に図表を含むものも多いので，これらの読み取りも練習しておきたい。本文とのつながりを確認しながら，特徴的な項目や，変化の傾向を読み取るようにするとよい。

設問については，内容説明をはじめ，文章の構成，表現効果，内容真偽などの各設問で，紛らわしい選択肢を正確に見分ける力も求められる。問題集でよく慣れておく必要があるだろう。また，共通テストに近い内容の出題があったので，『共通テスト 新課程攻略問題集 国語（現代文）』（教学社）のような共通テスト対応の問題集を使って，共通テストの形式の問題に集中的に取り組んでおくのもよい。

02 国語常識

漢字や語意が出題されている。ここで失点しないよう，標準的な問題集（四字熟語・故事成語・ことわざ・慣用句を含むものがよい）を，繰り返し学習しておくことが大切である。また，意味を知らない熟語などについては，必ず辞書で確認する習慣を身につけよう。

03 過去問演習

大問２題で全問選択式とはいえ，工夫された設問が出題されているので，時間配分の対策をしておく必要がある。過去問を利用して，じっくり読み込んで時間をかけて吟味する解き方と，試験時間以内に素早く解き進める解き方の両方を練習しておきたい。

2024年度

問題と解答

グローアップ入試（公募推薦）

問題編

▶試験科目・配点

学部・学科等			科　　目	配　点
大学	児童学部		英語・国語（古文・漢文を除く）*〈省略〉	100 点
			面接（個人）	50 点
	栄養学部	栄養	小論文	50 点
			面接（個人）	100 点
		管理栄養	英語・国語（古文・漢文を除く）*〈省略〉	100 点
			面接（個人）	50 点
	家政学部		小論文　※造形表現学科は 2024 年度は実施なし	50 点
			面接（個人）　※造形表現学科のみ部活動等についての資料持参	100 点
	人文学部	英語コミュニケーション・教育福祉	小論文　※英語コミュニケーション学科は 2024 年度は実施なし	50 点
			面接（個人）	100 点
		心理カウンセリング	英語・国語（古文・漢文を除く）*〈省略〉	100 点
			面接（個人）	50 点
	健康科学部	看護	英語・国語（古文・漢文を除く）*〈省略〉	100 点
			面接（個人）	50 点
		リハビリテーション	小論文	50 点
			面接（個人）	100 点
	子ども支援学部		小論文	50 点
			面接（個人）	100 点
短大	保育・栄養		面接（個人）	100 点

▶**備　考**

＊国語は情報観点を含む。

・上記に書類審査（調査書・推薦書・自己申告書）50 点を追加して総合的に選抜する。

小論文

◀栄養（栄養）学部▶

（60分
解答例省略）

問題

保健機能食品(特定保健用食品、機能性表示食品、栄養機能食品を合わせた食品群の総称)の利用にあたって栄養士が配慮すべき事柄について，具体的な例を挙げてあなたの考えを800字以内でまとめてください．

◀家政（服飾美術）学部▶

（60分　解答例省略）

問題

下記1～3のすべてについて、合計800字以内でまとめなさい。

1.　アパレル業界が環境に及ぼしている影響について述べなさい。

2.　アパレル業界の環境問題に対する対応状況について説明しなさい。

3.　あなた自身がこれらの問題に対してどのような取り組みができるか、具体的なアクションや考えを示しなさい。

◀家政（環境共生）学部▶

（60分
解答例省略）

問題

添付の文書は、環境省が小学生向けに発行した「世界を変えるために行動しよう！2030年の持続可能な未来に向けて」というパンフレットです（発行は平成30（2018）年）。このパンフレットを参考にして、次の1～3の内容をすべて含むように、800字以内でまとめてください。

1. 「SDGs達成への取り組み」と「ESD」を、具体的に説明してください。
2. 上記パンフレットの内容をふまえ、中学生や高校生にも学んでほしいとあなたが考えることは何ですか？
3. あなたが環境共生学科で学びたいことを、「SDGs」もしくは「ESD」に関連付けて説明してください。

環境省
Ministry of the Environment

世界を変えるために行動しよう！2030年の持続可能な未来に向けて

Education for Sustainable Development

ESDとは

世界の人々や、地球上の生き物、そしてこれから先の未来のことも考えて、みんなが幸せに暮らしていける地球にしていくために、わたしたち一人ひとりができることを考え、行動するための学びです。

※ESDはEducation for Sustainable Development（持続可能な開発のための教育）の略称です。

環境省ESD
キャラクター「はぐクン」

ESDってなに？

＜地球環境のいま＞

いま、地球上では温暖化やごみ問題、生き物の絶滅など、さまざまな環境問題が起きていることを知っているかな？このままの生活を続けると地球の環境はどんどん悪くなってしまうんだよ。

世界にはたくさんの問題が山積み

環境の課題

○地球温暖化と自然災害
○増え続けるごみ
○生物多様性が失われていること　など

経済の課題

○所得格差
○貧困問題
○エネルギー問題　など

社会の課題

○人口問題
○食料問題
○大量生産・大量消費　など

私たちがこの地球に暮らし続け、未来の人たちが安心して暮らせる社会を作るためには、社会のあり方を見直し、持続可能な社会へと変えていく必要があります。

そのために必要なのがESD！

ESDによって変わる　一人ひとりの行動

流しそうめんで例えると・・・

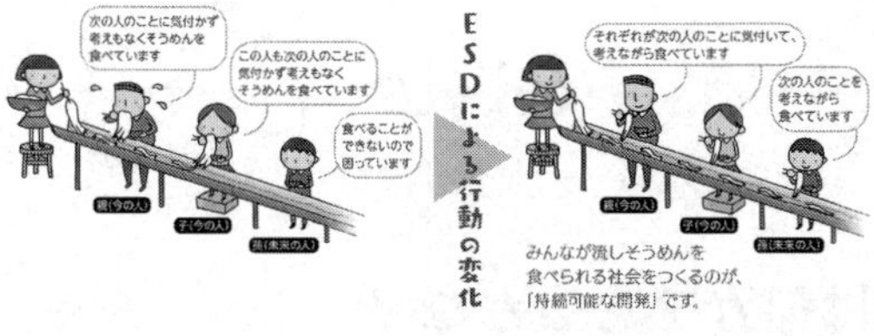

みんなが流しそうめんを食べられる社会をつくるのが、「持続可能な開発」です。

さあ、未来に向けて行動しよう！

環境、経済、社会それぞれの課題を解決し、持続可能な社会を作るにはどうすればいいかな？実は、そのために達成すべき目標があるんだよ。それはSDGsと言うんだ。

SDGsとは

持続可能な世界を実現するために、2030年までに達成すべき国際社会全体の目標です。「地球上の誰一人として取り残さない」を理念に、行動変革につなげるため一人ひとりが持続可能な社会づくりに必要な知識とスキルを得ることなどが掲げられています。

※SDGsはSustainable Development Goals（持続可能な開発目標）の略称です。

SDGsを達成するためにはどうすればいい？

SDGsを達成するためには、新たな文明社会を目指し、大きく考え方を転換していくことが必要なんだ。そのために環境省ではいろいろなことを行っているんだよ！

COOL CHOICE

Re-Style　限りある資源を未来につなぐ。今、僕らにできること。

つなげよう、支えよう 森里川海

「こども環境白書2016」表紙
（著作権の都合上，省略）

自分には何ができるかな？

4つのステップでESDに取り組んでみよう！

①問題に気づこう！

例・家の近所の川は、昔は泳げるくらいきれいで、魚つかみもできたと聞いたことがあるけれど、今は魚も少ないし、水もにごっている。

②問題をよく調べよう！

例・川の水はどこからきてどこへ流れていくんだろう？
・川にはどんな生き物がすんでいるのかな？
・川が汚れてしまった原因はなんだろう？私たちの生活と関係あるのかな？

③何ができるか考えよう！

例・私たちの家から出た生活排水が川の汚れの原因になっているみたいだけど、何かできることはないのかな？
・家族や学校の中で話し合いをしてみてはどうだろう。みんなで協力すればいい解決策がみつかるはず。

④できることを実行してみよう！

例・家族で話し合って環境にやさしい洗剤を使うことにしたよ。
・クラスのみんなで協力して、家から出た生活排水が川の汚れの原因になっていることを、地域の人にも知ってもらうためのポスターをつくったよ。
・地域の人と協力したら、他にもできることがあるかも。

一人ひとりの力は小さくても、みんなで協力して取り組むことが**大きな力**になるよ！

リサイクル適性Ⓐ
この印刷物は、印刷用の紙へリサイクルできます。

環境省大臣官房環境教育推進室
〒100-8975　東京都千代田区霞が関1-2-2
Tel：03-5521-8231　平成30年7月発行

◀人文（教育福祉）学部▶

（60分
解答例省略）

問題

東京家政大学人文学部教育福祉学科では、社会教育、社会福祉、心理の３分野を学ぶことができます。この３分野を学ぶことを、あなたは将来にどう生かしていきますか。現時点での、あなたが考えるあなた自身の将来展望を具体的に挙げ、それと３分野を学ぶことの意義を関係づけて述べて下さい（８００字以内）。

◀健康科（リハビリテーション）学部▶

（60 分 解答例省略）

問題

対話型 AI（チャット GPT）は誰でも使うことができます．しかし，チャット GPT の回答は「全てが適切ではない」と言われています．あなたがチャット GPT など各種の検索機能を使用して得られた回答について「適切か，適切ではないか」の判断を行う方法について，800 字以内で記述しなさい．

◀子ども支援学部▶

（60分
解答例省略）

問題

多様化する現代社会において、子どもに必要な支援とは何でしょうか。あなたの考えを800字以内で述べてください。

一般選抜（統一地区）：1月26日実施分

問題編

▶試験科目・配点

学部・学科等			教科	科目	配点
大学	児童学部		選択	「コミュニケーション英語Ⅰ・Ⅱ」，日本史B〈省略〉，「数学Ⅰ・A」，化学基礎〈省略〉，生物基礎〈省略〉，「国語総合（古文・漢文を除く）・現代文B」から2科目選択*	各100点
大学	栄養学部	栄養	選択	「コミュニケーション英語Ⅰ・Ⅱ」，日本史B〈省略〉，「数学Ⅰ・A」，化学基礎〈省略〉，生物基礎〈省略〉，「国語総合（古文・漢文を除く）・現代文B」から2科目選択*	各100点
大学	栄養学部	管理栄養	選択	「コミュニケーション英語Ⅰ・Ⅱ」，「数学Ⅰ・A」，化学基礎〈省略〉，生物基礎〈省略〉，「国語総合（古文・漢文を除く）・現代文B」から2科目選択*	各100点
大学	家政学部		選択	「コミュニケーション英語Ⅰ・Ⅱ」，日本史B〈省略〉，「数学Ⅰ・A」，化学基礎〈省略〉，生物基礎〈省略〉，「国語総合（古文・漢文を除く）・現代文B」から2科目選択*	各100点
大学	人文学部	英語コミュニケーション	選択	「コミュニケーション英語Ⅰ・Ⅱ」，日本史B〈省略〉，「数学Ⅰ・A」，化学基礎〈省略〉，生物基礎〈省略〉，「国語総合（古文・漢文を除く）・現代文B」から2科目選択*	各100点
大学	人文学部	心理カウンセリング・教育福祉	選択	「コミュニケーション英語Ⅰ・Ⅱ」，「国語総合（古文・漢文を除く）・現代文B」から1科目選択	100点
大学	人文学部	心理カウンセリング・教育福祉	選択	日本史B〈省略〉，「数学Ⅰ・A」，化学基礎〈省略〉，生物基礎〈省略〉から1科目選択	100点

大学	健康科	看護	外国語	コミュニケーション英語Ⅰ・Ⅱ	100点
			選択	「数学Ⅰ・A」，化学基礎〈省略〉，生物基礎〈省略〉，「国語総合（古文・漢文を除く）・現代文B」から2科目選択*	各100点
		リハビリテーション	選択	「コミュニケーション英語Ⅰ・Ⅱ」，日本史B〈省略〉，「数学Ⅰ・A」，化学基礎〈省略〉，生物基礎〈省略〉，「国語総合（古文・漢文を除く）・現代文B」から2科目選択*	各100点
	子ども支援学部		選択	「コミュニケーション英語Ⅰ・Ⅱ」，日本史B〈省略〉，「数学Ⅰ・A」，化学基礎〈省略〉，生物基礎〈省略〉，「国語総合（古文・漢文を除く）・現代文B」から2科目選択*	各100点
短大	保育・栄養		選択	「コミュニケーション英語Ⅰ・Ⅱ」，日本史B〈省略〉，「数学Ⅰ・A」，化学基礎〈省略〉，生物基礎〈省略〉，「国語総合（古文・漢文を除く）・現代文B」から2科目選択*	各100点

▶備　考

*化学基礎，生物基礎2科目での受験は不可。

- 選択科目は，試験日当日問題を見てから受験科目を決められる。
- 大学・短期大学部共通問題。
- 家政学部造形表現学科の選抜方法には学力試験のみの選抜と実技試験のみの選抜があり，1月26日は学力試験のみ。

英　語

（健康科（看護）学部：　60分）
（健康科（看護）学部以外：2科目120分）

I　次の問い（問1～問10）の空欄に入れるのに最も適切なものを，①～④の中からそれぞれ1つ選び，解答番号 ① ～ ⑩ にマークしなさい。

問1　That chair is broken. Can you get the [①]?

① another　② other one　③ one another　④ that other

問2　You'll be home by 6:00 tonight, [②]?

① can't you　② aren't you　③ don't you　④ won't you

問3　My mother asked me if I [③] dinner already.

① to eat　② eating　③ had eaten　④ having eaten

問4　[④] there on time, we will have to leave by six o'clock.

① To have gotten　② Getting　③ By getting　④ To get

問5　I don't feel like studying, but I [⑤] to get a good grade.

① wanting　② to want　③ do want　④ be wanting

問6　There was [⑥] left to do at work, so James went home early.

① nothing　② some　③ anything　④ those

問7　Nobody knows [⑦] the loud sound heard outside the school.

① which causes　② that was caused　③ what caused　④ how caused

問8　The trip to the museum was [⑧] than the students expected.

① very interested　② more interesting　③ so interesting　④ such interest

問 9 [⑨] to your parents before joining a school club?

① Wouldn't talk to you　② Should be talking

③ Would have talked　④ Shouldn't you talk

問10 The letter I was waiting for [⑩] to the wrong address.

① was delivered　② delivered　③ will deliver　④ delivers

Ⅱ 次の問いに答えなさい。

問 1 次の会話中の空欄に入れるのに最も適切なものを，①～④の中からそれぞれ 1 つ選び，解答番号 [⑪] ～ [⑭] にマークしなさい。

(1) Customer: Are you still running a special for new members? I'm interested in joining a gym.

Staff: We are. Family memberships are twenty percent cheaper, but only for this month.

Customer: I see. [⑪]

① Are you a member of the gym?

② How many people are in your family?

③ Do you have any offers for individuals?

④ Can you tell me when the offer ends?

(2) Parent: It's going to rain today. Be sure to take your umbrella.

Child: It was by the door, but I don't see it now. Do you know where it is?

Parent: I have no idea. [⑫]

Child: Definitely. I remember carrying it.

① Should we buy one on the way to school?

② Why don't you borrow mine today?

③ Do you think you can go to school without it?

④ Are you sure you brought it home from school?

(3) Sam: I'm excited about going to your jazz band concert tomorrow. Do you want to go to dinner afterwards?

Grace: ⑬

Sam: OK, well, maybe some other time. Have a great show.

① The concert starts at 3:00 in the school auditorium.

② I would, but the band is going out to eat after the show.

③ Yes, you can pick up your ticket at the theater.

④ There is a restaurant across the street from the theater.

(4) Alyson: Were you able to buy the textbook for this class?

Gary: ⑭ It arrived the day after I ordered it.

Alyson: That's a good idea. I'll do that right after class.

① The bookstore was sold out, but I got it online.

② You should ask the professor when it will be available.

③ The reading assignment was not that difficult.

④ I think someone will bring books to the classroom.

問2　次の会話を読み，質問や問題の答えとして最も適切なものを，①～④の中からそれぞれ1つ選び，解答番号 ⑮ ～ ⑰ にマークしなさい。

Read a dialogue between two students.

James: Do you want to meet this week to get started on our presentation for history class?

Sophie: Yeah, the sooner, the better. I'm not worried about us, but Keith has been absent the last two days. Have you heard from him?

James: I know he wasn't feeling well on Monday, so maybe he's sick. I'm sure he'll be back soon. I've worked with him before, and it was a good experience. He always pulled his weight. He always got things done before our deadlines.

Sophie: That's good to know. I've been in some groups where I did the majority of the work, and I don't want it to happen again. How about we get started today and then meet again once Keith is back?

James: That makes sense to me. We can at least divide up the work and get started. We can email him about what we did.

Sophie: OK, are you free during lunch?

James: I have a club meeting, but I can stay after school until 4:00. I'm free tomorrow too if that's better.

Sophie: I'd rather not wait. I'll reserve a meeting room in the library right after class.

James: Sounds good. Since we're there, we can look for some sources that might not be online.

Sophie: That's a good idea. See you then.

(1) What are the speakers mainly discussing? [⑮]

① waiting for a friend who is late
② working on a group project
③ studying for an exam
④ finding books in the library

(2) According to the passage, what does James mean when he says Keith, "always pulled his weight." [⑯]

① He gets good grades.
② He is shy.
③ He works hard.
④ He is easy to get along with.

(3) What problem has Sophie encountered at school? [⑰]

① She had to do extra work.
② She had an argument with Keith.
③ She turned in an assignment late.
④ She could not find information for a report.

問3　次の会話を読み，質問や問題の答えとして最も適切なものを，①～④の中からそれぞれ1つ選び，解答番号 [⑱] ～ [⑳] にマークしなさい。

Read a dialogue between a student and a librarian.

Kim: Hi, I was wondering if you could tell me about the summer reading program?

Librarian: Sure. It starts next week. Here's a worksheet where you can keep track of your reading. Place a mark in each square after every twenty minutes of reading.

Kim: Can it be any book? Do I have to choose something from the library?

Librarian: Absolutely anything is fine — we just want to encourage reading while students are away from school. For every hour you read, you get a small prize.

Kim: That sounds great. Do I have to show my worksheet every time I read for an hour?

Librarian: You can, but you can also enter your book's title and reading time on a web page we set up for the contest. You can pick up your prizes whenever you like.

Kim: Oh, that's easy!

Librarian: But please visit often, too. We have lots of special events going on this summer. We also have a reading contest for adults. You should tell your parents about it.

Kim: Is it the same as the one for kids?

Librarian: Adults get a free book for every book they complete. If kids see their parents read, we believe they are more likely to read, too.

Kim: Thanks again! I think I'll find something to read right now.

Librarian: I'm happy to give some suggestions. We also have a special shelf set up with recommended books for different age groups. Take a look and let me know if you have any questions.

(1) What is the conversation mainly about? [⑱]

① describing a special contest

② joining a summer school class

③ meeting a new library worker

④ getting help with a class project

(2) What does the librarian suggest Kim do online? [⑲]

① join an online book discussion

② get a library card

③ learn about special events

④ list the books she reads

(3) Why does the librarian mention parents? [⑳]

① to show who can volunteer at the library

② to have Kim get permission

③ to describe where different books are

④ to explain that adults should also read

Ⅲ 次の英文を読んで，下の問いに答えなさい。

1. If harmful chemicals are dumped in a river or a factory is hurting the environment, community groups often work together to stop the damage. However, there is another type of pollution most people deal with every day and never think about: light pollution.

2. Eighty percent of people in the world don't have the opportunity to see a truly dark sky during their daily lives. When they look up, they may see a few dull stars shining in the night sky, but never all of the stars actually before them. Light pollution, of course, keeps people from seeing a sky covered in stars, but research shows this type of pollution also affects one's health. Sleeping in areas with large amounts of artificial light can lead to stress, headaches, and tiredness.

3. In much of North America and Europe, the problem is even worse, with 99 percent of people affected by light pollution. However, recent efforts to minimize its effects have shown promise. In Flagstaff, Arizona, in the United States, researchers explained that light from the city affected their ability to study the night sky. Since then, the city has passed some of the strictest laws regarding light sources. For example, all outdoor lights in the city must face downward, rather than up. This has had a positive effect on how dark the skies are. These changes are now called the Flagstaff Solution, and scientists are asking leaders of other cities to follow this example.

4. However, not all light pollution comes from the ground. Recently, large numbers of satellites are being launched. These satellites are particularly troublesome because they travel relatively close to Earth. Because of this close distance, the light they produce affects observations from the ground. When asked about the situation, one researcher said, "We're preparing for a future that looks bright — but not in a good way."

5. These satellites do serve a positive function — they provide internet service to hard to reach locations, so many people believe they are necessary. Still, more must be done to reduce their negative effects on the night sky. Technology companies are working to limit the amount of light these satellites produce. However, with at least 100,000 planned launches by 2025, there is no doubt that the night sky will be changed forever.

6. While <u>this</u>ⓐ is true, individuals can help reduce light pollution. The most direct impact you can have is by reducing the amount of light pollution produced in your own home. For example, outdoor home lighting should not shine all night. In addition, curtains should be closed in the evening to keep most of the light inside. Light pollution will always be a problem in large cities, such as Los Angeles, Tokyo, and London, but everyone can take steps to reduce its impact.

問 1 What is the best title for the essay? [㉑]

① How Satellites Affect Research ② Types of Pollution

③ Where to Find Dark Skies ④ Protecting the Night Sky

問 2 Why does the author mention Flagstaff, Arizona? [㉒]

① to show where light pollution is increasing

② to describe how a city reduced light pollution

③ to describe results of a study on light pollution

④ to show where satellites are launched from

問 3 What is the purpose of the quote in paragraph 4? [㉓]

① to describe how satellite launches affect research

② to compare different sources of light pollution

③ to explain why a suggested solution will not work

④ to show that satellite launches provide a surprising benefit

問 4 What does the author say about the satellites mentioned in paragraph 5? [㉔]

① They provide scientists with useful data about space.

② Other forms of Internet access are better for certain locations.

③ They can be moved to higher orbits to reduce light pollution.

④ The number of launches will continue to increase.

問 5 In the first sentence of the last paragraph, what does <u>this</u>ⓐ refer to? [㉕]

① Technology will help reduce light pollution.

② More people are aware of light pollution.

③ Light pollution will continue to be a problem.

④ Some satellites are more beneficial than others.

Ⅳ 次の英文を読んで，下の問いに答えなさい。

1. Maternity leave, a policy that allows new mothers to take time off from work after the birth of a child, has been common in many countries for quite some time. It provides【 a 】for both families and corporations. Mothers can focus on raising their newborns, giving them the care they need. Companies, too, can retain experienced workers, with new mothers returning to the workplace after a certain amount of time. Paternity leave, allowing fathers to also take time off after the birth of a child, is less common. However, it is becoming more widespread.

2. Although paternity leave is becoming more common, many men choose not to take the full amount of leave available — and many men take no time off at all. Some men report they fear they will suffer career setbacks if they take the time off that is allowed. Therefore, they choose not to take advantage of this benefit.

3. Japan has a very generous policy for paternity leave. As of 2022, the total amount of family leave (combined time off for mothers and fathers) available is 125 days, about a week less than what is offered in France and a few weeks more than what is available in Norway. However, only about fourteen percent of men take advantage of this leave. Recently, employees at large companies have increased their use of leave programs. However, smaller companies may have less flexible workforces. Some researchers believe employees of smaller companies may be concerned about how tasks will be completed with a smaller workforce.

4. The United States is one of the few countries that has no national policy regarding paternity leave. In the U.S., only a small percentage of men take advantage of leave programs offered by companies. While individual companies may offer leave, there is no national policy that requires it to be offered.

5. In Iceland, politicians all agreed to extend paternity leave. This law allows both mothers and fathers to take 180 days off after the birth of a child. More information about paternal leave is available in the graph below. Unlike in many other countries, fathers are taking advantage of this system, with almost ninety percent of eligible employees taking leave. A research study conducted after the law was passed found that this change led to more equality in child care. The research showed that fathers were taking on more responsibility for raising children. An unexpected benefit was found in a study of teens born after the law was passed. The study showed an increase in young people saying they were able to easily communicate with their fathers.

6. Passing paternity leave laws has been relatively easy, as they are popular with voters. The more difficult challenge is to change the workplace culture in many countries to ensure fathers

take advantage of paternity leave without concern for their careers.

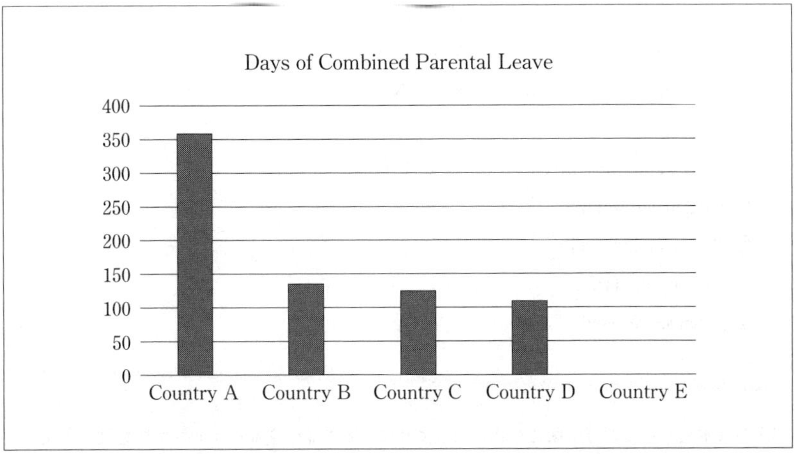

問 1　What is a possible title for the essay? ㉖

① How Paternity Leave Affects Families

② Iceland's Popular Paternity Leave Law

③ Developing a New Paternity Leave Law

④ Global Use of Paternity Leave

問 2　In paragraph 1, what word belongs in 【　a　】? ㉗

① changes

② work

③ benefits

④ money

問 3　According to the information in paragraph 3, why might paternity leave be more common in larger companies? ㉘

① Only very large companies are required to provide paternity leave.

② The government reduces taxes for large companies that provide paternity leave.

③ More employees can help complete the work of new fathers.

④ Presidents of large companies more often support paternity leave.

問4 In Iceland, how did paternity leave policies affect teenagers? [㉙]

① Teens reported they felt closer to their fathers.

② Teens started working at a younger age.

③ Teens learned about parenting skills in school.

④ Teens were less likely to become parents.

問5 In the graph, what are countries A and D? [㉚]

① Iceland and Norway

② France and Iceland

③ Norway and France

④ Japan and Iceland

V

次の日本文と英文がほぼ同じ意味になるように，下の語句を並べかえて空欄を補い，文を完成させなさい。その際，それぞれ３番目と６番目に来る番号を選び，解答番号 [㉛] ～ [㊵] にマークしなさい。

問1 閉店間際だったのでチャーリーはお店で少ししか物を買いませんでした。

Since ＿＿ ＿＿ [㉛] ＿＿ ＿＿ [㉜] ＿＿ things.

① Charlie ② only a few ③ about to ④ was ⑤ the store ⑥ close ⑦ bought

問2 雨が降りだすとすぐに，人々は祭りから去りました。

People ＿＿ ＿＿ [㉝] ＿＿ ＿＿ [㉞] rain.

① as soon as ② began ③ the festival ④ to ⑤ left ⑥ it

問3 そのレストランは他のレストランと競争するために値段を下げました。

The ＿＿ ＿＿ [㉟] ＿＿ ＿＿ [㊱] businesses.

① in order ② lowered ③ with other ④ prices ⑤ to compete ⑥ restaurant

問4　問題は，誰もこの教室を開ける鍵を持っていないことです。

The ______ ______ [㊲] ______ ______ [㊳] classroom.

① that unlocks the　② door for this　③ is that　④ nobody has

⑤ big problem　⑥ the key

問5　ジェームズは9時までに帰宅した場合に限り，パーティーに行けました。

James was ______ ______ [㊴] ______ ______ [㊵] nine o'clock.

① only if　② the party　③ he came　④ home by　⑤ go to　⑥ allowed to

数　学

（2 科目 120 分）

数学の解答欄への記入方法

問題文の［　　］の中の解答番号に対応する答えをマークシートの解答欄の中から１つだけ選びマークしてください。

特に指示がないかぎり，符号（−，±）又は数字（０～９）が入ります。①，②，… の一つ一つは，これらのいずれか一つに対応します。それらを解答用紙の①，②，… で示された解答欄にマークして答えてください。

例１．［①②］に －５と答えるとき

①	0 1 2 3 4 5 6 7 8 9 ● ±
②	0 1 2 3 4 ● 6 7 8 9 − ±

例２．$\dfrac{［③④］}{［⑤］}$ に $-\dfrac{2}{3}$ と答えるときのように，解答が分数形で求められた場合，既約分数で答えてください。符号は分子につけ，分母にはつけません。（もし答えが整数であるときは分母は１とします。）

③	0 1 2 3 4 5 6 7 8 9 ● ±
④	0 1 ● 3 4 5 6 7 8 9 − ±
⑤	0 1 2 ● 4 5 6 7 8 9 − ±

小数の形で解答する場合，指定された桁数の一つ下の桁を四捨五入して答えてください。また，必要に応じて，指定された桁まで⓪にマークしてください。

例えば，［⑥］.［⑦⑧］に 2.5 と答えたいときは，2.50 として答えてください。

根号を含む形で解答する場合，根号の中に現れる自然数が最小となる形で答えてください。

例えば，［⑨］$\sqrt{［⑩］}$ に $4\sqrt{2}$ と答えるところを，$2\sqrt{8}$ のように答えてはいけません。

根号を含む分数形で解答する場合，例えば $\dfrac{［⑪］+［⑫］\sqrt{［⑬］}}{［⑭］}$ に $\dfrac{3+2\sqrt{2}}{2}$ と答えるところを，$\dfrac{6+4\sqrt{2}}{4}$ や $\dfrac{6+2\sqrt{8}}{4}$ のように答えてはいけません。

I　次の $\boxed{①}$ ～ $\boxed{㉑}$ の中に適切な数字を入れなさい。ただし，(3)の $\boxed{⑤}$，(4)の $\boxed{⑥}$，(6)の $\boxed{⑫}$ については，［選択肢］の中から選びなさい。

(1)　$x+y=\sqrt{6}$，$xy=\sqrt{2}$ のとき，$|x-y|=\boxed{①}-\sqrt{\boxed{②}}$ である。

(2)　$x^2-2y^2-xy+2yz-zx+3x+3y-3z$ を因数分解すると，
$(x+y-z)(x-\boxed{③}y+\boxed{④})$ である。

(3)　下の命題のうち偽であるものは $\boxed{⑤}$ である。ただし，x は実数とする。
$\boxed{⑤}$ にあてはまるものを，次の⓪～③の中から選び，その番号を答えなさい。

［選択肢］

⓪　$x^2 \neq 4$ ならば「$x \neq 2$ かつ $x \neq -2$」

①　$x^2 \neq 4$ ならば $x \neq 2$

②　$x \neq 1$ ならば $(x-1)(x-2) \neq 0$

③　「$x \neq 1$ かつ $x \neq 2$」ならば $(x-1)(x-2) \neq 0$

(4)　x に関する不等式 $x^2+(a^2+2a+2)x+2a(a^2+2)>0$ の解は $\boxed{⑥}$ である。ただし，a は実数の定数とする。$\boxed{⑥}$ にあてはまるものを，次の⓪～③の中から選び，その番号を答えなさい。

［選択肢］

⓪　$x<a^2+2$，$2a<x$

①　$x<2a$，$a^2+2<x$

②　$x<-a^2-2$，$-2a<x$

③　$x<-2a$，$-a^2-2<x$

(5)　△ABC で AB = 5，BC = 7，CA = 3 である。

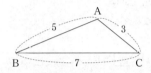

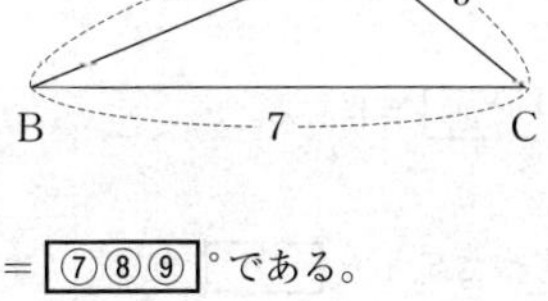

(i)　$\angle A=\boxed{⑦⑧⑨}^\circ$ である。

(ii)　△ABC の内接円の半径を r とすると，$r=\dfrac{\sqrt{\boxed{⑩}}}{\boxed{⑪}}$ である。

(6)　次の表はあるクラスのハンドボール投げの記録の度数分布表である。

記録(m)	度数(人)
5以上 〜 10未満	2
10 〜 15	4
15 〜 20	6
20 〜 25	3
25 〜 30	3
30 〜 35	2
35 〜 40	1
計	21

この度数分布表と矛盾がない箱ひげ図は［⑫］である。

［⑫］にあてはまるものを，次の⓪〜③の中から選び，その番号を答えなさい。

［選択肢］

⓪
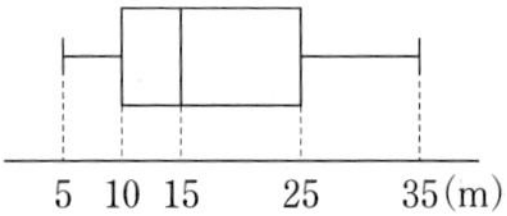

①
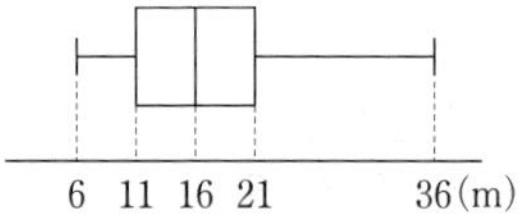

②
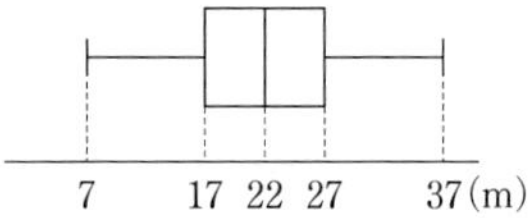

③
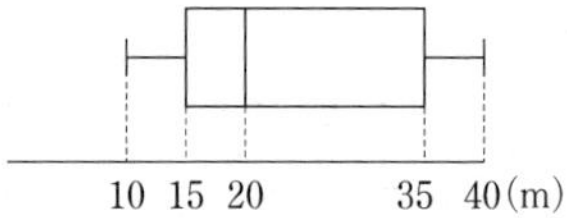

(7)　A さんに a 枚，B さんに b 枚，C さんに c 枚のクッキーを配り，$1 \leqq a \leqq b \leqq c \leqq 6$ となるようにする。

(i)　a，b，c は整数なのでこの不等式と同値な不等式は，
$0 < a < b +$［⑬］$< c +$［⑭］< 9 となる。

(ii)　このことからクッキーを 3 人に配る方法は［⑮⑯］通りある。

(8)　$\sqrt{n^2-n-2}$ が整数となるような整数 n をすべて足すと［⑰］であり，すべてかけると［⑱⑲］である。

(9) 図のように半径2の円Oと半径3の円O′が外接している。2つの円に接する直線と円O, O′との接点をそれぞれT, T′とする。2つの円の接点Pにおける共通接線を引き，直線TT′との交点をQとする。円外の点から円に引いた2本の接線の長さは等しいことに着目すると，QT = QP = QT′であるから，O′Q = $\sqrt{\boxed{⑳㉑}}$ である。

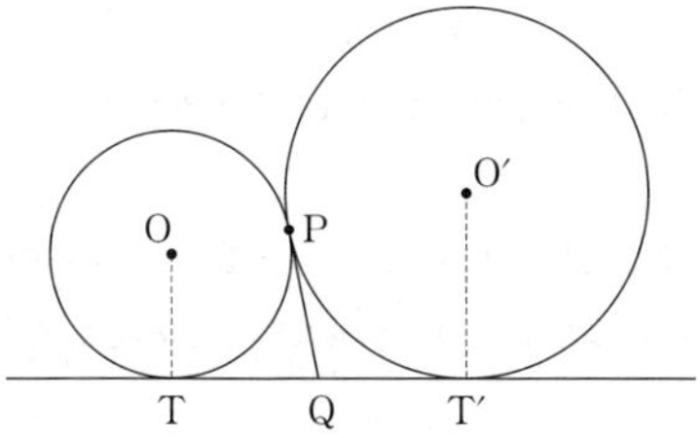

Ⅱ 線分ABを直径とする円周上に，線分ABを挟んで反対の位置に点C, Dを，∠CAB = 30°, ∠DAB = 15°となるようにとると，AC = 6となった。線分ABとCDの交点をEとしたとき，次の $\boxed{㉒}$ ～ $\boxed{㉝}$ の中に適切な数字を入れなさい。

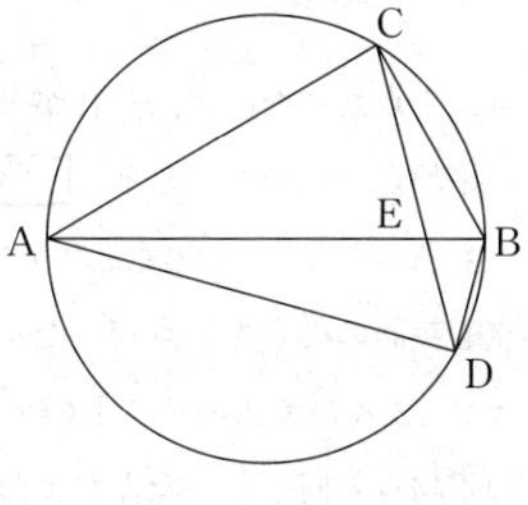

(1) CD = $\boxed{㉒}\sqrt{\boxed{㉓}}$，CE = $\boxed{㉔}\sqrt{\boxed{㉕}} - \boxed{㉖}\sqrt{\boxed{㉗}}$ である。

(2) △ACEに注目すると，$\cos 75° = \dfrac{\sqrt{\boxed{㉘}} - \sqrt{\boxed{㉙}}}{\boxed{㉚}}$ である。

(3) △CDBの面積は $\boxed{㉛}\sqrt{\boxed{㉜}} - \boxed{㉝}$ である。

Ⅲ　同じクラスの直美さんと由衣さんが昨日のテストの結果について話している。2人の会話を読みながら，次の ㉞ ～ ㊼ の中に適切な数字を入れなさい。

直美さん　：昨日の数学のテストの結果が返ってきたね。どうだった？

由衣さん　：自分の得点しかわからないのでなんともいえないなあ。平均点がわからないと，自分の得点が良かったのか悪かったのかがわからないよ。

直美さん　：そうだよね。じゃあ，数学の先生にクラス12人の平均点を聞いてみるよ。

（5分後）

直美さん　：数学の先生に聞いてみたけど忙しいようで，クラス12人の数学のテストの得点そのものしか教えてくれなかったよ。10点満点で得点を小さい方から並べると，次のようになるよ。

1，2，4，4，5，6，6，7，8，9，10，10

由衣さん　：私の得点は上位5番目の7点で，上位6番目以内だから平均点より高いといえそうだ。

直美さん　：上位6番目以内だから平均点よりも高いとは限らないよ。例えば12人の得点が，

0，0，0，0，0，0，0，1，1，2，10，10

だったら，平均点は2点なんだけど，上位4番目の1点は平均点よりも低くなってしまうね。

由衣さん　：そうだね。私の得点は7点だったけど，それが平均点よりも高いか低いかを調べるために，クラスの平均点を求めてみると， ㉞ 点だったよ。

直美さん　：昨日は英語のテストもあったね。10点満点のうち何点だった？

由衣さん　：実は私は数学の得点も英語の得点も7点だったんだ。

直美さん　：英語の先生は，クラス12人の英語のテストの平均点を教えてくれたけど，偶然にも数学のテストの平均点と同じだったんだよね。

由衣さん　：ということは，数学のテストと英語のテストの平均点は同じで，私の得点はどちらも7点だから，同じくらい良かったってことかなあ。

直美さん　：そうとはいえないよ。もし得点の分布の散らばりが小さかったら平均点付近に集まっていると言えるよね。すると，平均点よりちょっとだけ上の7点でも結構良いと言えることもあるよね。でも，得点の分布の散らばりが大きかったら平均点から離れた得点の人が多くなってしまうよ。そうなると今度は，平均点よりちょっとだけ上の7点ではそれほど良いとは言えなくなるよ。

由衣さん　：なるほど。散らばりの様子を考慮する必要があるね。先ほどのクラス12人の数学の得点から，分散は ㉟ ，標準偏差は ㊱ $\sqrt{㊲}$ 点になった。

直美さん　：英語のテストの得点の分散は0.5ということだよ。

由衣さん　：なるほど。数学の得点の分布の散らばり方は英語の得点の分布の散らばり方より大きかったよね。そうなると，私の数学の得点は英語の得点より相対的には良くはなかったとも言えるね。その相対的な良さを数値化できる方法はないかな。

直美さん　：偏差値というものがあるよ。ただ，一般に偏差値を考えるときはデータの分布が正規分布と呼ばれる分布に近いことを仮定しているんだ。テストを受けた人が100人などの大人数で，なおかつ，テストの結果が極端に偏ったものでなければ，だいたいは正規分布に近くなるんだ。今回のテストを受けた人数は12人と少ないので，本来は偏差値を考えることは適切でないかもしれないけど，そのことは知っておいてね。

由衣さん　：わかった。

直美さん　：$(\text{偏差値}) = 50 + \dfrac{(\text{得点}) - (\text{平均点})}{(\text{標準偏差})} \times 10$

と計算するんだ。つまり，得点が平均点と同じなら偏差値は［㊳㊴］，得点が平均点より標準偏差分だけ高いなら偏差値は［㊵㊶］，得点が平均より標準偏差分だけ低いなら偏差値は［㊷㊸］となるね。

由衣さん　：私の数学の得点の偏差値は，$\sqrt{2} = 1.41$ として計算して小数第1位を四捨五入すると［㊹㊺］，私の英語の得点の偏差値は，［㊻㊼］となった。これだと英語の得点の方が相対的に良かったとすぐにわかるね。

直美さん　：得点の相対的な良さを順位で考えることもできるよ。ただし，先ほども言ったけど，データの分布が正規分布と呼ばれる分布に近いことを仮定しているからね。由衣さんの数学の得点をもとに，小数点以下まで厳密に偏差値を計算すると上位36%の位置にいることになり，英語の得点の偏差値だと上位8%の位置にいることになるんだ。

由衣さん　：なるほど。それは12人中何位に相当するんだろう。英語の得点のデータはわからず，順位もわからないから興味があるね。

直美さん　：順位は本来は1，2，…，12と整数の値しかとらないけど，ここでは便宜的に小数第1位を四捨五入して1～12になる，0.5以上12.5未満の実数の値をとることにするよ。偏差値からわかる上位○%の位置にいるかを，0.5～12.5の区間の比例配分で考えて順位を求めると，数学は［㊽］.［㊾㊿］位，英語は［(51)］.［(52)(53)］位に相当すると考えられるね。

由衣さん　：なるほど。英語の順位は1位に相当するかもしれないから，順位を考えても英語の得点の方が相対的に良いとすぐにわかるね。

Ⅳ　箱の中に8枚のカードがあり，それぞれ

1，2，2，3，3，4，5，5

と書かれている。ランダムに1枚のカードを取り出し，数字を見て箱に戻してよくかき混ぜる，ということを3回繰り返す。次の［⑭］～［⑯］の中に適切な数字を入れなさい。

(1)　取り出したカードの数字が3回とも2以上の確率は，$\dfrac{\boxed{⑭⑮⑯}}{512}$である。

(2)　取り出したカードの数字の最小値が2の確率は，$\dfrac{\boxed{⑰⑱⑲}}{256}$である。

(3)　取り出したカードの数字の最小値が2で最大値が4の確率は，$\dfrac{\boxed{⑳㉑}}{256}$である。

(4)　取り出したカードの数字の最小値が2のとき，最大値が4となる条件付き確率は，

$\dfrac{\boxed{㉒㉓}}{\boxed{㉔㉕㉖}}$ である。

国語

（二科目一二〇分）

一　次の【文章Ⅰ】・【文章Ⅱ】は、いずれも寺本剛『未来へ繋ぐ災害対策――科学と政治と社会の協働のために』の一節である。これを読んで、後の問い（問1～5）に答えなさい。解答番号は［①］～［⑰］。

【文章Ⅰ】

災害対策における理想と現実の間には多様な可能性がある。そして、災害対策が厄介な問題なのは、その無数の可能性のうちどれがよい答えなのかが決まっておらず、それを多様な市民による開かれた議論のなかで、災害に先だって探り当てていかなければならないからだ。とはいえ、そのための手がかりが何もないわけではない。多様な意見が存在し、すべての人が自分の意見をいえるのだとしても、そのすべてを反映できるわけではないし、また、なかには反映すべきでない意見もある。何が正解かは決まっていないかもしれないが、何が不正解かは大枠で特定できると考えられるのだ。それを見極めるには、やはり自分たちの弱さを自覚し、一人ひとりの命を平等に尊重するという原則に立ち返ってみる必要がある。

たとえば、ハザードマップの改定によって、ある地域がこれまでよりも災害リスクの高い場所として公表されると、その地域の地価が下落し、その地域の住民に不利益が及ぶ可能性があるという場合を想像してみよう。その地域の住民が地価下落による資産価値の低下を懸念してハザードマップの改定や公表をやめるよう訴えたとしたら、ア<u>その声は受け入れられるべきだろうか</u>。それは、よほどのことがないかぎり、退けられなければならないだろう。ハザードマップの情報が公開・<u>コウシン</u>Aされていなければ、社会に属する人々をより高いリスクにさらすことに繋がるからである。<u>トウガイ</u>B地域の人々自身が災害リスクを受け入れることに同意していたとしても、リスクを回避するための情報を他人に与えなかったり、そのことで他人をより大きなリスクにさらしたりするのは倫理的ではない。また、自分たちの資産の価値を守るために仮にその地域の情報についてだけ公開を見合わせたとしても、その地域に引っ越してくる人やその土地を買おうと検討している人は、住む場所の災害リスクを選ぶことで自分自身の命や生活を守ることが十分にできなくなり、やはり倫理的に問題がある。

このことは倫理学的にはさまざまな切り口で理解できる。たとえば、最大多数の最大幸福の実現を倫理の目標とする功利主義的な倫理観からみれば、ハザードマップの非公開は多数の人々の命をより高いリスクにさらすことにつながるため容認できない。また、一人ひとりの人間の尊厳を認め、すべての人間に互いの尊厳を尊重することを求める義務論的な倫理観でも、ハザードマップの非公開は、尊厳を持つ一人ひとりの住民の命をより大きな危険にさらす可能性を高めることであり、許されない。そして、災害対策の倫理原則として「弱い立場の人々への配慮」という観点からみても、ハザードマップの非公開は、人々をより脆弱（ぜいじゃく）な状態に放置するものであり、自分自身や他人が弱い立場に立つ可能性を考慮に入れない非倫理的な態度とみなされることになる。

このように、意思決定に参加する権利がすべての人にあるからといって、どんな要求でも受け入れられるわけではない。少なくとも災害対策においては、弱い立場に立たされる人々の命を守ることを妨げず、むしろそれに資するような声が優先されるべきである。

災害は緊急事態であり、そこでは一人ひとりの命を平等に救うための物的・人的資源が絶対的に不足する事態が容易に考えられる。そのような事態を想定して対処の仕方を考えておくことも、イ災害対策に取り組むうえで不可欠である。それは、一人ひとりの命を平等に守るという理想を追求するべく最大限の努力をしたうえで、それにつながる次善の指針を考えることを意味する。そして、その際に従うべき次善の指針は公平性だと考えられる。資源が限られており、すべての人を平等に救うことができないのであれば、せめてその資源を不当な偏りなく分配することが倫理的だと考えられるのである。

では、どのような分配の仕方が公平だろうか。何を公平性の基準とするかについては多様な考え方があり、どの基準を採用するかを決めることにも厄介さがつきまとう。しかし、これは逆にいえば、個別の価値観に左右されにくい、より抽象的な基準の方が望ましいことを意味している。たとえば、「年寄りよりも若者を優先すべきだ」とか「より有能な人を優先すべきだ」といったように個々人の属性（年齢、性別、能力、経済力など）を基準に優先順位を決めてしまうと、その基準を採用するべき理由や根拠、その背景にある価値観に賛同できない人々から反対の声が上がるのは容易に想像がつく。それゆえ、優先順位をつけるための基準としては、以上のような実質的内容をなるべく伴わず、多くの人がなるべく抵抗なく受容できる基準が採用されるべきだということになる。

このことは平常時の緊急事態において採用されているウトリアージのことを考えてみるとわかりやすいかもしれない。医療の現場では、平常時における緊急対応においても医療資源が限られる場合があり、その際にはできるだけ多くの命を救うために、症状の緊急度と重症度によって患者を分類し、治療やCハンソウの優先順位を決めるトリアージが実施されている。ここでは、緊急の治療によって助かる見込みのある相対的に重い症状の人が先に治療を受け、死にかけている人、相対的に軽い症状の人は後回しにされる。すべての人の命を平等に救うことができない場合には、次善の倫理的基準として「できるだけ多くの命を救う」という基準が採用され、それに基づいて具体的に以上のような分類で優先順位が決められるわけだ。

この「できるだけ多くの命を救う」という基準は、「誰の命か」ということは度外視して、救える命の数だけを問題にしている。その点で、この基準は、実質的な内容の希薄な抽象的基準であり、異論も少なく、より公平な基準といえるだろう。また、「できるだけ多くの命を救う」という基準は、医療資源が限られているなかで、命の危険にさらされた人々を救う可能性を総体として高める目的で採用されており、目標としては、弱い立場の人々に配慮し、一人ひとりの人間の命を平等に尊重するというより高次の理想を目指し、完全ではないがそれに近づこうとする試みの一つと考えることもできる。

このように、災害時における資源の分配において優先順位をつける際には、できるだけ人々の属性に踏み込まない基準を採用した方が納得が得られやすいと考えられるのだが、その一方で、人々の属性によって物的・人的資源の分配に差をつけるのが望ましい場合もある。実際、新型コロナウイルス感染症対策としてワクチン接種が行われる際には、医療従事者、自治体の職員、高齢者などが優先されたが、感染症対策を含めた災害対策全般において、今後もこれに類する優先順位をつける必要が出てくる可能性は大いにある。そうした措置の是非や根拠についても、これまでの経験や専門家の知見に基づいて前もって議論し、社会全体で合意しておく必要がある。

その答えにはこれまたさまざまな可能性があり、それを探り当てるのは厄介な作業かもしれないが、それでも、そこには[エ]優先順位をつけるための妥当な倫理学的指針があると考えられる。それは*ジョン・ロールズが指摘した格差原理の考え方に則したものになるだろう。格差原理とは、最も不遇な人に最大限の恩恵が与えられる場合に社会的・経済的不平等は許されるとする考え方である。

ロールズは、この原理を社会的基本財（自由・権利・機会・資産・所得・自尊心など）を分配する際の原理として提案したのだが、これは災害時の問題にも転用できる。先にワクチンの例で示したような優先順位はそれ自体として考えるならば不平等なものであり、そのままでは容認できない。しかし、そのような不平等な分配によって最も不遇な立場にある人に最大限の恩恵がもたらされるならば、その限りで、資源の不平等な分配は認められる。特定の人々が優先的に財やサービスを得られるのは、与えられた状況においてその人々が相対的に弱い立場にあるか、あるいは弱い立場の人々を救うためにより大きな貢献ができるかのいずれかの場合ということになる。

感染症対策の事例で考えれば、感染リスクや感染後死亡率が高いという属性を持った人々が弱い立場の人々、感染症対策を支える医療関係者をはじめとしたエッセンシャルワーカーはそうした弱い立場の人々を救うために貢献できる人々であり、だからこそ、そうした人々は優先的に医療措置を受けられるようにすべきだということになる。もちろん、災害の種類やそれが起こった状況に応じて、何が弱い立場（不遇な状態）かはさまざまであろう。そうしたことについて、あらかじめ議論して決めておくこともまた、必要な災害対策の一つである。

以上のようなロールズの格差原理の考え方もまた、弱い立場の人々を優先するという価値に基づいている。平等な配慮ができず、公平な配慮を試みるしかない場合でも、弱い立場の人々を優先するという考え方が捨て去られるわけではない。むしろ、この考え方に基づいた優先順位のつけ方が、より多くの人々に受け入れられ、正当性を持つことになると考えられる。もちろん、このことはこれ以外の基準に基づく優先順位が排除されることを意味してはいない。しかし、そうした基準は多くの場合、個人の属性に関わる実質的内容を伴うものになると考えられるため、特定の人々を不当に優遇ないし冷遇するものとみられかねず、多様な人々から賛同を得られない可能性がある。これでは厄介な問題をさらにこじらせることにもなりかねない。

こうした別の基準を採用するためには、「弱い立場の人々を優先する」というデフォルトの基準を覆すだけの十分な根拠が示され、それについて多くの人が納得できる説明が必要となるだろう。

【文章Ⅱ】

弱い立場に立たされた人を守る社会システムは、必然的に一人ひとりの命や生活を平等に尊重するものとなるはずである。というのも、それぞれの人が偶然に置かれている状況によって待遇に差をつける社会システムは、弱い立場の人を安易に見捨てる可能性があり、信頼できないからだ。

こうしたシステムをわれわれが望むのは、決して自愛の気持ちだけからではない。困っている他人を思いやり、助けようとする同情心や責任感がわれわれにはある。このような観点からみても、たまたま弱い立場に立たされた他人が切り捨てられることは許容できず、そうした人々をホウセツ(D)し、助ける社会システムをわれわれは支持するだろう。

弱い立場の人々を守るという以上のような理想は、最大多数の最大幸福を目標とし、災害時には「できるだけ多くの命を救う」ことを目指す功利主義的な倫理観とは異なる。功利主義は、社会全体の幸福を増大させるために、弱い立場に立たされた人を見捨てる可能性を原理的には排除していない。その点で、功利主義的な倫理観はわれわれが第一に追求すべき理想ではなく、その理想が実現不可能なときに採用される次善の規範である。

他方で、(オ)われわれが追求すべき倫理は、一人ひとりの人間を尊厳ある人格として尊重することを求める義務論的な倫理観と似ているが、厳密にいえばそれと完全に一致するものではない。一人ひとりの人間の尊厳を尊重するという考え方は、一人ひとりをかけがえのない存在として扱い、別の目的のための犠牲にしないことを意味しており、この点では先に述べた「一人ひとりを平等に尊重する」という考え方と重なっている。しかし、本章が前提とする倫理は、これに加えて、弱い立場にある人々に対する同情心や責任感を重視し、そうした人々をまずは優先して救うべきことを強調する。

平常時においてわれわれは以上のような倫理を理想とし、その実現を目指して社会生活を営んでいる。そして、この理想は災害が起こったからといって捨ててよいものではなく、この目標を実現するために最大限の努力をすることがまず求められる。具体的には、災害によって社会システムがホウカイ（E）し、平常時の倫理が維持できなくなることを回避するべく、災害に強い社会システムを構築し、また災害から速やかに復旧できるよう備えなければならない。結局のところ、われわれが災害に対して倫理的に対応できたかどうかは、一人ひとりの弱さを十分に意識し、そうした人々を等しく守ることをどこまで真摯に追求して災害対策に取り組めるかにかかっている。このことからして、災害の倫理は本質的に災害対策の倫理だということになる。

（本文中に一部省略・改変したところがある）

（注）＊ジョン・ロールズ――アメリカの哲学者。

問1　二重傍線部A〜Eに相当する漢字を含むものを、次の各群の①〜⑤の中から、それぞれ一つ選びなさい。解答番号は［①］〜［⑤］。

A　コウシン　［①］
① シュコウを凝らした手料理。
② 勝負の行方にはコウデイしない。
③ コウイ室で制服に着がえる。
④ コウシツな文章を書く作家。
⑤ 大学で歴史学をセンコウする。

B　トウガイ　［②］
① ガイコツの標本を置く。
② 答えをガイスウで求める。
③ 不当な処分にフンガイする。
④ ガイハクな知識を誇る。
⑤ 夜道にガイトウがともる。

C　ハンソウ　［③］
① 新商品のハンロの拡大を目指す。
② 風を受けてハンセンが海路を進む。
③ 野菜の無料ハンプ会に参加する。
④ 図表のハンレイで項目を確認する。
⑤ 倉庫から品物をハンシュツする。

D　ホウセツ　［④］
① 会場のセツエイを手伝う。
② 弱肉強食は自然のセツリだ。
③ 彼の考えはチセツだ。
④ セットウ事件の犯人が捕まる。

出典追記：寺本剛「災害対策の倫理」

⑤ セツナ的な生き方を後悔する。

E　ホウカイ　⑤

① 氷山が大きくホウラクする。

② 清らかな花のホウコウが漂う。

③ 彼はホウガン投げの選手だ。

④ 丁寧にホウセイされた服。

⑤ 事実を知って頭がホウワ状態になる。

問2　傍線部ア「その声は受け入れられるべきだろうか」とあるが、ハザードマップの公表に関する次の(1)～(7)の「声」について、**受け入れられるべきではないもの**には①を、受け入れられるべきものにはその理由として最も適当なものを、後の②～⑤の中からそれぞれ選びなさい。解答番号は ⑥ ～ ⑫ 。

(1)　私は危険地域の住人だが、ハザードマップの公表をやめたら、災害リスクの高い場所以外に住む多くの人の命も危険にさらすことになるんだぞ。 ⑥

(2)　ハザードマップの公表をやめたら、危険地域に住む私は、災害時に命をどう守ればいいかわからないじゃないか。それじゃあ困るよ。 ⑦

(3)　ハザードマップの公表をやめたら、災害時にどこが危険なのか確認できないじゃないか。私たちが去年被害を受けた地域の住人であることを忘れないでほしい。 ⑧

(4)　ハザードマップの公表をしたら、この地域に移住してくる人がいなくなるじゃないか。人口減少に歯止めをかけなければならないのに。 ⑨

(5)　ハザードマップの公表をしたら、危険な地域だと思われて人気がなくなってしまうじゃないか。将来家が売れなくなったらどうしてくれるんだ。 ⑩

(6)　ハザードマップが仮に間違っていたらどうするんだ。私たち地域住民からの意見も入れて少しずつ修正していくにしても、公表は少し待ったほうがいいんじゃないか。 ⑪

(7)　危険地域といっても一様ではなく、危険度にもいろいろあるんだ。ハザードマップを公表すれば、避難を優先すべき地域がはっきりするのでは。 ⑫

〈受け入れられるべきではないもの〉

①

〈受け入れられるべき理由〉

② 居住地という付帯情報に依拠せず、個人の命を尊重しているから。

③ リスクの高い場所の危険性を極力避ける権利を求めているから。

④ 災害時にリスクの高い場所の住人の命を危険から守ろうとしているから。

⑤ リスクに相対的な高低が発生することを踏まえているから。

問3　傍線部イ「災害対策」、傍線部ウ「トリアージ」とあるが、ある生徒が「災害対策」と「トリアージ」について次のように表にまとめた。これについて後の(1)・(2)に答えなさい。

●災害対策（災害時の物的・人的資源が絶対的に不足する事態における対応）

理想…一人ひとりの命を平等に守る

現実…すべての人の命を平等に救うことができない

↓

次善の指針

・［　X　］

公平性の基準

・個別の価値観に左右されにくい、より抽象的な基準の方が望ましい

・多くの人がなるべく抵抗なく受容できる基準が採用されるべき

●トリアージ（平常時の緊急対応において医療資源が限られる場合に実施）

理想…すべての人の命を平等に救う

現実…すべての人の命を平等に救うことができない

↓

次善の倫理的基準

・できるだけ多くの命を救う　→　トリアージを実施する

公平性の基準

・症状の緊急度と重症度によって患者を分類する

＝［　Y　］

●両者に共通する理念＝［　Z　］

(1)　空欄［X］・［Y］に入る表現の組み合わせとして最も適当なものを、次の①～④の中から選びなさい。解答番号は［⑬］。

① X　非常事態に備えて十分な資源を確保する
　 Y　多くの命を救うために人の命に優先順位をつける

② X　個々人の属性を考慮して公平に資源を分配する
　 Y　誰の命かは度外視して救える命の数だけを問題にする

③ X　限られた資源を不当な偏りなく分配する
　 Y　症状が重い人の命を優先する

④ X　より多くの人が納得できる基準に沿って資源を分配する
　 Y　人々の命を救う可能性を総体として高める

(2)　空欄［Z］に入る表現として最も適当なものを、次の①～⑤の中から選びなさい。解答番号は［⑭］。

① 緊急時においては何が優先されるべきかを考え、その優先度に応じた災害時向けの

倫理を確立する

② やむを得ず優先順位をつけるために、多くの人がなるべく抵抗なく受容できる基準を採用する

③ 簡単には解決できない問題が起こったときに、何を犠牲にするのが倫理的かを予（あらかじ）め決めておく

④ 緊急時であることを理由に理想を追求することをあきらめるのではなく、平常時の倫理をできる限り維持する

⑤ 弱い立場の人々に配慮し、一人ひとりの人間の命を平等に尊重するという、より高次の理想を求めない

問4 傍線部エ「優先順位をつけるための妥当な倫理学的指針」とあるが、その説明として最も適当なものを、次の①～⑤の中から選びなさい。解答番号は ⑮ 。

① 災害時における資源の分配においては、個々人の属性に踏み込まない基準を採用した方が納得を得られやすいので、災害の種類や状況に応じて、また専門家の知見に基づいて、優先順位に関する社会的合意を図るべきである。

② ジョン・ロールズの格差原理の考え方は、弱い立場の人々を優先するという価値に基づいているが、「弱い立場」の基準自体が普遍性を持つものではないため、特定の人々を不当に優遇したという反感を持たれることも否定できない。

③ 不平等な分配は本来避けるべきだが、優先順位をつける必然性に迫られたときには、相対的に弱い立場にある人々と、弱い立場の人々を救うために貢献できる人々を優先することが正当性を持ち、より多くの人々に受け入れられる。

④ ジョン・ロールズが指摘した格差原理の考え方によると、最も不遇な人に最大限の恩恵が与えられるべきだが、新型コロナウイルス感染症対策においても格差原理の考え方が転用され、優先順位をつけることが多くの人々に承認された。

⑤ 弱い立場の人々に配慮しないのは非倫理的な態度とみなされるので、災害対策においても、弱い立場に立たされる人々の命を守ることが優先されるべきであり、いかなる場合でも弱い立場の人々を基準に優先順位をつける必要がある。

問5 傍線部オ「われわれが追求すべき倫理」とあるが、これについて六人の生徒が話し合った。**【文章Ⅰ】**・**【文章Ⅱ】**の内容に即した発言を二つ、次の①～⑥の中から選びなさい。ただし、解答の順序は問わない。解答番号は ⑯ ・ ⑰ 。

① 生徒A――「われわれが追求すべき倫理」は、「義務論的な倫理観」と似ているとある。災害時でも「一人ひとりの人間を尊厳ある人格として尊重すること」が最も優先されるべき倫理観であるはずだから、きっとこれが「われわれが追求すべき倫理」だよ。

② 生徒B――「義務論的な倫理観」は「一人ひとりの人間の尊厳を尊重する」という考え

方で、誰かを別の目的のための犠牲にしないことを意味するとも書いてあるよ。だったら、災害時には「できるだけ多くの命を救う」ことを目指す「功利主義的な倫理観」とも同じだよ。

③　生徒C——「功利主義的な倫理観」は「われわれが第一に追求すべき理想ではなく、その理想が実現不可能なときに採用される次善の規範」とあるよ。つまり最大多数の最大幸福を目標とする「功利主義的な倫理観」は、弱い立場の人々より社会全体の幸福を優先するんだよ。

④　生徒D——「功利主義的な倫理観」は、緊急時にやむを得ず適用される「次善の規範」なんだね。そうか、災害が起こったときに弱い立場の人々を優先するというのはすでに共有されているから、それ以外の人々の優先順位を決めることが「われわれが追求すべき倫理」なんだ。

⑤　生徒E——弱い立場に立たされた人々を「助ける社会システムをわれわれは支持する」とあるから、これが「われわれが追求すべき倫理」だよ。平常時はもちろん、緊急時にも弱い立場にある人々を優先して救えるように、真摯に災害対策に取り組むための倫理じゃないかな。

⑥　生徒F——緊急時に弱者を優先して救えれば、「次善の規範」が適用される場面が少なくなるね。同情心や責任感だけでは、自分の命が脅かされた場合に心もとないから、いざというときに人の善意に頼らなくてもよい、災害に強い社会システムを構築すべきだと筆者は言いたいんだね。

二 次の【文章Ⅰ】・【文章Ⅱ】は、いずれも砂原浩太朗『黛(まゆずみ)家の兄弟』の一節である。【文章Ⅰ】の場面は、江戸時代のある藩で代々筆頭家老をつとめる黛家の三男・黛新三郎(しんざぶろう)が、同じ剣術道場に通う由利(ゆり)主蔵(けいぞう)を誘って自家が催す花見の場に向かっているところである。主蔵は自分の身分の低さから初対面である黛家の者に会うことに気後れを覚えている。【文章Ⅱ】は、【文章Ⅰ】より後の場面で、新三郎が父から自分の縁談について聞かされるところである。これを読んで、後の問い（問1～7）に答えなさい。解答番号は ⑱ ～ ㉘ 。

【文章Ⅰ】

およその場所は次兄から告げられていたが、こう人が多くては、さがすだけでひと苦労だった。町人と武士が入りまじり、桃色の天蓋を見上げながらそぞろ歩いているものだから、五、六歩もあるけば足が止まってしまう。この季節にしては日ざしも強めで、首すじのあたりにわずかな痛みさえ覚えるほどだった。

主蔵は落ち着かなげに視線をさ迷わせている。桜を眺めるどころではないらしかった。

――やはり、わるいことをした。

いっそ兄たちとは、はぐれたままでもよい、と思ったとき、

「兎(うさぎ)――」

太く低い声が、すぐそばから投げかけられた。どこかしら似ているということらしいが、その渾名(あだな)で呼ぶものは、ひとりしかいない。

振り向くと、ひときわみごとな桜樹の陰から、みっしりと筋肉に覆われた姿が一歩踏みだしてくる。今しがた通りすぎたばかりの木だが、うっかり見過ごしていたらしい。

「由利も来たか」

壮十郎(そうじゅうろう)がA鷹揚(おうよう)に笑うと、主蔵はあわててこうべを下げた。

「その、本日はお招きいただきまして」

「礼をいうほどの催しではない」桜の幹に寄りかかったまま主蔵のことばを遮ったのは、栄之丞(えいのじょう)だった。「ぶらりと歩いて桜を眺めるだけだ」

話し方がそっけないのは長兄の悪い癖だと新三郎は思っている。すらりと痩せた体つきで、秀麗といっていい容貌をしているから、かえって冷ややかに見えてしまうのだった。必ずしもそうでないことを新三郎は知っているが、どれほどの者にそれが分かっているかは疑わしい。

「どうだ由利、あとで一手やらぬか」

歩きだしながら、壮十郎が顔を寄せてささやいた。主蔵は目を泳がせ、唾を呑(の)みこむ。

「と申されますと」

次兄はことさら大きな笑い声をかえすと、

「これに決まっておろうが」

主蔵が負った竹刀をぽんぽんと叩(たた)いた。救いを求めるような眼差(まなざ)しを向けられ、新三郎は思

案げな表情で眉を寄せる。

　新三郎たちは一刀流の峰岸(みねぎし)道場に通っているが、壮十郎は富田流(とだりゅう)の影山(かげやま)道場で高弟につらなる身だった。由利圭蔵も他流にまで知られた剣士だから、興味を惹(ひ)かれたのだろう。あるいは、最初からそのつもりで声をかけたのかもしれぬ。

「ア小兄上(こあにうえ)――」

　思い切って口をひらくと、

「今日はやめておけ」

　栄之丞の声が押しかぶさる。「桜の下で立ち合い*など、風流すぎる。おまえには似合わん」

　いくぶん物足りなげな表情を浮かべたものの、次兄はそれ以上、食い下がってこなかった。圭蔵がほっとしたような微笑を見せる。

　一行は城下と反対の方角へ、ゆったりと歩みをすすめた。桜並木は尽きる気配もなく、散りかかる花弁が時おり頬や鬢(びん)のあたりをかすめる。杉川(すぎかわ)のおもてにも、一枚二枚と花びらが吸いこまれていった。

「あの、ご無礼とは存じますが」

　ふいに声をかけられたのは、*四半刻(しはんとき)ばかり歩いて、人ごみがまばらになってきたころだった。並木のあいだに立って、武家の女中と思(おぼ)しきはたち前後の女がこちらを見つめている。

　新三郎が応えようとするまえに、イ圭蔵が進みでて女に低頭した。相手もかまえることなく礼を返しているのは、おのれと同じ使用人だと思ったらしい。圭蔵もとっさに軀(からだ)が動いてしまったのだろうが、やはりすまぬような心もちに見舞われてしまう。同門として気兼ねない付き合いをしているつもりだが、世間がそう見てくれるとはかぎらなかった。

「（　）様のご兄弟では」

　女中がB臆する風もなく告げた。うすい唇に、頸のほくろが目につく。うつくしいと言えぬわけでもないが、どこか釣り合いのわるい顔立ちだった。

　圭蔵がこちらを振りかえると同時に、

「いかにも左様だが」

　壮十郎がC磊落(らいらく)な調子でこたえる。女中は表情をやわらげると、背後に視線をすべらせた。

「りく様でございます、黒沢(くろさわ)の」

　そのときになってようやく気づいたが、桜の幹へ寄り添うようにしてあざやかな朱の小袖をまとった女がたたずんでいる。わずかに顎がとがってはいるものの、瞳はくっきりとつよく、着物の色にまけぬ華やかな面ざしだった。

　黒沢家は八百石で大目付のお役をつとめているが、藩祖の末子につらなる家であるため、家中では別格のあつかいを受けていた。当主の織部正(おりべのしょう)は峻厳(しゅんげん)な人柄で聞こえ、藩士の行状を取りしまるお役とあいまって一目おかれている。

　長兄と次兄がそろって黙礼し、おくれて新三郎たちも倣う。

他家の女と顔を合わせる機会などそうそうないが、黒沢のひとり娘であるりくは昔から知っている。兄弟の父・清左衛門と織部正が親しい間柄で、家族ぐるみといってよい付き合いを続けているのだった。いまは幼いころほど頻繁な往き来はないが、年に一度は、いずれかの屋敷で月見の宴など催すことがある。

主蔵はようすが呑みこめぬ体でそわそわしているものの、目がりくの方へ吸い寄せられていた。ウ新三郎は洩らしそうになった笑声を、いそいで押しこめる。

――まあ、びっくりするくらい、きれいだからな。

とはいうものの、おのれはりくの貌立ちに惹かれていなかった。美しいことは間違いないが、整いすぎて息が抜けない。そういう意味では、栄之丞ともどこかしら似通っている気がした。

【文章Ⅱ】

「それで、そなたの件だが」父が伏せぎみにしていた顔を起こす。新三郎は胸がざわめくのを覚えた。「相手は、黒沢のりく殿だ」

とっさに声をうしなう。なぜか、少女といってもいい頃の面影があたまの隅にちらついた。自分は母を亡くしたばかりだったから、りくは十歳ほどだったろう。今よりもふっくらした顔立ちが記憶にのこっている。栄之丞や主蔵の姿がそれにまじり、胸に伸しかかってくるようだった。

「いやか」

清左衛門がゆっくりと唇をひらく。平板な口調ではあったが、気をそこねた様子はなく、ただの問いかけに聞こえた。われにかえって、唾を呑みくだす。

「わたくしの気もちは、かかわりないものと思いますが」

声が自分でもふしぎなほど皮肉めいている。父は今いちど額のあたりを押さえながら、口の端を苦くゆがめた。

「むろんそうだが、よろこんで縁づくに越したことはない」

「はい、たしかに」かすかに頬をゆるめる。「いやというより、おどろいております」

それは正直なところだった。どちらかといえば、りくのことは苦手だが、おのれのような若輩でも、武士の縁組は家と家のむすびつきと心得ているから、好ききらいは意味を持たぬ。齢はふたつ上だが、これもよくある話といえた。＊栄之丞に託された書状のことだけが、背筋のあたりにわだかまっている。

「なぜ小兄上でなく、わたくしなのですか」

ふと思いついて問うた。清左衛門が、瞳に複雑な色をただよわせる。

「先方の所望でな。はっきりとは言わぬが、壮十郎は大目付のお役にそぐわぬと思うておるのだろう」

藩内でも遣い手として知られる次兄だが、筆頭家老の家に生まれた者として、いささかその腕を持て余しているのも事実だった。剣術指南の家はおおむね百石前後だから、養子に行くとしても家格が合わぬし、いま現在跡とりをもとめている道場もなかった。柳町*あたりでDとぐろを巻いているのも、そうした苛立(いらだ)ちが根にあるからかもしれぬ。たまさか帰った折に接するかぎりは特段あやうい気配も感じないが、黒沢織部正としては大目付という役目がら、懸念のすくない新三郎をえらんだのだろう。エ下拵(したごしら)えはとうに終わっているらしかった。

——とはいえ……。

あたまのなかがくすんだ色に塗りつぶされてゆくようだった。父がしずかな眼差しでこちらを見つめている。尋ねかえすまでもなく、ことわる道がないのは分かっていた。

胸苦しさに耐えかね、ふかく息を吸いこむ。緑の香はひときわ濃さを増していて、新三郎は咳(せ)きこみそうになるのをかろうじてこらえた。

玄関先まで出てきた主蔵はいぶかしげに首を傾けたが、

「めずらしいな、こんな時刻に」

とだけいって草履を突っかけた。屋敷のうちから、おびえたような視線がいくつかこちらへ注がれるのを感じたが、主蔵が軋(きし)み音(ね)をあげて戸を閉めたため、すぐに見えなくなる。

夕日が雲の襞(ひだ)を炙(あぶ)りだし、かたむいた光が組屋敷の屋根へ落ちかかっている。朱色のきらめきがあたりに散らばり、主蔵の顔もほの赤く浮きあがっていた。背を向けて歩きだすと、だまってついてくる。

すこし南に進むと、小川の脇に竹林が広がっていた。あるかなきかの風にのって、湿った土の匂いと竹のそよぐ音がただよってくる。

「昼間、父に呼ばれてな」

足を止め振りかえりざま発すると、主蔵が口のなかで、うむ、とだけいった。

「——婿入りの話だった」

オあえて直截(ちょくせつ)に伝えたのは、そうしないと切りだせなくなると思ったからである。道々、あたまのなかで幾度も繰りかえしてきたことばだった。

「それは……」

主蔵はつかのま絶句したが、ややあって背すじをのばすと、

「祝着至極(しゅうちゃくしごく)に存ずる」

あらたまった口調になって低頭した。あわててそれに応えていると、面をあげた相手が、心もとなげな視線を向けてくる。

「道場はやめるのか」

「……そういうことになる、と思う。今すぐじゃないが」

そうか、とつぶやいて、主蔵がまなざしを落とす。吐息まじりにささやくような声を洩らした。

「柳町に行けなかったな」

諦めと自嘲の入りまじった響きである。押し黙っていると、主蔵が突然なにかに気づいたようすで、

「そういえば」

といった。「どこの家に入るのか、まだ聞いてなかったが」

「ああ」

口ごもったが、むしろ言いだしてもらえてありがたい、と思った。瞼（まぶた）を閉じて、ひといきに言い放つ。

「黒沢だ――その、花見のときに会った」

じぶんでもはっきり分かるほど、声が揺れていた。目をひらくと、主蔵がぽかんと口をあけ、焦点の合わぬ視線をこちらへ向けている。じき我にかえった体で失笑をこぼした。

「なるほど。おれに、すまないと思ってきたわけだ」

「まあ、そういうことになるかな」

鬢のあたりを掻（か）きながら告げると、主蔵が今いちど声をあげて笑った。呆気（あっけ）にとられているうち、いくらなんでも気のまわしすぎだ、といって息をはずませる。

「さすがに、あの人をどうこうできるなどとは思っていない。どうせ誰かのものになるなら、おまえでよかった」

「ほんとうか」

「こんな、つまらぬ嘘（うそ）はつかん」

新三郎は肩の力を抜いて、こうべを上げる。竹林は空をささえきるように広がっていたが、ところどころ洩れる茜（あかね）色の光がつよく、薄暗さは感じなかった。

「よかった」

押しだすようにつぶやく。主蔵が、子猫でも見守るふうな顔つきになって目を細めた。

「近いうち、酒でも呑もう。送別の宴だ」

元気でやれよ、と言いながら、さりげなくおもてを逸（そ）らす。それを追うようにして、新三郎は声を発した。

「そのことだが」

主蔵がぴくりと肩をすくめ、こちらへ目をもどす。促されるような心もちになって、しぜんと言葉が引きだされた。

「いっしょに来てくれないか」

「……すまん、どういうことかな」

本気で戸惑っているらしい。藍色のにじみはじめた大気のなかで、困惑をたたえた面もちがはっきりとうかがえた。

婿入りに際しては、実家からも数名が側仕（そばづか）えとして黒沢へ入ることになるらしい。そこに主

蔵をくわえてもよい、と父から言い渡されたのだった。会わせたことはないが、新三郎が時おり話に出すので、名前くらいはおぼえていたのである。兄たちもそうだが、清左衛門も目にあまりさえしなければ身分の違いがどうのとうるさく言うほうではない。

「遣い手と聞くゆえ、なにかの役に立つ折もあろう」

父はあっさりといった。三男坊だから甘くなっているのも大きいだろうが、ようは軽輩に関心などないのだということは分かっている。

りくの件もあるから切りだすのにためらいはあったが、打診しないという道すじは浮かばなかった。あれこれ考えるのにも疲れ、ともかく当人に諮ってみようと出向いたのである。

「おれを召し抱えようということか」

仔細(しさい)を聞き終えると、圭蔵がひとりごつようにいった。気でもそこねたかと思い、

「むろん、いやなら断ってくれていいんだ。いま返事しろというわけでもない」

とりなすふうに告げると、間をおかず声が返ってくる。

「いや、受けるよ」

「えっ」

そうなればよいと望んではいたものの、これほどすぐ答えが聞けるとは考えていなかった。圭蔵はいくぶん面映(おもは)ゆげな色をただよわせながら言う。

「いずれはどこかで身を立てなきゃならない……それに」

ことばを切り、Eおもむろに背を向ける。そのまま、じぶんへ言い聞かせるように発した。

「どうせ友垣でいられなくなるなら――」

「おい、よせっ」

とっさに一歩踏み出したが、それ以上は動けなかった。おもい幕で押しとどめられたように、立ちつくして圭蔵のうしろ姿を見守る。厚い肩が揺れ、ふかく息を吐いたのだと気づいた。

「どんなかたちでも、お前のそばにいる……そうしたいんだ」

返すべきことばを見つけられなかった。正面からあふれるほどの夕日が差し、圭蔵の広い背を浮きあがらせる。じぶんとかわらぬ丈だったはずが、ずいぶん大きくなったように感じていた。

（注）＊立ち合い――試合をすること。

＊四半刻――約三十分。

＊栄之丞に託された書状――以前、新三郎が栄之丞から預かり、りくの屋敷に届けた、りくへ宛てたと思われる手紙。

＊柳町――歓楽街。

問1　二重傍線部A～Eの本文中における意味として最も適当なものを、次の各群の①～⑤の中から、それぞれ一つ選びなさい。解答番号は ⑱ ～ ㉒ 。

A　鷹揚に　⑱

①　にこやかに

②　威厳ありげに

③　おっとりと

④　おおげさに

⑤　偉そうに

B　臆する　⑲

①　遠慮する

②　躊躇（ちゅうちょ）する

③　卑屈になる

④　いやがる

⑤　物怖（ものお）じする

C　磊落な調子で　⑳

①　ぞんざいに

②　堂々として

③　快活に

④　大きな声で

⑤　親切そうな感じで

D　とぐろを巻いている　㉑

①　遊んでいる

②　周囲を脅している

③　酔っぱらっている

④　帰らないでいる

⑤　何かをたくらんでいる

E　おもむろに　㉒

①　ゆっくりと

②　いきなり

③　予期せず

④　ぎこちなく

⑤　のんびりと

問2　傍線部ア「小兄上――」とあるが、新三郎は何をしようとしているのか。その説明として最も適当なものを、次の①〜⑤の中から選びなさい。解答番号は ㉓ 。

①　影山道場で高弟につらなる身の壮十郎が、最初から名の知られた剣士である主蔵と手合わせするつもりで花見に誘ったと知り、抗議しようとしている。

② 花見の場で刀を抜くだけでも物騒なのに、友人の圭蔵と兄を立ち合わせるわけにはいかないので、まずは壮十郎の真意を問いただそうとしている。

③ 壮十郎の提案に意表を突かれて呆気にとられたが、勝手に他流試合をすれば問題になることに気づき、何としてもやめさせようとしている。

④ 冗談とも本気ともつかない壮十郎の言葉に腹を立て、初対面の相手に立ち合いを申し込むという兄の無茶をたしなめようとしている。

⑤ 自分よりも身分が高い壮十郎の申し出を断れずに圭蔵が困っていることを察して、圭蔵の代わりになんとか断ってやろうとしている。

問3　傍線部イ「圭蔵が進みでて女に低頭した」とあるが、このときの圭蔵の様子の説明として最も適当なものを、次の①～⑤の中から選びなさい。解答番号は㉔。

① 花見に誘ってもらったうえに、壮十郎への対応に困惑していたところを栄之丞に助けられたので、黛兄弟の役に立たなければならないと考えている。

② 声をかけてきたのが武家の女中らしい女性だったので、自分が同じ場にいる以上、新三郎に直接対応をさせるわけにはいかないと考えている。

③ 新三郎は友人として付き合ってくれているが、世間の人から見れば筆頭家老の御曹司と従者のようなものなので、取り次ぎをするのは自分の役目だと感じている。

④ 女性とは言え、見知らぬ人間が通りすがりに声をかけてきたのに何の警戒もしないわけにはいかず、とっさに新三郎の盾になろうとしている。

⑤ 新三郎は圭蔵を同門の友人として対等な立場で遇しているが、圭蔵自身は身分をわきまえており、女には自分が使用人に見えたのだと察している。

問4　傍線部ウ「新三郎は洩らしそうになった笑声を、いそいで押しこめる。」とあるが、このときの新三郎の様子の説明として最も適当なものを、次の①～⑤の中から選びなさい。解答番号は㉕。

① 家族ぐるみの付き合いをしていたために幼いころは頻繁に顔を合わせていたりくと、久しぶりに会えたのがなつかしく思わず笑みがこぼれている。

② 知らない女性と顔を合わせた圭蔵がそわそわしている様子がおかしかったが、この場で女性の説明をするのは場違いだと思い我慢している。

③ あざやかな朱の小袖にも負けないほどに華やかでびっくりするほど美しいりくに、自分がまったく惹かれないことを不思議に思っている。

④ りくの美しさに目を奪われ、落ち着かない様子の圭蔵をほほえましく思ったが、笑い声をあげて圭蔵を茶化すようなことはすまいとしている。

⑤ りくは間違いなく美しいのに息が抜けないようでつい警戒してしまうところを、栄之丞と似通っていると考えている自分を不思議だと考えている。

問5　傍線部エ「下拵えはとうに終わっているらしかった。」とあるが、これはどういうことか。

その説明として最も適当なものを、次の①〜⑤の中から選びなさい。解答番号は 26 。

① 新三郎の全く気がつかないうちに、先方による結婚前の身元調査が終わってしまっていたと思われるということ。

② 壮十郎と新三郎のうち、将来の大目付としてどちらが無難であるか見定められている最中だと思われるということ。

③ 新三郎とりくの結婚話が、新三郎の知らないうちに両家の間で着々と進んでいたと思われるということ。

④ りくのことは好きではないのに、二人が結婚することはすでに両家の間で了承済みになっていると思われるということ。

⑤ 剣の遣い手でありながら、筆頭家老の家に生まれた壮十郎はその才能を持て余していると思われるということ。

問6 傍線部オ「あえて直截に伝えた」とあるが、このときの新三郎の様子の説明として最も適当なものを、次の①〜⑤の中から選びなさい。解答番号は 27 。

① 花見のときに主蔵がりくに見とれていたことを思い出し、自分とりくとの縁談が持ち上がっていると知れば主蔵がショックを受けるのではないかと考えたが、遠回しに話すよりも単刀直入に話した方がお互いのためによいだろうと考えている。

② 主蔵が花見のときに会ったりくに思いを寄せていそうだと考え、縁談を伝えることにためらいがあったが、それ以上に側仕えとしていっしょに黒沢家に入ってほしいと望むことは友人関係の変化を意味するため、言いにくいこともきちんと伝えようと思っている。

③ りくとの結婚は正直気が進まないが、武士の縁組は家と家のむすびつきである以上、受け入れるほかはなく悩んでも仕方がないので、縁談のことは早く主蔵に伝えて、側仕えとして主蔵を召し抱えるという話を進めたいと考えている。

④ 花見のときに主蔵がりくに好意を持ったことは分かっていたものの、身分の違いからりくが高嶺(たかね)の花であることは自覚していると踏んでいたが、新三郎の側仕えとなる話は主蔵を傷つけるのではないかと考え、言いだしにくくなっている。

⑤ 新三郎がめずらしく遅い時刻に家まで訪ねてきたことで、何やら大事な話があるらしいと見当をつけている主蔵には、持って回った言い方をして時間をかけるよりも、正直に事情を打ち明けて、結婚後に協力してもらう方がいいと考えている。

問7 この文章の登場人物について五人の生徒が話し合った。**【文章Ⅰ】**・**【文章Ⅱ】**を通して読み取れる人物像の説明として**適当でないもの**を一つ、次の①〜⑤の中から選びなさい。解答番号は 28 。

① 生徒A――長兄の栄之丞は、立ち居振る舞いも堂々としているし、壮十郎のたしなめ方も堂に入っている。弟たちも敬意を払っていることから、筆家の嫡男と

して次期筆頭家老になるにふさわしい人物だね。

② 生徒B――次兄の壮十郎は、主蔵に立ち合いを申し出て顰蹙（ひんしゅく）を買ったり、遊び歩いているため大目付の器ではないと判断されたりと、家柄に合わない人物のようだね。家も継げず剣で身を立てることもできないことで鬱屈しているのかな。

③ 生徒C――父親の清左衛門は、家長としての風格がありながら縁談を一方的に命令するのではなく、新三郎の気持ちを聞いているところに器の大きさを感じたな。黒沢家との付き合い方にしても、きっと人望があるんだろう。

④ 生徒D――新三郎は身分の違いを知りつつも主蔵と対等に付き合っているし、主蔵が使用人のような行動を取ったときには申し訳なく思っている。温厚で偉ぶらない人物で、次期大目付として婿入りするのにふさわしいね。

⑤ 生徒E――主蔵は新三郎との身分の違いを意識する思いと彼との友情の間で複雑な思いを抱えてきたんだろうね。そのなかで自分の可能性や物事の優先度を判断する自律性もある人物なんだな、と思ったよ。

解答編

英　語

I　解答

1—②　2—④　3—③　4—④　5—③　6—①
7—③　8—②　9—④　10—①

解説

1.「その椅子は壊れている。残り一つの椅子にしますか」という意味になる。空所前のtheに注目すると，①・④はtheと一緒に使わないので不適切。③は「お互い」という意味の成句で，やはりtheと一緒に使わない。もともと2つあったと考えて，the other one「残りの一つ」とする。

2.「あなたは今晩6時までに帰宅しますよね」という意味になる。肯定文の付加疑問文は，文末のピリオドをコンマに変えてから，助動詞に否定語を付けた短縮形，主語の代名詞を続け，最後に疑問符を置く。

3.「私の母は私に，すでに夕食を食べたかどうか尋ねた」という意味になる。if名詞節内の主語Iに続く適切な述語動詞は③のみ。尋ねた時より前のことになる。

4.「時間通りにそこに着くためには，6時までに出発しなければならないだろう」という意味になる。主節の助動詞willから，目的を表す不定詞句とするのが適切。

5.「私は勉強したくはないが，本当に良い成績をとりたい」という意味になる。空所前の主語Iに続く適切な述語動詞は③のみ。なお，do〔does/did〕を動詞の原形の前に置くと，その動詞を強調して「本当に，実に」という意味になる。

6.「仕事でするべきことは残されていなかったので，ジェームズは早く帰宅した」という意味になる。前半の述語動詞がwasであることと，空所後の後置修飾から，①か③となる。後半の意味から，「するべきことは残されていない」が適切と判断し，①を選ぶ。

7.「学校の外で聞かれた大きな音を何が引き起こしたか，誰も知らない」という意味になる。knows の目的語となる名詞節を考える。「何が大きな音を立てたのか」の意なので，受動態の②は当てはまらない。名詞節内に主語がない④も不適切。「大きな音を引き起こすもの」を尋ねるためには「どちら」よりも「何」が適切だと考え，③を選ぶ。

8.「博物館への旅行は，学生たちの期待以上に興味深かった」という意味になる。主語が The trip であることと，空所後の than から，比較級である②が適切。

9.「学校のクラブに入部する前に，両親に話すべきではないですか」という意味になる。疑問文であることと，主語に注目する。疑問詞のない疑問文は，助動詞または be 動詞＋主語＋～？　という語順になる。

10.「私が待っていた手紙は，間違った住所に届けられた」という意味になる。deliver「～を届ける」から，主語 The letter の述語動詞は受動態が適切。I was waiting for は目的格の関係代名詞が省略されており，The letter にかかる。

Ⅱ　解答

11―③　**12**―④　**13**―②　**14**―①　**15**―②　**16**―③
17―①　**18**―①　**19**―④　**20**―④

解説

11. ジムへの入会を検討している客が新規入会の特典について尋ねると，ジムのスタッフが，今月末までは家族会員割引がある，と答えている。①「あなたはジムの会員ですか」や②「家族は何人ですか」は，客がジムのスタッフにする質問としては不適切。「今月末まで」という情報は告知済みなので，④「特典はいつ終了するか教えてくれませんか」も不適切。③「個人向けの特典は何かありますか」が正解。

12. 親が子供に，雨が降りそうだから傘を持って行きなさいと伝えているのに対し，子供は，自分の傘をドアのそばに置いていたが見当たらないと言っている。空所の後で子供が「間違いないよ。持って帰った覚えがある」と答えているので，④「確かに学校から持って帰ってきたの？」という親の質問が適切。

13. サムが，グレイスのジャズバンドのコンサート後に彼女を夕食に誘っているが，サムの2番目の発言（OK, well, maybe …）の「また別の機会に」という表現から，グレイスは断ったと判断できる。②「行きたいんだけど，バンド（メンバー）でショーの後，食事に行く予定なの」が正解。

14. アリソンの「この授業用に教科書を買うことができたか」という質問に対して，ゲイリーの「それを注文した翌日に来た」という返答に注目する。①「書店は売り切れだったけど，オンラインで買ったよ」が正解。

15. ジェームズの最初の発言（Do you want …）の「歴史の授業の私たちのプレゼンテーション」に注目する。②「グループ・プロジェクトの作業」が正解。ジェームズの2番目の発言（I know he …）から，①の「遅刻している」は不適切。「試験勉強」が話題ではないため③は不適切。「図書館で本を探している」わけではないので④も不適切。

16. ジェームズの2番目の発言第4文（He always pulled his weight.）「彼はいつも締め切り前に終わらせていた」に注目する。③「彼は一生懸命働く」が正解。pull *one's* weight は「仕事・役割を十分に果たす」という意味。「成績」に言及していないので①は不適切。「内気」という表現はないので②は不適切。仕事ができることを言っているのであり，「付き合いやすい」ということではないため④も不適切。

17. ソフィの2番目の発言第2文（I've been in …）「作業の大部分を私がやった」に注目する。①「余分な作業をしなければならなかった」が正解。②「キースと議論」，③「課題を遅れて提出」，④「レポートの情報がみつけられない」はいずれも本文にないため不適切。

18. キムの1番目の発言（Hi, I was …）の「夏季読書プログラム」，司書の3番目の発言（You can, but …）の「コンテスト」，4番目の発言第3文（We also have …）の「大人のための読書コンテスト」から，①「特別なコンテストを説明」が正解。

19. 司書がキムにオンラインで勧めている部分は，司書の3番目の発言第1文（You can, but …）にある。「コンテストのために立ち上げたウェブページに，本のタイトルや読書時間を入力」するように勧めているので，④「読む本の一覧を記入」が正解。

20. 司書が大人について述べている部分は，司書の4・5番目の発言。そのうち大人のために読書コンテストをする理由を述べているのは5番目の発言第2文（If kids see …）。「両親が読書するのを子供が見れば，子供もまた読書する可能性が増す」から，④「大人もまた読書すべきことを説明するため」が正解。

Ⅲ 解答 21―④ 22―② 23―① 24―④ 25―③

解説

《夜空を守る》

21. 第1段で「有害化学物質が環境破壊する場合はそれを止めようとするが，日々存在するものの，光害については決して考えない」と導入し，第2段で「光害のせいで，夜空の星が見えなくなるだけでなく，健康にも悪影響がある」と展開している。その後も共通して light pollution「光害」と，その対処について言及されていることから，「光害に対処する」=「夜空を守る」と考えて，④「夜空を守る」が正解。①の人工衛星については第4・5段のみ，②のさまざまな汚染については第1段のみ，③については第3段のみの記述のため，いずれも主題とはいえない。

22. アリゾナ州フラッグスタッフは，第3段第2文（However, recent efforts…）「(光害の）影響を減らす最近の努力が将来性を示した」に続く第3文（In Flagstaff, Arizona…）で登場し，「光害を減らすために，法律を作った」とあるため，②「どのように都市が光害を減らしたかを示すため」が正解。

23. 第4段第1文（However, not all…）で「すべての光害が，地上が原因とは限らない」と導入し，続く第2文（Recently, large numbers…）以降で「人工衛星」についての記述があるので，「いかに人工衛星の打ち上げが研究に影響を与えるかを示すため」が正解。この段落では「光害の要因としての人工衛星」が述べられており，「さまざまな光害の要因」について言及しているわけではないため，②は不正解。

24. 第5段第1文（These satellites do…）で，「通信状況改善のための人工衛星の利点」について，第2・3文（Still, more must… these satellites produce.）で「光害対策も講じられている」ことが記述されているが，最終文（However, with at…）では「しかし2025年までに最低100,000回もの打ち上げがある」とあることから，④「打ち上げ回数が増え続ける」が正解。

25. 前段落の内容を指している。前段落は「光害対策は講じられているが，人工衛星の打ち上げが増える」という内容であるから，③「光害は問題であり続けるだろう」が正解。

Ⅳ 解答　26−④　27−③　28−③　29−①　30−①

解説

《世界の父親の育休利用》

26. 第1段で母親の育休に比べて父親の育休が一般的でない状況について述べ，第3段で日本，フランス，ノルウェー，第4段でアメリカ，第5段でアイスランドの父親の育休取得状況が述べられていることから，④「世界の父親の育休利用」が正解。

27. 空所を含む文に続く内容では，「母親が子育てに集中できること」「企業も育休後母親が復職すれば，経験ある働き手を得られること」というプラス面での記述があるため，③「利益」が正解。空所を含む文の意味は「それ（＝母親の育休）は家庭，企業両者に利益を与える」となる。

28. 「父親の育休は大企業でより普及している」ことは，第3段第4文（Recently, employees at …）以降に記述がある。特に第5文（However, smaller companies …）に「中小企業では労働力に柔軟性がない」とあることから，大企業はその逆，つまり「労働力に柔軟性がある＝育休を取得しても補う労働力がある」と解釈できる。③「より多くの従業員が，新しく父になった人の仕事を補完できる」が正解。

29. 第5段最終文（The study showed …）に，「父親が育休を取得して，若者に与えた影響」についての記述がある。「父親とコミュニケーションがとりやすくなったという若者が増えている」ので，①「父親をより親しく感じると10代の若者が報告した」が正解。

30. グラフは父母合計の育休取得日数であることに注意する。第5段第2文（This law allows …）より，アイスランドでは父母それぞれ180日の育休を取得できるので，合計360日になるAがアイスランド。第3段第2文（As of 2022, …）から，日本は父母合計で125日であることがわかるので，Cが日本。これはフランスより約1週間少なく，ノルウェーより数週間多いので，Bがフランス，Dがノルウェー。したがって，正解は①。

Ⅴ 解答

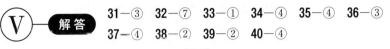

31―③ **32**―⑦ **33**―① **34**―④ **35**―④ **36**―③
37―④ **38**―② **39**―② **40**―④

解説

並べ替えた文は以下の通り。

31・32. (Since) the store was about to close Charlie bought only a few (things.) be about to close「今にも閉店しようとする」という表現を利用する。only a few ～「ごくわずかの～」

33・34. (People) left the festival as soon as it began to (rain.) ～as soon as …「…するとすぐに～」という意味。なお,「雨が降る」の主語は天気の it を使って表現する。

35・36. (The) restaurant lowered prices in order to compete with other (businesses.) in order to *do*「～するために」という意味。compete with ～「～と競争する」

37・38. (The) big problem is that nobody has the key that unlocks the door for this (classroom.) The (big) problem is that ～「問題は～である」という意味。unlock「～の鍵を開ける」

39・40. (James was) allowed to go to the party only if he came home by (nine o'clock.) be allowed to go「行くことを許される」という表現を利用する。only if ～「～の場合に限り」という意味。

数学

Ⅰ 解答 《小問9問》

①2 ②2 ③2 ④3 ⑤−② ⑥−② ⑦⑧⑨120 ⑩3 ⑪2
⑫−⓪ ⑬1 ⑭2 ⑮⑯56 ⑰2 ⑱⑲12 ⑳㉑15

Ⅱ 解答 《図形と計量》

㉒2 ㉓6 ㉔3 ㉕6 ㉖3 ㉗2 ㉘6 ㉙2 ㉚4 ㉛3 ㉜3
㉝3

Ⅲ 解答 《データの分析》

㉞6 ㉟8 ㊱2 ㊲2 ㊳㊴50 ㊵㊶60 ㊷㊸40 ㊹㊺54 ㊻㊼64
㊽4 ㊾㊿82 (51)1 (52)(53)46

Ⅳ 解答 《確 率》

(54)(55)(56)343 (57)(58)(59)109 (60)(61)21 (62)(63)21 (64)(65)(66)109

国語

①

出典 寺本剛「災害対策の倫理─何を優先すべきか」（松岡俊二・阪本真由美・寿楽浩太・寺本剛・秋光信佳『未来へ繋ぐ災害対策─科学と政治と社会の協働のために』有斐閣）

解答

問1 A─③　B─④　C─⑤　D─②　E─①

問2 (1)─②　(2)─④　(3)─③　(4)─①　(5)─①　(6)─①　(7)─⑤

問3 (1)─④　(2)─④

問4 ③

問5 ③・⑤

解説

問2 受け入れられるべきではない意見とは、「社会に属する人々をより高いリスクにさらすことに繋がる」ものである（【文章Ⅰ】の第二段落）。(4)は人口減少の阻止、(5)は資産価値の維持、(6)は情報の信憑性を理由にハザードマップの公表に反対しているが、いずれもリスクを回避するための情報を他人に与えないことで人々を大きなリスクにさらす可能性があり、倫理的とは言えず、受け入れられるべきではない。

問3 (1)【文章Ⅰ】の第五・六段落が災害対策、第七・八段落がトリアージに関する説明なので、それと設問の表を対応させつつ考える。空欄Xの選択肢は③と④で迷うため、空欄Yの選択肢で考えると、第七段落に「重い症状の人が先に治療」とあるが「命を優先」とは述べていない。第八段落に「命の危険……高める目的」とあるので、Yの選択肢から④が最適。

(2) ②と④で迷うが、空欄Zは「理念」であるので「優先順位をつける」という〈行為〉ではなく、理想をあきらめないという〈志〉と考えて④が最適。

問4 傍線部エに関して、具体的にはジョン・ロールズの格差原理の考え方が紹介されている。これは「最も不遇な人に最大限の恩恵が与えられる場合に社会的・経済的不平等は許されるとする考え方」（【文章Ⅰ】の第十段落）である。筆者はこれを援用し、弱い立場の人々を優先するという考えの正当性を主張しているのである（【文章Ⅰ】の第十一～十三段落）。

問5 ①「義務論的な倫理観と似ているが、厳密にいえばそれと完全に一致するものではない」（【文章Ⅱ】の第四段落）とある。②義務論的な倫理観と功利主義的倫理観が同じという話はしていない。③【文章Ⅱ】の第三段落の内容と合致。④弱い立場の人々以外の人々の優先順位の話はしていない。⑤【文章Ⅱ】の主題に合致。⑥本文に記述なし。

二

出典 砂原浩太朗『霧家の兄弟』〈花の堤〉（講談社）

解答

問1 A―③ B―⑤ C―③ D―④ E―①

問2 ⑤

問3 ③

問4 ④

問5 ③

問6 ②

問7 ②

解説

問2 壮十郎から手合わせを求められた主蔵は、「目を泳がせ、唾を呑みこむ」ことをした後、「救いを求めるような眼差し」を新三郎に向けている。リード文にもあるように、そもそも主蔵には花見の最初から身分の低さゆえの気後れもある。明らかに困っている様子の友人を救おうと、新三郎は思い切って兄に声をかけたのである。

問3 筆頭家老の三男である新三郎は、世間的には良い家柄であり、新三郎にはあまりこだわりはないが、主蔵には身分の差への強い意識があることに留意。

問4 新三郎が笑声を漏らしそうになったのは、主蔵の「目がりくの方へ吸い寄せられていた」からであり、それを「いそいで押しこめ」たのは、友人への気遣いである。主蔵がりくに目を奪われている様子が友として微笑ましく、嬉しかったが、そのことで騒ぎ立てたりはしないのである。

問5 「下拵え」とは調理前の下準備や加工のことを指す。次兄と自分のどちらがふさわしいかを調べたうえで結婚話が進んでいることを、「下拵えはとうに終わっている」と表現しているのである。

問6　りくとの縁談に加え、新三郎には主蔵への側用人の打診という重要な話があることに留意。主蔵が目を奪われた相手との縁談なので、新三郎には主蔵への遠慮が当然あるが、言いづらい話を後回しにすると「切りだせなくなると思ったから」はっきり伝えたのである。紛らわしいのは①だが、「お互いのためによい」のではなく、新三郎の都合である。

問7　②は、壮十郎が立ち合いを申し出た場面で誰かに「顰蹙を買った」と思われる記述はないので適当でない。

一般選抜（統一地区）：1月27日実施分

問題編

▶試験科目・配点

学部・学科等			教　科	科　　目	配　点
大学	児童学部		選　択	「コミュニケーション英語Ⅰ・Ⅱ」，日本史B〈省略〉，「数学Ⅰ・A」，化学基礎〈省略〉，生物基礎〈省略〉，「国語総合（古文・漢文を除く）・現代文B」から2科目選択*	各100点
	栄養学部	栄養	選　択	「コミュニケーション英語Ⅰ・Ⅱ」，日本史B〈省略〉，「数学Ⅰ・A」，化学基礎〈省略〉，生物基礎〈省略〉，「国語総合（古文・漢文を除く）・現代文B」から2科目選択*	各100点
		管理栄養	選　択	「コミュニケーション英語Ⅰ・Ⅱ」，「数学Ⅰ・A」，化学基礎〈省略〉，生物基礎〈省略〉，「国語総合（古文・漢文を除く）・現代文B」から2科目選択*	各100点
	家政学部	服飾美術・環境共生・造形表現（学力試験）	選　択	「コミュニケーション英語Ⅰ・Ⅱ」，日本史B〈省略〉，「数学Ⅰ・A」，化学基礎〈省略〉，生物基礎〈省略〉，「国語総合（古文・漢文を除く）・現代文B」から2科目選択*	各100点
		造形表現（実技試験）	実　技	デッサン	100点
	人文学部	英語コミュニケーション	選　択	「コミュニケーション英語Ⅰ・Ⅱ」，日本史B〈省略〉，「数学Ⅰ・A」，化学基礎〈省略〉，生物基礎〈省略〉，「国語総合（古文・漢文を除く）・現代文B」から2科目選択*	各100点
		心理カウンセリング・教育福祉	選　択	「コミュニケーション英語Ⅰ・Ⅱ」，「国語総合（古文・漢文を除く）・現代文B」から1科目選択	100点
			選　択	日本史B〈省略〉，「数学Ⅰ・A」，化学基礎〈省略〉，生物基礎〈省略〉から1科目選択	100点

大学	健康科	看護	外国語	コミュニケーション英語Ⅰ・Ⅱ	100点
			選択	「数学Ⅰ・A」，化学基礎〈省略〉，生物基礎〈省略〉，「国語総合（古文・漢文を除く）・現代文B」から2科目選択*	各100点
		リハビリテーション	選択	「コミュニケーション英語Ⅰ・Ⅱ」，日本史B〈省略〉，「数学Ⅰ・A」，化学基礎〈省略〉，生物基礎〈省略〉，「国語総合（古文・漢文を除く）・現代文B」から2科目選択*	各100点
	子ども支援学部		選択	「コミュニケーション英語Ⅰ・Ⅱ」，日本史B〈省略〉，「数学Ⅰ・A」，化学基礎〈省略〉，生物基礎〈省略〉，「国語総合（古文・漢文を除く）・現代文B」から2科目選択*	各100点
短大	保育・栄養		選択	「コミュニケーション英語Ⅰ・Ⅱ」，日本史B〈省略〉，「数学Ⅰ・A」，化学基礎〈省略〉，生物基礎〈省略〉，「国語総合（古文・漢文を除く）・現代文B」から2科目選択*	各100点

▶備　考

＊化学基礎，生物基礎2科目での受験は不可。

- 選択科目は，試験日当日問題を見てから受験科目を決められる。
- 大学・短期大学部共通問題。
- 家政学部造形表現学科の選抜方法には学力試験のみの選抜と実技試験のみの選抜があり，1月27日は学力試験，実技試験のいずれかを選択できる。ただし，学力試験または実技試験のどちらの選抜方法を利用するかは出願時に選択する。

英　語

（健康科（看護）学部：　　　　　60分）
（健康科（看護）学部以外：2科目120分）

I　次の問い（問1～問10）の空欄に入れるのに最も適切なものを，⓪～④の中からそれぞれ1つ選び，解答番号 ① ～ ⑩ にマークしなさい。

問1　[①] you be cold without your jacket?

⓪ Isn't　② Won't　③ Haven't　④ Aren't

問2　Because I was tired, I didn't want to do anything [②] watch TV.

⓪ other than　② because of　③ as such　④ since then

問3　If you can't find your pen, you can [③].

⓪ be borrowing　② borrowing my　③ to borrow it　④ borrow mine

問4　The new train station will make getting to the airport much [④].

⓪ easy enough　② easy　③ easier　④ easier than

問5　[⑤] we need to do is stop talking and get to work.

⓪ However　② That　③ Now　④ What

問6　It took a [⑥] amount of time to complete the final class project.

⓪ considerably　② consider　③ considerable　④ considered

問7　My mom told me [⑦] home by 6:00.

⓪ to come　② come　③ came　④ will come

問8　Jill [⑧] her trip to Canada since August.

⓪ has to plan　② has been planning　③ planning　④ can plan

問9 After you clean your room, you can [⑨] you want.

① to do anything ② be doing something ③ are doing anything ④ do anything

問10 The students need to [⑩] when they can all meet to finish their project.

① work out ② working out ③ be worked out ④ get the work out

Ⅱ 次の問いに答えなさい。

問1 次の会話中の空欄に入れるのに最も適切なものを，①～④の中からそれぞれ1つ選び，解答番号 [⑪] ～ [⑭] にマークしなさい。

(1) Don: It looks like there's an open table over there.

Sue: I really don't want to sit in the sun.

Don: OK, why don't you order for us. [⑪]

Sue: Sure. I'll be right back.

① I will look for a sunny place to sit.

② We should go somewhere less busy.

③ I'll wait for a table inside to open up.

④ You can sit outside because it is cooler.

(2) Ken: What do you think of these slides for our presentation?

Naya: The design is good, but they have too much text.

Ken: Really? I think we need all this information.

Naya: [⑫] I think you'll see how much better they can be.

① Tell me what you want to add.

② Let me make some changes.

③ Let's work on something else for now.

④ You should leave them as they are.

(3) Staff: Excuse me. You need a ticket to enter the museum.

Visitor: Sorry, I thought the ticket counter was inside.

Staff: It's not. [⑬]

Visitor: Thanks. I'll be right back.

① Just exit the building and turn right for the ticket booth.

② Please show me your ticket now before entering.

③ Next time, please wait for the rest of your group to arrive.

④ Here is a brochure about the current exhibits.

(4) Customer: I was looking for these shoes, but in blue. Do you have any?

Clerk: Let me check.... It looks like we are out, but our other store might have them.

Customer: ⑭

Clerk: Give me just a minute. I'll let you know what they say.

① Could you show me where they are?

② Can I pay with a credit card?

③ Could you call the store to check?

④ Can I return them if they don't fit?

問2　次の会話を読み，質問や問題の答えとして最も適切なものを，①～④の中からそれぞれ1つ選び，解答番号 ⑮ ～ ⑰ にマークしなさい。

Read the dialogue between a couple.

James: Do you want to go to Carol's party at her new place next weekend?

Sophie: I do, but we already told my parents we'd go to their house for dinner on Saturday. They would be disappointed if we canceled.

James: I think we can go to Carol's after dinner. Your parents eat pretty early, and the party doesn't start until 8:00.

Sophie: Let's do that. We should pick up something for Carol then. How about a plant? She always has so many things growing in her home.

James: She does love plants, but I wonder how much space she has at her new place. How about something for the kitchen? She also loves to cook.

Sophie: That's a good idea. She has a bunch of kitchen tools, but I'm sure we can find something she can use. Let's go to the mall this afternoon and look around.

James: We should check out the shop that sells all the baking supplies.

Sophie: That's a good idea.

James: I also need to return the jacket I bought last week. We can do that, go shopping, and get some lunch.

Sophie: I told you it was too big, but I guess you can still get a refund. All right. I can be ready in an hour. I'm just about finished with my book.

James: That's fine. I'll start some laundry before we go.

Sophie: Oh, thanks. I meant to do that this morning. Oh, can you also let Carol know we'll be coming.

James: Sure. I'll do that right now, so I don't forget.

(1) What will the speakers do next Saturday? [⑮]

① go to a family dinner and then a party

② go shopping and then to a party

③ go out to eat and then go shopping

④ go to a family dinner and then shopping

(2) What will they buy for their friend? [⑯]

① something for the garden

② something for the kitchen

③ something to wear

④ something to eat

(3) Why will James return his jacket? [⑰]

① It is the wrong size.

② It cost too much.

③ It is too warm.

④ It is the wrong color.

問3　次の会話を読み，質問や問題の答えとして最も適切なものを，①～④の中からそれぞれ1つ選び，解答番号 [⑱] ～ [⑳] にマークしなさい。

Read the dialogue between a student and university advisor.

Advisor: I understand you're interested in applying for summer internships.

Kelly: That's right. I'm learning a lot in my management program, but I want some more practical experience, too.

Advisor: That's a good idea. However, most deadlines for these programs are in a few weeks.

You'll have to work hard to get your applications together. Do you know what kinds of programs you're interested in?

Kelly: I'm most interested in travel and tourism—so, something like a hotel or resort would be perfect.

Advisor: Those programs are very competitive. Grades and recommendations are important, of course, but you really have to make a good impression during the interview.

Kelly: Professor Simms said he would provide a recommendation. I have him for a business class. But I haven't ever really been in any interviews. Can you give me any tips?

Advisor: Your answers are important, but your body language is, too. The interviewer will notice your attitude as you talk. That is important if you are going to be working with hotel guests.

Kelly: I guess I really need to practice, but I don't know anyone who can help me.

Advisor: We have some times open for interview practice. There's a sign-up sheet just outside the door of the career center office. Make sure you sign up as you leave. There aren't many spaces open.

Kelly: I'll do that. Thanks again for your help. I'm sure I'll be back soon to practice.

Advisor: By the way, another student completed a work program at Starview Resort last summer. He said he'd be happy to tell other students about his experience. Let me give you his email address. You should get in touch with him.

Kelly: Are you sure he won't mind?

Advisor: Not at all. He wanted to help other students be successful. I'm sure he'll be happy to answer any questions you have.

(1) What does Kelly want to do this summer? ⑱

① go to summer school

② travel abroad

③ work in a hotel

④ graduate from college

(2) How will Professor Simms help Kelly? ⑲

① write a letter for her

② provide advice about a project

③ give her advice about a job

④ allow her to take a class

(3) What will Kelly probably do next? ⑳

① do a practice interview

② send in a job application

③ go to a hotel

④ sign up to get extra help

Ⅲ 次の英文を読んで，下の問いに答えなさい。

1. In 2000, researchers set up two displays in a grocery store. On one day, six types of jam were available to sample. On another day, customers could choose from 24 types of jam. If customers tried at least one jam, they got a coupon to purchase a jar of any flavor jam they wanted. More people visited the table with many options. However, people who visited the other table actually bought more jam. This research about customer behavior suggested that as the number of choices increases, the chance of someone making a purchase decreases. Researchers have since labeled this finding as "choice paralysis."

2. Experts believe this occurs because people are concerned they will make the wrong choice if given too many【 a 】. With so many jams to choose from, people worry that one they did not sample would be better than the one they bought. In the case of jam, avoiding a purchase is not particularly important. However, other studies have found choice paralysis can have a very negative effect on people. For example, one study showed that when individuals were given too many saving plans to choose from, they decided not to invest any money at all. In this case, not making a choice kept people from being able to possibly increase their wealth.

3. However, people want some choice because individuals feel good if they believe they have made the correct decision. Companies, then, must decide how many choices will be enough to interest shoppers — but not too many to keep them from making a purchase. For instance, one company reduced the number of shampoos it offered and increased sales by ten percent. Another reduced the number of pet products offered and increased sales by more than eighty percent.

4. Choice paralysis, though, does not seem to be universal across all products. For example, some coffee chains have large standard menus and allow people to customize their orders in many ways. With so many choices, shouldn't these chains be less popular than cafes with limited

menus? Some people use this example to argue that choice paralysis is not very strong or perhaps does not exist at all. To test this theory, a group of researchers reviewed one hundred studies concerning choice and purchases. They found that the connection between choice and sales was not as strong as previously suggested.

5. These questions do suggest that choice paralysis may not be as well understood as once believed. However, companies have invested a large amount of money to understand customer behavior. Their decision to reduce customer choice suggests that there is some truth to this idea. Further study will help show if choice paralysis is strongest for certain types of products or if particular groups are more likely to be affected.

問1 What is the best title for the essay? [㉑]

① Increasing Sales by Increasing Choices
② How to Improve Customer Choices
③ The Connection between Choice and Sales
④ Why Customers Are Unhappy About Their Purchases

問2 Which is the best definition of choice paralysis? [㉒]

① Individuals need a specific number of choices to be happy.
② Too many choices reduce shoppers' confidence.
③ Choices are based on how much money people want to spend.
④ For shoppers, some choices are more difficult than others.

問3 In paragraph 2, what is the best word for space【 a 】? [㉓]

① sources
② pieces
③ parts
④ options

問4 Why does the author mention shampoo? [㉔]

① to explain how choice paralysis is sometimes misunderstood
② to describe a study conducted before the jam study
③ to describe how a company increased sales of a product
④ to explain how a research study was improved

問5　What is the purpose of paragraph 4? [㉕]

① to explain how choice paralysis might be studied in the future

② to show possible problems with the choice paralysis theory

③ to show that companies change products to meet consumer demand

④ to compare how different companies market their products

Ⅳ　次の英文を読んで，下の問いに答えなさい。

Reasons for Changes in Egg Prices

1.　Eggs can provide an inexpensive source of protein. This makes them a particularly important grocery item for low-income households. A recent global <u>spike</u>ⓐ in egg prices has forced many families to change what they eat. However, the reason for this price change is being debated. Farmers and some consumer groups disagree about its cause.

2.　Egg producers lay the blame for price increases primarily on the spread of a particularly strong disease. This disease moves from wild birds to chickens. Once a chicken is infected, its eggs cannot be sold. In 2022, a powerful new version of the disease affected chickens in the United States, the European Union, and Japan. That event led to a record number of birds being removed from farms, increasing prices. Recently, however, egg producers have become better at dealing with the effects of this disease. Previously it would take an average of nine months for a farm to return to production. Most farms now are able to produce eggs again within six months.

3.　Egg producers have also explained that they are facing increased costs. They say that this, to a lesser extent, has also raised egg prices. In many countries, laws have been passed that require chickens to have more room to move around. Three U.S. states, including California, now require this for eggs sold in their states. Though the regulation affects only eggs sold in those states, it has affected much of the egg industry nationwide. This is because many states ship eggs to be sold in California. The European Union is also passing similar laws, with new requirements being phased in from 2027. More information about egg prices is available in the graph below.

4.　Consumer groups agree that egg producers have been affected by the disease and rising costs. However, they argue that these costs are nowhere near the rise in retail egg prices. Some consumer groups instead believe egg producers have been working together to raise prices. One group notes that some egg producers have reported record profits in the past year. This, they believe, shows that price changes have led to egg producers gaining more income. They are not merely keeping up with costs. One farm owner, however, counters, "I know what it takes to make eggs, and I'm not making very much money." Economists seem to support this idea by explaining that at this time there is no evidence of producers working together to set prices.

5. The high prices have affected consumer behavior, with sales of eggs dropping recently. Shoppers, it seems, have found alternatives to eggs. With demand down, prices have also dropped. As the effects of this disease are reduced, further drops in prices are expected, though it is unclear if prices will return to levels from a few years ago.

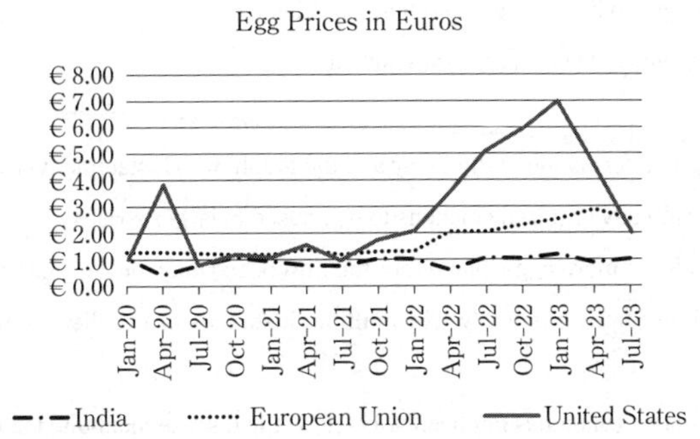

問 1 In paragraph 1, what could replace the word spike ⓐ? ㉖

① uncertainty

② unexpected change

③ quick rise

④ confusion

問 2 What does the author suggest about the disease mentioned in the passage? ㉗

① It will become less of a problem in the future.

② A cure for the disease will be found soon.

③ It mainly affects farms in the United States.

④ Its effect on egg prices is not known.

問 3 Why does the author mention California? ㉘

① to explain where most eggs are produced

② to describe the effect of a special law

③ to show where disease is a problem

④ to describe where egg prices have dropped

問 4 What change will the European Union make in 2027? ㉙

① detecting if chickens have a disease

② controls to reduce prices for eggs

③ allowing eggs to be exported to other countries

④ improvements to living spaces for chickens

問 5 According to information in the essay and the graph, which statement is true? ㉚

① India has already required chickens to be housed in larger spaces.

② India produces more eggs than either the European Union or the United States.

③ The United States has likely had multiple instances of the disease mentioned in the passage.

④ The European Union has not been affected by the disease mentioned in the passage.

V 次の日本文と英文がほぼ同じ意味になるように，下の語句を並べかえて空欄を補い，文を完成させなさい。その際，それぞれ3番目と6番目に来る番号を選び，解答番号 [㉛] ～ [㊵] にマークしなさい。なお，文頭に来る語も小文字となっています。

問1　私たちの先生がなぜ今週授業にいなかったのか誰も知りませんでした。

Nobody _____ _____ [㉛] _____ _____ [㉜] _____ this week.

⓪ our　② in class　③ knew　④ why　⑤ not　⑥ was　⑦ teacher

問2　トムの家に行く前に，彼が家にいるか確認するべきではないですか？

Shouldn't _____ _____ [㉝] _____ _____ [㉞] _____ house?

⓪ is home　② Tom　③ make　④ to his　⑤ sure　⑥ we

⑦ before going

問3　パーティーで楽しい時間を過ごしていたけれども，彼らは帰ることにしました。

Although _____ _____ [㉟] _____ _____ [㊱] _____ home.

⓪ time　② a nice　③ at the party　④ were having　⑤ to go

⑥ they decided　⑦ they

問4　ケンの新しい学校はとても大きかったので教室を見つけるのが大変でした。

Ken's _____ _____ [㊲] _____ _____ [㊳] _____ his classroom.

⓪ that　② new school　③ was　④ he had　⑤ trouble　⑥ so big

⑦ finding

問5　雨が降り始めてすぐに，みんなは帰宅した方が一番いいと決定しました。

Once _____ _____ [㊴] _____ _____ [㊵] _____ home.

⓪ it would　② started to　③ to go　④ everyone decided　⑤ rain　⑥ it

⑦ be best

数　学

（2科目120分）

数学の解答欄への記入方法

問題文の［　　］の中の解答番号に対応する答えをマークシートの解答欄の中から1つだけ選びマークしてください。

特に指示がないかぎり，符号（－，±）又は数字（0～9）が入ります。①，②，… の一つ一つは，これらのいずれか一つに対応します。それらを解答用紙の①，②，… で示された解答欄にマークして答えてください。

例1．［①②］に －5 と答えるとき

①	0 1 2 3 4 5 6 7 8 9 ● ±
②	0 1 2 3 4 ● 6 7 8 9 − ±

例2．$\frac{［③④］}{［⑤］}$ に $-\frac{2}{3}$ と答えるときのように，解答が分数形で求められた場合，既約分数で答えてください。符号は分子につけ，分母にはつけません。（もし答えが整数であるときは分母は1とします。）

③	0 1 2 3 4 5 6 7 8 9 ● ±
④	0 1 ● 3 4 5 6 7 8 9 − ±
⑤	0 1 2 ● 4 5 6 7 8 9 − ±

小数の形で解答する場合，指定された桁数の一つ下の桁を四捨五入して答えてください。また，必要に応じて，指定された桁まで⓪にマークしてください。

例えば，［⑥］.［⑦⑧］に2.5と答えたいときは，2.50として答えてください。

根号を含む形で解答する場合，根号の中に現れる自然数が最小となる形で答えてください。

例えば，［⑨］$\sqrt{［⑩］}$ に $4\sqrt{2}$ と答えるところを，$2\sqrt{8}$ のように答えてはいけません。

根号を含む分数形で解答する場合，例えば $\frac{［⑪］+［⑫］\sqrt{［⑬］}}{［⑭］}$ に $\frac{3+2\sqrt{2}}{2}$

と答えるところを，$\frac{6+4\sqrt{2}}{4}$ や $\frac{6+2\sqrt{8}}{4}$ のように答えてはいけません。

I　次の ① ～ ㉒ の中に適切な数字を入れなさい。ただし，(6)の ⑮ については，［選択肢］の中から選びなさい。

(1)　不等式 $\left||x-1|-2\right| \leqq 3$ の解は，$-$ ① $\leqq x \leqq$ ② である。

(2)　$2x^2-3xy-2y^2+x+3y-1$ を因数分解すると，

(③ $x+y-$ ④) ($x-$ ⑤ $y+$ ⑥) である。

(3)　全体集合を $U=\{x \mid x$ は整数，$1 \leqq x \leqq 10\}$ とする。U の部分集合 A，B を，

$A=\{1,\ 3,\ 4,\ 6,\ 8\}$，$B=\{2,\ 3,\ 7,\ 8,\ 10\}$

とする。$\overline{A} \cap \overline{B}$ の要素の個数は， ⑦ 個である。

(4)　2次関数 $y=ax^2-bx+c$ のグラフを x 軸に関して対称移動し，x 軸方向に -2，y 軸方向に1だけ平行移動し，y 軸に関して対称移動すると，グラフの方程式は $y=-2x^2+4x$ となった。このとき，$a=$ ⑧ ，$b=$ ⑨ ，$c=$ ⑩ である。

(5)　円に内接する四角形ABCDがあり，AB $=2$，BC $=2$，CD $=3$，DA $=4$ である。このとき，四角形ABCDの面積は $\dfrac{⑪\sqrt{⑫⑬}}{⑭}$ である。

(6)　10人がゲームを行ったときの点数のデータは，

30，30，40，40，40，40，50，50，60，60

だった。このゲームでは個人がとる点数は毎回同じ上記の点になる。今回誰か1人が特別訓練を受けて点数を5点伸ばせるようになったとする。そのときに行ったゲームでの分散を計算し直して，以前と比べて大きくなる場合は，特別訓練を受けた人はもともと ⑮ の点数をとっていた人である。

⑮ にあてはまるものを，次の⓪～③の中から選び，その番号を答えなさい。

［選択肢］

⓪　30点

①　40点以下

②　40点または50点

③　50点以上

(7)　AABBBXYの7文字を，Xが常にYの左側にあるように並べる。ただし，XとYは隣り合っていなくてもよいものとする。このような並べ方の総数は， ⑯⑰⑱ 通りある。

(8)　$17x + 12y = 2$ の整数解 $(x,\ y)$ において，$x + y$ の値が100未満で最も大きくなるとき，そのの $x + y$ の値は ⑲⑳ である。

(9)　図のように，直線と点Aで接する円O上に点B，C，Dがある。このとき，$x =$ ㉑㉒ °である。

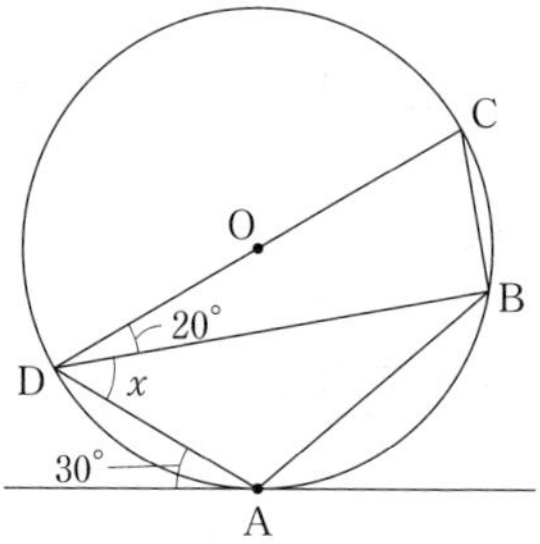

Ⅱ　彩さんと緑さんは同級生の野球の試合を観戦しながら話し合っている。
次の ㉓ ～ ㊷ の中に適切な数字を入れなさい。

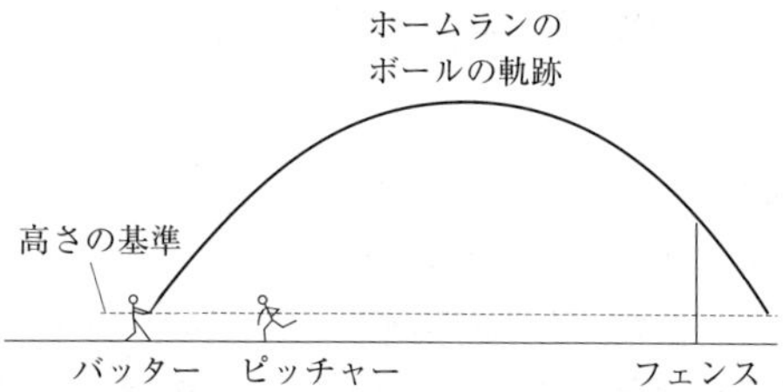

緑さん　：今日の試合はヒットがよく出るね。ホームランもいくつかあったね。

彩さん　：実はホームランのボールが最高点に来たときの決定的瞬間をカメラで撮影したいと考えているんだ。このカメラは連続撮影できるけど，2秒間に5枚と決まっている。このカメラでは最高点からどれくらい下がったボールを撮影することになるんだろうか。

緑さん　：まずは，ホームランのときのボールの高さの時間による変化を調べてみよう。簡略化のため，バッターがボールを打ってから t 秒後の，バッターがボールを打つ高さを基準とした高さを y m と設定すると，$t = 0$ のとき $y = 0$ となるね。調べてみると，あるホームランでは，$t = 1$ のとき $y = 15$，$t = 2$ のとき $y = 20$ となった。空気抵抗などがなければ y は t の2次関数になることが知られているから，

$y = -$ ㉓ $t^2 +$ ㉔㉕ t と表せるね。これと同じ軌跡を描くホームランを撮影する場合を考えてみよう。

彩さん ：式がわかればボールを打った高さから最高点までの高さは，$t =$ ㉖ (秒) のときの $y =$ ㉗㉘ (m) とわかる。カメラは0.4秒ごとに連続撮影できるから，撮影した瞬間に $t =$ ㉙ (秒) が含まれていれば最高点のボールを撮影できるけど，シャッターを押すタイミングが悪いと，$t =$ ㉙ $- 0.2$ (秒) と $t =$ ㉙ $+ 0.2$ (秒) のときに撮影してしまうことになる。このとき最高点から ㉚㉛ cm 下がった高さのボールを撮影してしまうことになる。

緑さん ：もし1秒間に n 枚撮影できるカメラだと，$\frac{1}{n}$ 秒ごとに撮影できるけど，タイミングが悪いと，$t =$ ㉙ $- \frac{1}{2n}$ (秒) と $t =$ ㉙ $+ \frac{1}{2n}$ (秒) のときに撮影してしまうことになる。このとき最高点から $\frac{㉜㉝㉞}{n^2}$ cm 下がった高さのボールを撮影してしまうことになる。これを5cm以内にしたければ，$n \geqq$ ㉟ となっていればいいね。

彩さん ：それから，ホームランのボールを最初から最後まで撮影することも考えているのだけど，バッターがボールを打ってから再び同じ高さに落ちてくるまでずっと連続撮影するなら，何秒間撮影することになるのかなあ。

緑さん ：$y = -$ ㉓ $t^2 +$ ㉔㉕ t において，$y \geqq 0$ つまり $-$ ㉓ $t^2 +$ ㉔㉕ $t \geqq 0$ を解くことで，不等式の解を区間と見て，その区間の長さの ㊱ 秒間をずっと連続撮影することになるね。

彩さん ：このときのボールの平均の速さってどれくらいになるのかなあ。

緑さん ：ボールの瞬間の速さはボールの位置によって異なるけど，ここではボールを打った位置から最高点のボールの位置までを直線で近似した距離を，そこまでの到達時間で割ることで，平均の速さを求めてみよう。

ボールを打った位置からの水平距離を x m とすると，x は t の1次関数になることが知られている。今回，調べたホームランのボールの軌跡では，ボールが落下して $y = 0$ (m) になったとき，つまり $t =$ ㊱ (秒) のとき，$x = 120$ (m) だったので，$x =$ ㊲㊳ t と表せるから，ボールを打った位置から最高点の位置までの直線距離は ㊴㊵ m ということがわかるね。ただし，$\sqrt{10} = 3.2$ として計算したよ。

彩さん ：ボールを打った位置から最高点の位置までの直線距離を，そこまでの到達時間で割ると，平均の速さは，秒速 ㊶㊷ m だね。

Ⅲ　図は，クラス25人が受けた数学と国語のテストの点数の散布図である。次の ㊸ ～ ㊼ の中に適切な数字を入れなさい。ただし，(1)の ㊸ ，(2)の ㊹ ，(4)の ㊼ については，［選択肢］の中から選びなさい。

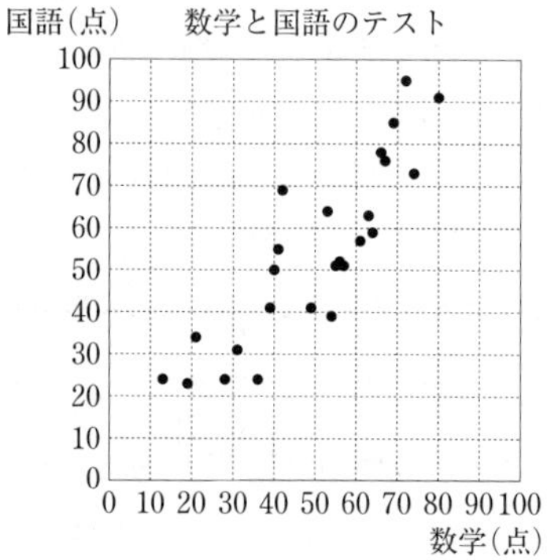

(1)　数学の得点を低い方から順に並べると，1番目は13点，6番目は36点，7番目は39点，8番目は40点，12番目は53点，13番目は54点，19番目は64点，20番目は66点，21番目は67点，25番目は80点であった。数学の得点の箱ひげ図として正しいものは ㊸ である。

㊸ にあてはまるものを，次の⓪～③の中から選び，その番号を答えなさい。

［選択肢］

⓪
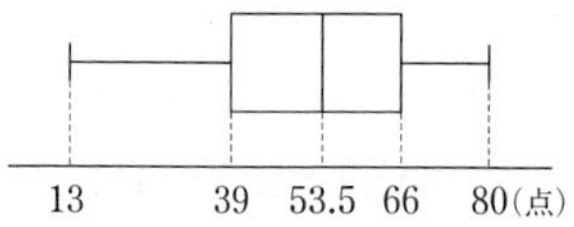

①
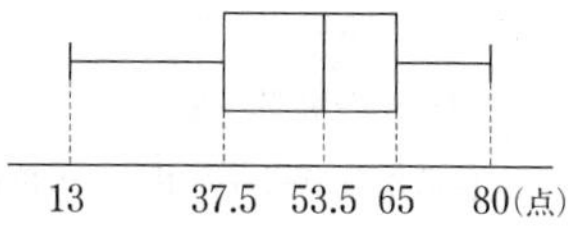

②
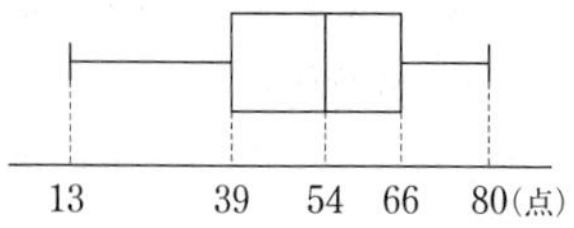

③
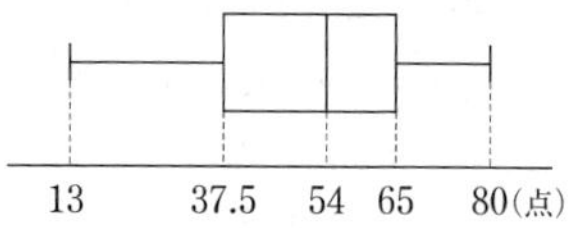

(2)　散布図から，数学と国語のテストのデータにおける相関関係について述べたもののうち正しいものは ㊹ である。

㊹ にあてはまるものを，次の⓪～③の中から選び，その番号を答えなさい。

［選択肢］

⓪　正の相関関係がある。

①　負の相関関係がある。

② 相関関係がない。

③ これだけでは判断できない。

(3) 数学と国語のテストのデータにおいて，小数第3位を四捨五入した相関係数は0.［㊺㊻］である。ただし，数学の平均点は50点，標準偏差は18点，国語の平均点は54点，標準偏差は21点，数学と国語の共分散は327である。

(4) 散布図と相関係数について述べたもののうち正しいものは［㊼］である。

［㊼］にあてはまるものを，次の⓪～④の中から選び，その番号を答えなさい。

［選択肢］

⓪ 散布図の得点の分布が傾きが正の直線上にほぼ分布している場合，直線の傾きが大きければ大きいほど，相関係数は大きくなる。

① 散布図の数学と国語の得点の縦軸と横軸の配置を逆にすると，相関係数は -1 倍になる。

② 散布図を横軸方向に2倍に拡大すると，相関係数は半分になる。

③ 散布図を縦軸方向に10だけ平行移動しても相関係数は変わらない。

④ a を実数とし，散布図を直線 $x=a$ を軸に対称移動させても相関係数は変わらない。

Ⅳ　△ABC で AB $=c$，BC $=2a$，CA $=c$ であり，辺 BC の中点を M とすると，AM $=b$ である。△ABC の重心を G，内心を I，垂心を H，外心を O とすると，G，I，H，O は直線 AM 上にある。

次の［㊽］～［58］の中に適切な数字を入れなさい。ただし，［㊾］，［㊿］，［53］については，［選択肢］の中から選びなさい。

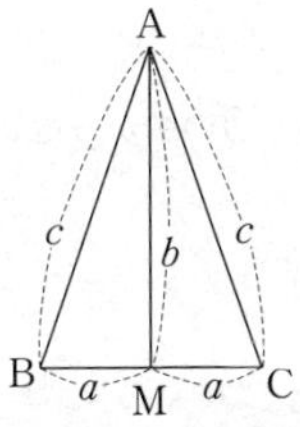

(1) 重心 G は，常に線分 AM 上で M から $\dfrac{b}{［㊽］}$ の距離にある。

内心 I は，常に線分 AM 上で M から［㊾］の距離にある。

[㊾] にあてはまるものを，次の⓪～④の中から選び，その番号を答えなさい。

［選択肢］

⓪ $\dfrac{ab}{a+b}$

① $\dfrac{ac}{a+b}$

② $\dfrac{ab}{a+c}$

③ $\dfrac{ac}{a+c}$

④ $\dfrac{ac}{b+c}$

(2) 垂心Hは，常に半直線MA上でMから [㊿] の距離にある。垂心Hが線分AM上(両端を含まない)にあるとき，∠A < [(51)(52)]° である。

[㊿] にあてはまるものを，次の⓪～④の中から選び，その番号を答えなさい。

［選択肢］

⓪ $\dfrac{a}{b^2}$

① $\dfrac{a}{c^2}$

② $\dfrac{a^2}{b}$

③ $\dfrac{a^2}{c}$

④ $\dfrac{b^2}{c}$

(3) 外心Oは，Mから [(53)] の距離にある。外心Oが線分AM上(両端を含まない)にあるとき，∠A < [(54)(55)]°である。

[(53)] にあてはまるものを，次の⓪～④の中から選び，その番号を答えなさい。

［選択肢］

⓪ $\left|\dfrac{b^2-a^2}{a}\right|$

① $\left|\dfrac{c^2-a^2}{a}\right|$

② $\left|\dfrac{b^2-a^2}{2a}\right|$

③ $\left|\dfrac{c^2-a^2}{2a}\right|$

④ $\left|\dfrac{b^2-a^2}{2b}\right|$

(4) 重心Gと垂心Hが一致するとき，∠A＝ ⑯⑰ °である。また，重心Gと垂心Hが一致しないとき，OG：OH＝1： ⑱ である。

国語

（二科目一二〇分）

一　次の文章は、饗庭伸『都市の問診』の一節である。これを読んで、後の問い（問1〜9）に答えなさい。解答番号は ① 〜 ⑮ 。

都市や建物は、恒久的なものと仮設的なものでできている。永遠に残るものや変化しないものなどないので、A ゲンミツにはそこそこ長く、たとえば人の一生の手に余るくらいの長さ、七〇年や一〇〇年くらい残るものが恒久的なものということなのだろうし、それより短くなればなるほど、都市や建物のなかで、B ジョジョに恒久性より仮設性が勝っていく。あらゆる都市や建物のなかに、恒久性と仮設性が異なる割合で配分されており、道路にはちょっと多めに恒久性が、住宅にはちょっと多めに仮設性が、商業施設にはかなり多めに仮設性が配分されている。

都市における恒久性と仮設性の現れ方は、時代のなかで変化していく、そんなことを議論したい。特に人口減少時代、都市縮小時代において、恒久性と仮設性がどのように都市に現れているのかについてである。

日本の都市計画の法制度は、人口が増え、都市が拡大する時代につくられたもので、はやく、確実に、必要最小限の都市をつくることに特化した法制度だった。都市にたくさんの人が押し寄せたために、その必要性を捌（さば）くようにして、公共投資と民間投資をうまくまわしながら都市がつくられてきた。都市計画を最初に先導したのは政府だったが、やがてそれは民間にとって代わられ、いまや都市の大部分は民間によってつくられている。空間を開発して売り払い、その収益を次の空間の開発に投資して、また売り払う、このことを積み重ねていくことで都市を拡大してきた。

都市に押し寄せる人の尽きない必要性を前提とするこの方法が、人口減少時代に通用しないことは言うまでもない。ア 新しい方法を考えないといけないのだが、それはどのように取り組まれようとしているのだろうか。先に「コンパクトシティ・プラス・ネットワーク」という言葉を都市のダイエットに模して解説した。つまり、余分なものを落とすだけでなく、代謝しやすく、太りにくい都市をつくることがコンパクトシティ・プラス・ネットワークである。近代都市計画のC キソ的な考え方を打ち立てたパトリック・ゲデス——ゲデスはそもそも生物学者でもあった——にはじまり、都市はしばしば生命体のアナロジーを使って捉えられてきた。しかしアナロジーはアナロジーにしかすぎず、都市と生命体は、当たり前だがまったく別のものである。では都市と生命体は何が異なるのか。それは、一つひとつの細胞によって組み立てられた生命体には意思があるが、一つひとつの細胞には意思がないことだ。都市の一つひとつの部分は、そこにかかわる誰かの意思によって動かされている。特にわが国では土地の私有制が徹底しているので、都市のそれぞれの部分は所有している人々の小さな意思の集合で動かされている。一つひとつの部分は意思のある生命体が制御しているのであり、意思のない細胞ではない。都市を生命体のアナロジーにあてはめて考えるときに、生命体を顕微鏡で拡大したものが都市であると考えてしまいがちだが、細胞を拡大したところでそれが意思を持つわけではない。イ細胞の集合である生命体と、生命体の集合である都市はまったく別である。

したがって、コンパクトシティ・プラス・ネットワークの政策を実践したとしても、ダイエットで細胞を取り替えるように、都市の一つひとつの部分を問答無用で取り替えることができるわけではない。そのときに、一つひとつの部分は全体とは異なる意思を持つこともあり、場合によっては全体に徹底的に抗することもある。部分が全体に抗したとき、私たちの前には常に「人の命は地球よりも重い」という難問が現れ、それを私たちは永遠に解くことができない。ウコンパクトシティ・プラス・ネットワークがダイエットのように簡単に実現できそうにないことがわかるだろう。では、どうするべきなのか。

人口が減少すると都市の空間はどのような形になっていくのだろうか。このことについて「スポンジ化」という言葉が使われるとすでに述べた。あらためて説明すると、世帯数が減少すると都市の内部に空き家や空きビルや空き地が発生する。それらはどこかに集中して発生するのではなく、都市の内部のあちこちにランダムに発生する。これがスポンジ化である。スポンジ化が生まれる仕組みは単純であり、それは都市が拡大するときに、都市の土地を細かく分けてたくさんの人たちにDブンジョウしてしまったからだ。たくさんの人たちはそれぞれ固有の人生を送っている。自分の人生に合わせて、自分の土地や建物を空けていくことになるので、結果的に都市の内部のあちこちに小さな穴が空くように都市が低密化していくのである。これからの都市計画は、このスポンジ化の構造への理解なしに進めることができない。

人口減少に伴ってあちこちにスポンジ状に空き家や空きビル、空き地が発生する……と書くとやや暗い印象の言葉と捉えられることもあるが、英語のspongeには、「吸収力が高い」「弾性が高い」というような明るいニュアンスもある。私たちはこれまで増えつづける人口に追い立てられるようにして、ひたすら都市をつくりつづけてきたわけだが、小さな都市にぎゅうぎゅう詰めで暮らしていた時期や、豊かな空間をつくりながら郊外化していった時期を経て、ここにきて、吸収性や弾性に富む都市を手に入れたのかもしれない。新たに必要な機能を吸収しやすい都市、弾力的に変えやすい都市である。

こういった都市を、私は「やわらかくてしぶとい都市」と呼んでいる。「やわらかさ」には、都市は部分においては変わりやすい、という意味を込めている。たとえば小さな空き家があり、それを地域のカフェに変えていこうと考えたときに、それを提案する相手は空き家の所有者である。そして所有者が「いいよ」と言うだけで、空き家はカフェに変わっていく。たったひとりの意思を変えることは、たとえば駅前の再開発をするときに、一〇人の地権者の意思を同時に揃(そろ)えることに比べると難しいことではない。一方の「しぶとさ」については、都市は全体として変わりにくい、という意味を込めている。小さな空き家がカフェに変わったところで、都市全体がガラリとダイナミックに変化するわけではない。駅前の再開発は実現すると都市の風景を変えてしまうが、小さなカフェはそれほどの変化を与えない。エスポンジ化した都市は悪い方向にも、よい方向にも急激に変化することはなく、しぶとく、ゆっくりと変化していくのである。

この「やわらかくてしぶとい都市」の「やわらかさ」が「仮設性」に、「しぶとさ」が「恒久性」にあたるものではないだろうか。ではこの仮設性と恒久性は、人口減少期の都市のなかでどのようにせめぎ合いながら現れてくるのだろうか。

オ日本の都市のなかに恒久性をどう見出(みいだ)していくか。それは都市の新陳代謝がどんどん加速していった一九六〇年頃からの難問だった。ヨーロッパの石造の都市であれば、石造の建物躯体(くたい)までが恒久であり、その内部のインテリアの仕上げが仮設である、という明確な区分が可能である。しかし、新陳代謝の激しい木造建物で構成されるわが国の都市ではそれほど簡単ではない。陣内秀信(じんないひでのぶ)の『東京の空間人類学』がその難問の答えを出したが、それは私の理解では、敷地の境界、道路の形状、水系と対応した地形など、目に見えにくい、都市の基層というべきものが都市の恒久性の根拠となっているということであった。

やわらかくてしぶとい都市のしぶとさが、まずはこういった都市の基層を根拠とすることは間違いないだろう。スポンジ化は細分化された敷地群によって発生しているからだ。しかし、空き家や空きビルが再生された事例を一つひとつ見ていくと、魅力的な建造物がリノベーションによって再生される事例はたくさんあり、目に見えにくい都市の基層だけでなく、その上にある建造物もしぶとさの根拠になっていることがある。つまり、一度は捨てられた「建物躯体までが恒久」という説が再び、ヨーロッパ由来の学説とは別のかたちで息を吹き返しつつある。

そしてさらによく見てみると、建造物だけがしぶとさの根拠ではないこともある。空き家を使った取り組みを眺めてみると、空き家の痕跡を消し去るようにして空間が変化するのではなく、空き家の持つ文脈と細かく対応するようにして、空間が変化していることが多くある。空き家のなかにあったちょっとした棚をカフェの食器入れにしたり、押し入れにあった古い人形を綺麗(きれい)にしてカフェの真ん中に飾ったり、あるいは居住者が暮らしているところと共存するように改修が行われたり、といったことである。空き家が新しい建物に建て替わるときには、元の建物の痕跡は徹底的に消去されるが、空き家のリノベーションの場合、住宅という外形はもちろんのこと、その内部にある生活の痕跡も文脈として読み込まれているということだ。

恒久性と仮設性のふたつの言葉は、都市や建築を設計するときの「ここまでは手を入れてよい」「ここからは手を入れてはいけない」という設計の領域の線引きのための言葉である。少し言葉を変えると「設計の根拠となる恒久性」を見極め、設計にかかわる人たちを共通の価値観でつなげ、まとめ、カ前へ進むためにふたつの言葉が使われている。そう考えると、人口減少期の都市には、都市の基層、建造物の躯体、その内側といった三つのレベルで恒久性が発現している。その現れ方は敷地によって異なる。都市の基層の恒久性が強く現れる敷地に、建造物の躯体の恒久性が強く現れる敷地が隣り合う。都市全体で見たときに、恒久性と仮設性の配分が異なる敷地が混在しているということになる。そして読み取られた恒久性のどれを採用するか、逆に言えばすでにある空間をどこまで仮設的なものとして捉えるのかについてのEサイリョウの多くは設計者に委ねられている。

私は個人的には、今よりは恒久性が多く配分された都市に暮らしてみたい。都市のそこここに恒久的なものが顔を出し、やがてそれがパッチワークのように連続し、全体としてよく描き込まれた絵画のような都市。それこそが成熟都市と呼ぶべきものなのだろう。

（本文中に一部省略・改変したところがある）

問1　二重傍線部A〜Eに相当する漢字を含むものを、次の各群の①〜⑤の中から、それぞれ一つ選びなさい。解答番号は［①］〜［⑤］。

A　ゲンミツ　［①］
① 空しいゲンソウを抱く。
② 木々がゲントウキを耐えて芽吹く。
③ 海外への渡航をセイゲンする。
④ レイゲンあらたかな神社。
⑤ 笑顔で上役のキゲンをとる。

B　ジョジョ　［②］
① 敵対勢力をハイジョする。
② ジジョデンの執筆にとりかかる。
③ 組織内のジョレツを意識する。
④ ジョコウ運転を心がける。
⑤ 面目ヤクジョたる健闘ぶり。

C　キソ　［③］
① クウソな議論に終始する。
② 必死にアイソするような声を出す。
③ 教育は国家のソセキとなる事業だ。
④ 被害の拡大をソシする。

⑤ 飾らないケンソな生活を送る。

D ブンジョウ ④

① 相手側にジョウホを求める。

② ヨジョウな人員を整理する。

③ 貴族のレイジョウを妻に迎える。

④ ジョウケンに合う不動産が見つかる。

⑤ 友好的な雰囲気をジョウセイする。

E サイリョウ ⑤

① 一国のサイショウを務める。

② 桜を街路樹としてショクサイする。

③ 争いのチュウサイを買って出る。

④ 葬儀のためサイジョウに向かう。

⑤ 会長自らサイハイを振る。

問2 傍線部ア「新しい方法を考えないといけない」とあるが、それはなぜか。その理由の説明として最も適当なものを、次の①〜⑤の中から選びなさい。解答番号は ⑥ 。

① 高度経済成長時代には、農村部と比べて高い所得が得られ、教育や就業の機会も多い都市部に人口が集中し、あらゆる機能が都市に集中した半面、居住地域が郊外に押しやられたから。

② 都市の開発では、都市に人口が流入していた時代には開発の速さが優先されるとともに開発と売却を繰り返すことで収益を上げてきたが、人口減少時代には採算がとれなくなったから。

③ 政府主導で始まった都市の開発は、民間主導に切り替わって経済活動に特化したが、結果として人口減少時代を迎えるころにはインフラの整備が間に合わないなどの問題が現れたから。

④ 都市の求心力は、産業が集積して経済力が強まるにつれて高まるとともに、情報化時代後の研究開発やイノベーションを通じて高い生産性が実現したことによりなお一層高まったから。

⑤ 都市の開発は、人口が増加していた時代には人口流入の継続を前提として都市を迅速に拡大する方向で進められてきたが、人口減少時代には都市の縮小が求められるようになったから。

問3 傍線部イ「細胞の集合である生命体と、生命体の集合である都市はまったく別である。」とあるが、どういうことか。その説明として最も適当なものを、次の①〜⑤の中から選びなさい。解答番号は ⑦ 。

① 生命体は意思を持たない細胞によって構成された集合体となってはじめて意思を持つ

のに対して、都市は意思を持った個人によって構成されており、集合体としての意思を持たないということ。

② 生命体は一つひとつの細胞を問答無用で取り替えることができるのに対して、都市は人間により構成された社会であることから、常に社会的な意思を考慮して都市開発を進めているということ。

③ 生命体が意思を持たない個々の細胞が集まって構成されているのに対して、都市は都市を構成する一つひとつの部分が、所有する人々という意思を持つ生命体により制御されているということ。

④ 生命体はその構成要素である細胞により動かされているのに対して、都市はそこにかかわる誰かの意思なしには動かせない点で、都市を生命体のアナロジーで考えることはできないということ。

⑤ 生命体は一つひとつの細胞によって組み立てられて生命を得るのに対して、都市は一定の地域という枠の中で都市機能を発展させていくもので、一つひとつの部分の集合体ではないということ。

問4　次の**【資料】**は本文と同じ出典で本文に先立つ部分からの引用である。本文に傍線部ウ「コンパクトシティ・プラス・ネットワーク」とあるが、本文と**【資料】**を踏まえ、「コンパクトシティ・プラス・ネットワーク」の具体的な施策として**適当でないものを二つ**、後の①〜⑥の中から選びなさい。ただし、解答の順序は問わない。解答番号は［⑧］・［⑨］。

【資料】

成長期に多くの人とモノが集中したことで、都市は太り、無駄の多い身体のようになっている。人口減少期に向けて、身についた無駄な市街地を落としていくのが「コンパクトシティ」である。一方で身体と同様に、一度無駄を落としたとしても、再び何かのきっかけで太らないとも限らない。二度と太らない身体をつくるために鍛えられるのが「ネットワーク」、つまり公共交通のネットワークである。都市が太ってしまったのは、人々が自動車を使うようになったからである。それにより、一人ひとりが、思い思いに遠い距離を移動することが可能になった。自家用車を減らし、バスや鉄道を鍛えることで、空間がもう二度とばらばらにならないようにしよう。それが「ネットワーク」である。コンパクトシティで都市全体の大きさを絞りながら、ネットワークを鍛えて二度と拡大しない都市を手に入れることがコンパクトシティ・プラス・ネットワークという言葉の意味である。

（一部省略してある）

① 郊外に広がった医療・福祉・商業等にかかわる施設や生活機能を一定の範囲内に集中させ、行政サービスの効率化を目指す。

② 大きなターミナル駅の周辺地域などを最も主要な拠点と定めて都市機能を集約させ、郊外の居住者を都市の中心地域に移住させる。

③ モータリゼーションの進展により相対的に低下した公共交通サービスを充実させ、都市の各部分を結びつける交通網を向上させる。

④ 人口減少の影響により閉鎖されてしまった市街地の公共施設を社会福祉施設に転用して、医療・介護の需要の急増に対応する。

⑤ 住宅の郊外立地化が進んだ結果、拡散した市街地において少子高齢化に伴い増加した空き家の多い地域の再開発を行う。

⑥ 徒歩や公共交通によるアクセスを容易にすることで、公共施設の再配置・集約化を実現させ、財政支出の抑制につなげる。

問5　傍線部エ「スポンジ化した都市」とあるが、これについて次の(1)・(2)に答えなさい。

(1) 都市が「スポンジ化」するとはどういう現象か。その説明として最も適当なものを、次の①～⑤の中から選びなさい。解答番号は ⑩ 。

① 都市の中心部では次第に人口が減少していく一方で、郊外では逆に人口が増加していく現象。

② 売却も賃貸もできずに放置されている空き家や空きビルが都市の郊外で増加していく現象。

③ 人口減少の影響を受けて都市の内部のあちこちに空き家や空きビル、空き地が発生する現象。

④ 都市の郊外に様々な外観の建造物が増加するなど、計画性のない無秩序な開発が広まる現象。

⑤ 都市住人の個人的・家庭的な事情により、都市部に大量の空き家や空きビルが発生する現象。

(2) 「スポンジ化した都市」に対する筆者の考えとして最も適当なものを、次の①～⑤の中から選びなさい。解答番号は ⑪ 。

① スポンジ化した都市は、部分において変化しながらも一つひとつの変化が集積することにより、全体として修復されていく。

② スポンジ化した都市は、空き家や空き地に新たに与えられた必要な機能を吸収しやすく、全体としてゆっくり変化していく。

③ スポンジ化した都市は、住民が小さな都市から豊かな郊外へと拡散していった時期を経て、弾力性に富む変化を見せてきた。

④ スポンジ化した都市は、民有の建物やインフラの経年劣化に伴って穴が大きくなり、次第に都市機能を失っていく恐れがある。

⑤ スポンジ化した都市は、全体の風景がダイナミックに変わることはないものの、地

域のイメージがゆるやかに悪化していく。

問6　傍線部オ「日本の都市のなかに恒久性をどう見出していくか。」とあるが、日本の都市における「恒久性」について筆者はどのように考えているか。その説明として最も適当なものを、次の①～⑤の中から選びなさい。解答番号は 12 。

① ヨーロッパの石造の都市では、「建物躯体までが恒久」だとされるが、日本の都市では、恒久性の根拠となるのは、建物躯体を含む敷地の境界、道路の形状、水系と対応した地形など目に見えにくい都市の基層のみだと考えている。

② ヨーロッパの石造の頑丈な建物躯体と異なり、火災や自然災害に弱い木造建物で構成される日本の都市の場合、建物躯体は恒久とされていないものの、リノベーションされた魅力的な建造物は恒久性を有する存在だと考えている。

③ ヨーロッパの都市であれば石造の住居は何十年も変化しないので恒久的に住み続けることができるが、日本の都市の場合、空き家となると住居は荒れていく一方なので、年月とともに恒久性より仮設性が勝っていくと考えている。

④ ヨーロッパの都市の石造の建造物は人口減少の影響を受けにくいが、木造の建造物で構成される日本の都市の場合、人口減少期の都市においては「やわらかくてしぶとい都市」の「やわらかさ」に恒久性が発現すると考えている。

⑤ ヨーロッパの石造の都市では、石造の建物躯体が恒久で内部のインテリアが仮設であるが、日本の都市の場合は、都市の基層だけでなく、その上にある建造物も、その内部にある生活の痕跡も、恒久性に含まれ得ると考えている。

問7　傍線部カ「前へ進むためにふたつの言葉が使われている」とあるが、どういうことか。その説明として最も適当なものを、次の①～⑤の中から選びなさい。解答番号は 13 。

① 恒久性と仮設性という言葉は、都市や建造物を設計するときに、敷地によって異なる恒久性と仮設性の配分を読み取り、それぞれをどう生かすのかを、設計にかかわるメンバーが共有するための言葉であるということ。

② 恒久性と仮設性という言葉は、そこかしこに恒久的なものが多く配分され、それらがパッチワークのように連続して一枚の絵画のように完成された都市をつくりだすための、共通の価値観を表す言葉であるということ。

③ 恒久性と仮設性という言葉は、建造物をリノベーションにより再生する際に、元の建物の痕跡をすべて消去して新しい建物に建て替えるのか、できる限り残すのかを話し合うための、基準となる言葉であるということ。

④ 恒久性と仮設性という言葉は、人口減少期の都市に発現する恒久性の三つのレベルを見極め、そのレベルに応じて、基層の恒久性を取るか、建造物の躯体の恒久性を取るかなどを判断するための言葉であるということ。

⑤ 恒久性と仮設性という言葉は、恒久性と仮設性の配分が異なる敷地が混在しているときに、手を入れていい場所と、手を入れてはいけない場所とを区分するための、設計の領域の線引きのための言葉であるということ。

問8　本文と問4の【**資料**】を読んだ生徒が話し合っている。本文と【**資料**】の内容に最も即した発言を、次の①～⑤の中から選びなさい。解答番号は ⑭ 。

① 生徒A――うちの親は、「若いうちは都会で働き、家庭を持って子どもができたら環境のいい地方で暮らし、年を取ったら医療が充実している都会に戻るのが理想的だ」と言っていたけれど、筆者が述べているように、一生の中でライフスタイルに応じて住む場所を選べるといいよね。

② 生徒B――生活歴に応じて移住がうまくいくのは理想的だけど、そのたびに人間関係が一変するのは個人的には嫌かな。文章を読んで、地方には地方の、都市には都市の良さがあるから、自分に合った方を選んで、どこに住んでも最低限の生活環境が保証されるべきなんだと思ったよ。

③ 生徒C――テレワークが浸透して、地方に移住するハードルが低くなってきているから、これからは都市一極集中ではなくなっていくと思うよ。働き方改革によって、時と場所を選ばず柔軟に働ける環境が整っていくことで、文章にあるような、都市の人口減少の問題も解決できそうだね。

④ 生徒D――人口が減少している山間部の地域では、財政も苦しいし行政サービスの提供が困難になっていると聞くよ。都市においても部分的に似たようなことが起きてるのかもね。文章にあるように、人口減少時代には、無駄をなくし都市の利便性を高める工夫が必要になるんだね。

⑤ 生徒E――山間部は人口減少の影響が大きいよね。交通の便を考えると住み続けるのは大変だし、逆に都会だと交通網は発達しているけれど家賃が高い。間を取って中規模の地方都市に住むのがいいかもしれないね。そうすれば、筆者が言うような空き家の有効活用もできると思うよ。

問9　本文の論の展開の説明として最も適当なものを、次の①～⑤の中から選びなさい。解答番号は ⑮ 。

① 初めに都市の恒久性と仮設性に関する問題を提起し、次に都市を生命体のアナロジーで捉えることの誤りを述べたうえで、都市のダイエットが簡単でないことを「やわらかくてしぶとい都市」という側面から論じている。

② 初めに日本の都市計画にかかわる法制度が時代に合わないという問題を取りあげ、次に法整備の遅れから都市のスポンジ化が生じたことを指摘したうえで、人口減少時代の都市開発における恒久性の重要性を論じている。

③ 初めに人口減少時代を迎えて日本の都市計画に変化がもたらされたことを述べ、次に

人口減少により生み出された都市空間の問題を明らかにしたうえで、恒久性と仮設性がどのように都市に現れているのかを論じている。

④ 初めに都市の恒久性と仮設性が時代とともに変わっていくことを明らかにし、次にその具体例の一つとして「コンパクトシティ・プラス・ネットワーク」を紹介したうえで、人口減少時代の都市が持つ課題を論じている。

⑤ 初めに日本の都市計画の潮流を、人口増加時代と人口減少時代の対比を通して説明し、次に空き家の増加が人口減少の影響であることを明らかにしたうえで、それらの資産を今後いかに生かしていくのかを論じている。

二　次の文章は、朝井まかて『類（るい）』の一節で、森鷗外（もりおうがい）の息子・類（るい）が、姉・杏奴（あんぬ）とともに絵画を学ぶために仏蘭西（フランス）の巴里（パリ）に来ている場面である。これを読んで、後の問い（問1〜6）に答えなさい。解答番号は[16]〜[30]。

目を覚ますと、まだ部屋の中は薄暗かった。

今、何時だろう。

枕の上で顔だけを動かして片目を開くと、窓際の食卓に置いてある百合（ゆり）の形をした卓上照明が丸い光をともしている。杏奴の鼻筋から額がぼんやりと泛（うか）び上がる。秋の夜更けに眉間をきりりと寄せ、懸命にペンを動かしている。

「姉さん、まだ書いてるの？」

「ごめん。起こしちゃった？」

「ううん。そうじゃない。ⓐ夢が途切れただけだ」

杏奴は頬杖（ほおづえ）をついたまま、右手のペンを走らせている。こんな時間に書いているのは母や茉莉（まり）への手紙ではなく、原稿だ。今、巴里での暮らしを文章にしている。与謝野寛（よさのひろし）、晶子（あきこ）夫妻から「冬柏（とうはく）」に寄稿するよう勧められたのは、日本を発（た）つ前だった。出航してから杏奴は船が寄港するつど見聞を書いた。いわば渡航記で、今年の一月には『香港（ホンコン）だより』、二月に『コロンボ便り』、三月は『靖国丸（やすくにまる）より』を送った。

母は杏奴の画才だけでなく文才のあることもそれは喜んで、書留で届く原稿の清書を茉莉に頼み、自身はかたわらでせっせと鉛筆を削っているという。類には文章の才というものがよくわからないが、あの毒舌家の茉莉をも唸（うな）らせたというから本物なのだろう。

実に巧（うま）い。空恐ろしいほどだ。羨ましい。

そんな手紙が来た。ただ、スケッチは類のものが好きだと書き添えてくれていた。何か、「イット」を感じるという。

――以前は悲しいことにデッサンが足りないので、描（か）き表（あら）わせなかったのだ。描きたいものに届いていない。しかしあのナマケモノが巴里ではよほど勉強家になっているらしいので、いかなる作品を持って帰るか、非常に楽しみだ。

「茉莉姉さんの感じるイットって、何だよ。ナマケモノも余計だ」

「素直じゃないわね。茉莉姉さんはA茫洋(ぼうよう)としてるけど、芸術については目を持ってるわ。そのお眼鏡にかなったんだから」

茉莉はロチ*やドーデなどの翻訳をまた「冬柏」で発表して、他にも原稿料を得られる仕事が入りつつあるらしい。来年には一冊、まとまったものを刊行する心積もりもあるようだ。

口許(くちもと)がだらしなく緩んだ。

「ほうら、嬉(うれ)しいくせに」「くくん。ざまあみろ」「何さ、くやしい」

アそれから類は、なお懸命になった。朝は杏奴と共にキャフェで珈琲(コーヒー)とバタを塗っただけのバゲットを食べてから研究所に向かい、できた素描をたくさんカルトン*の間に挟んで帰ってくる。午後は一人で二十号*を担いで外へ出て、写生をして回る。素描を重ねたからか、この頃は随分と形を取りやすくなった。ただ、気を入れ過ぎてしまうのか、夕暮れになってアパルトマンに戻った時は口もきけぬほどで、靴のままベッドに倒れ込んでしまうほどだ。

杏奴は原稿を書きながら飯を炊き、鶏と野菜のソテーやスウプでねぎらってくれる。杏奴が用意できない時は二人で近所の食堂に出かける。食卓の会話はいつも、今の作品が仕上がったら次はどんなものに取りかかるかだ。類は一枚でも多く、いい絵を描きたい。杏奴も絵のことを言い、時々、今度はどんな原稿にするかもあれこれと食べながら話す。

半年ほど前だったか、杏奴の「冬柏」の文章が目に留まってか、有名な婦人誌からも原稿の依頼があった。母はそれをたいそう歓(よろこ)んだ。

森家の娘二人がいよいよ、世間に出る。

そのうえ、杏奴には「冬柏」よりも一般読者の多い婦人誌からの声がかりだ。母は己が見出されたかのごとく張り切って、杏奴の原稿を添削したうえで雑誌社に送ったらしい。ところが相手からは、待てど暮らせどB梨の礫(つぶて)だ。ちゃんと原稿が届いていないのか、それとも先方の意に添わなかったのかと、母は随分と気を揉(も)んだらしい。しかし問い合わせの手紙を出しても返事がなく、社を訪ねれば担当者は留守だと言われ、電話もつながらない。

母にしてみれば、杏奴のその原稿は自信作だった。イ落胆がひどかった。

類は、この時は手紙を書いた。

――ともかく、知らん顔しておくのがいいでしょう。やんややんやと催促するのが、最もいけません。出るものは、知らん顔していても出ます。今時はかなり力のある人がケチな雑誌にも出せないでいるそうですから、「冬柏」に載っていればC御(おん)の字だと思うべきですよ。「冬柏」で認められれば、そのうち他の雑誌から必ず依頼があります。急ぐのがいちばんいけないと、僕は思います。静かに平和に事が進むのを、構えて待つべし。

そんなことを書いて送った。

もっとも、東京の空気は何かと人間を急かせる。まして母は無類の「早好き」だ。杏奴の原稿であるから、なおさらだ。茉莉は手紙で、それを「反射作用」と指摘していた。ウ母は杏奴に、己を同化させているのだと言う。

母にとって杏奴は特別なのだ。他の二人の子よりも格別に愛し、頼りにもしている。衣替えさえ、杏奴がいないと捗らない始末だ。そして杏奴は芸術においても必ずや何かを成し遂げる娘だと、固く信じている。それは有難いことであるだろうが、そして振り向いてもらえない類は淋しくもあるが、杏奴には大変な重荷ではあるまいか。

食卓に齧りつくようにして執筆している姿を眺めていると、踊りを習っていた頃の面差しが過る。ⓑ苦しんで思い詰めて、唇を噛みしめていた。

「姉さん、そろそろ寝たら？」

ベッドから声をかけてみた。窓辺の食卓を挟んで奥に杏奴のベッド、ドアに近い壁際に類のベッドがある。襖や障子のない大きな一部屋がこれほど暮らしやすいとは、思いも寄らなかった。互いの様子がよくわかるし、浴室が広いので着替えはそこでできる。

「うん、あと少しだけ」

顔を上げない。類は黄色の毛布を胸から捲り、床に足を下ろした。台所に向かい、買ってある水に手を伸ばす。仏蘭西の生水は飲めた代物ではなく、いつも蒸留水の瓶を買い置きしてある。洋杯一杯を飲み干して顎の雫を手の甲で拭うと、ひやりと心地がいい。台所の右手にある小窓には小さな孔が開けられていて、空気が通るようになっている。

流しの上の壁に掛かった小鍋が目についた。ミルクパンだ。思いついてそれを下ろし、牛乳を入れた。膜が張らないように注意して、弱火で温める。厚手の珈琲茶碗に注いで食卓に運ぶと、ようやく杏奴が顔を上げた。

「メルスィ、セジャンティ」

ご親切に有難うと、丁寧な言い方だ。類は椅子に腰を下ろし、どういたしましての意を返した。

「ドゥ、リヤン」

煙草を一本抜いて火をつけた。杏奴もようやくペンを皿に戻し、原稿用紙をまとめてトントンと軽く叩くように揃えている。食卓には赤と白の格子柄の布が掛かっている。勉強机も兼ねているのでインキの染みがついて、これは洗濯してもなかなか取れない。

「できたの？」

「うん。書きたいことは書いた。明日、推敲するわ。書きたいことだけじゃなく、書くべきものをちゃんと書いているかどうか」

「僕にも読ませて」

「いいわよ。ただし、何も言わないで」

「何だよ。お母さんなんか、そりゃあ事細かに批評をよこすじゃないか」

「お母さんはいいのよ。全部、もっともだなあと思うもの」

チェと舌を打つと、杏奴は両手で茶碗を包むように持って口へと運んだ。

ⓒ「おいしい」しみじみと、日本語で言った。

母からひんぱんに手紙を受け取るようになって、類は気がついたことがある。避暑に出向いたモレの川岸であったか、ふとそれを杏奴に話した。

「お母さん、いつも姉さんの文章をいろいろ批評するだろう。褒めるにしても、これは文章だけ書ける人の文章じゃない、とかさ。日本で暮らしてる時は気づかなかったけど、お母さんってものの見方や言葉遣いが何だか違うよね」

母は女性にしては多言を弄さず、ⓓ口にすればそれはもう結論だった。しかし手紙には豊饒（ほうじょう）な言葉が溢（あふ）れている。こんなにいろいろなことを感じ、見る目も尋常ではないひとであることを類は仏蘭西で初めて知った。エッフェル塔の最上階まで上った人の話を杏奴が手紙で伝えれば、「何だか、余計なことをするね」と返してくる。そうそうと、小膝を打つ。

杏奴は写生の手を止めずに、「そうね」と言った。その後、そりゃあ、パッパの妻だものと続くだろうと、察しをつける。「そりゃあ」と、やはり予想通りの言葉が出た。

「お母さんも小説家だったんだもの」

エ何度も「え」と訊（き）き返（かえ）した。「あら、類は知らなかったの」と、D杏奴は平然としている。

「知るもんか。そうだったの」

「そうよ。私を産んだ後から盛んに書いて、『スバル』とかによく発表していたみたいよ。本も出してる」

「嘘（うそ）だあ。そんなの、うちのどこにあるんだよ」

「まあ、あまりお母さんは口にしたがらないから、どこかにこっそり隠してるのかもね。作家活動もたぶん、四年間ほどだったはずだし。でもあなたを産んだ前後までかなり書いていたはずだわ。私、お母さんが文机（ふづくえ）に向かっている姿、何となく憶（おぼ）えているもの。おぼろげだけど」

「パッパ、それを許していたんだね」

「むろん、そうよ。小金井の叔母様だって長年、翻訳や小説を発表して、今も随筆を書いてるじゃない。女が書くことについては、当然、理解があったと思うわよ」

小金井喜美子は父の妹で、母とは長年関係がまずいままだ。類らが出立した後に森家を訪れ、祝いを述べてくれたらしいことは手紙にあった。

「お母さんは『青鞜（せいとう）』が創刊される時の、賛助会員でもあったのよ。作品も発表しているはずだわ。あなたが生まれた年よ」

「ひどい。誰もそんなこと教えてくれなかったよ」

「お母さんはね、パッパの小説の愛読者だったんですって」

「いつ」

「お見合いをする前からよ。お祖父様やお祖母様に見つからないようにこっそり読んでいたらしいの。その人の妻になるなんて、お母さん、どんな気持ちだったかしら」

杏奴は涼しい目をして、川風に吹かれていた。ⓔ類はどぎまぎとして、妙に素描が狂って仕方がなかった。

短くなった煙草を灰皿で押し潰し、立ち上がった。いつも部屋じゅうを明るい、黄色い陽射しで満たしてくれる大窓の前に行き、窓掛けの布を脇に寄せた。夜十一時以降は咳払い一つしてもいけない規則になっているので、この音は明日、苦情が出るかもしれないと思いつつ、下の窓を上へと押し上げた。秋の夜風が入ってきて、焼き栗の匂いがする。

アパルトマンの真下は女の子だけの小学校なので、ひどく静かだ。家々の屋根も闇に沈み、むろんエッフェル塔も見えない。けれど遠くの建物にはポツポツと点描したかのように、灯りがついている。目が慣れてくると、空の星が瞬いている。子供の頃、観潮楼の二階から眺めた景色を想い出す。

でもあの頃がよかったとは、もう思わない。今だ。僕は今がいちばん好きだ。眺めも人々も、自分自身のことも。

窓辺に肘をのせていると、杏奴も並んで巴里の夜景を見ている。

「姉さん、無理するなよ。無理をしなくったって、姉さんは必ず認められる人だ。絵も文章も」

「おや、ⓕホットミルクに思わぬデザートがついた」

「僕だって負けない」

「私に勝てっこないわよ」

「E口が減らないねえ」

笑いかけて、杏奴が「しい」と唇の前に指を立てた。

（注）＊ロチやドーデ――ピエール・ロチ（「ロティ」と表記することが多い。一八五〇―一九二三年）とアルフォンス・ドーデ（一八四〇―一八九七年）のこと。ともにフランスの作家。

＊カルトン――画用紙などを固定するための土台に用いられる画板。

＊二十号――ここでは、油絵などを描く画布（キャンバス）の大きさを示す。縦の長さが七百二十七ミリメートルある。

問1　二重傍線部A～Eの本文中における意味として最も適当なものを、次の各群の①～⑤の中から、それぞれ一つ選びなさい。解答番号は ⑯ ～ ⑳ 。

A　茫洋としてる ⑯

① たよりがいがない

② 落ち着きがない

③ つかみどころがない

④ うっかりしている
⑤ 頭の回転が速い

B　梨の礫だ　⑰
① 冷たくされている
② 連絡できない
③ 無視されている
④ 見込みが違った
⑤ 何も言ってこない

C　御の字だ　⑱
① まあまあ納得できる
② 大いにありがたい
③ 極めて礼儀知らずだ
④ すぐれている証拠だ
⑤ はじまったばかりだ

D　平然としている　⑲
① 知らん顔をしている
② 動揺を隠している
③ 落ち着き払っている
④ 普段通りである
⑤ 悪いと思っていない

E　口が減らない　⑳
① 達者によく言い返す
② 手加減なく非難する
③ 偉そうなことを言う
④ 理屈っぽく説明する
⑤ ますます口数が増す

問2　傍線部ア「それから類は、なお懸命になった。」とあるが、それはなぜか。その理由の説明として最も適当なものを、次の①～⑤の中から選びなさい。解答番号は ㉑ 。

① 自分のスケッチを見た姉の茉莉に「実に巧い」とほめられたことが励みになり、さらにうならせるような作品を描いてみせなければと意気込んでいたから。
② 毒舌家の姉の茉莉がパリに来てからの自分の成長を知り、どれほどの作品を持って帰るかが楽しみだと言われたことがプレッシャーになっていたから。
③ 自分がパリで懸命に絵の勉強をしていることを知らない姉の茉莉から「ナマケモノ」と侮辱されたことが悔しくて、姉を見返してやろうと発奮したから。

④ デッサン力が足りなくて描きたいものを描き表せず、気に入らない絵を送ったのに、姉の茉莉に自分の絵が好きだと言われて申し訳ない気持ちがしたから。

⑤ 芸術に関して見る目がある姉の茉莉から、自分が描いたスケッチをほめられたことがうれしくて、デッサンに励んでもっとうまくなろうと思ったから。

問3　傍線部イ「落胆がひどかった。」とあるが、このときの母の様子を説明したものとして最も適当なものを、次の①～⑤の中から選びなさい。解答番号は ㉒ 。

① 杏奴の文章が、与謝野寛、晶子夫妻だけでなく、有名な婦人誌の編集者の目に留まったことで、まるで母自身が見出されたかのように感じて有頂天であったが、その後まったく進展がないことで我に返り、大騒ぎしたことに恥じ入っている。

② 茉莉が手紙で「反射作用」と指摘していたように、せっかちな母は、物事が速やかに進行しないと気が済まない性質なので、杏奴の原稿がいつまでたっても掲載されないことを、自分が添削したせいではないかと考えて気に病んでいる。

③ 杏奴の自信作が婦人誌に認められなかったという現実に打ちのめされていたときに、今はかなり実力のある人でも雑誌に掲載されない時代だからという類の手紙に慰められながらも、どうしても諦めることができなくて悶々としている。

④ 茉莉に続いて杏奴にも雑誌に原稿を掲載する話が舞い込み、しかも「冬柏」よりも一般読者の多い有名な婦人誌からだったために、杏奴の自信作を自ら添削して送ったものの、見込みが外れて評価がはっきりしないことに意気消沈している。

⑤ 著名な作家である森鷗外の娘二人が文筆家として世に出ることは母の悲願であったので、茉莉が翻訳を発表し、杏奴に一流の雑誌社から原稿掲載の話が来たことに安堵していたが、話が少しも進展しないことですっかり気落ちしている。

問4　傍線部ウ「母は杏奴に、己を同化させている」とあるが、どういうことか。その説明として最も適当なものを、次の①～⑤の中から選びなさい。解答番号は ㉓ 。

① ほかの二人の子よりも頼りになり、芸術の方面でも必ずや何かを成し遂げるはずの溺愛する娘が名声を得ることが、母の一番の望みであるということ。

② 杏奴の原稿を自ら添削して雑誌社に送り、誌面に原稿が掲載されるかどうかに一喜一憂する母は、娘を自分の所有物かのように考えているということ。

③ 画才だけでなく文才があると確信している杏奴の文章が認められることは、自らも文筆家であった母にとって、自分が認められるに等しいということ。

④ 著名な小説家の妻である母は、夫の才能を受け継いだ娘・杏奴の文章が世に認められることで、妻の大役を果たしたという満足を得られるということ。

⑤ 小説家としては注目されなかった母は、自分にはない潜在的才能を有している杏奴を陰で支えることで、自分の価値を高めようとしているということ。

問5　傍線部エ「何度も『え』と訊き返した。」とあるが、このときの類の様子を説明したものとして最も適当なものを、次の①〜⑤の中から選びなさい。解答番号は 24 。

① 日頃は口数が少ない母が手紙では饒舌に語る感受性の豊かな人であることに、別居をしてからはじめて気づいたが、それも父の影響であろうと思っていたので、母自身が小説家だったという杏奴の予想外の言葉が信じられないでいる。

② 母からひんぱんに手紙を受け取るようになり、母のものの見方や言葉遣いにただならぬものを感じるようになったが、子育てをしながら作家活動をしていたことをはじめて聞かされ、それでも杏奴の冗談だろうと何度も確認している。

③ 豊饒な言葉が溢れる母の手紙を読んでいるうちに、母にも文才があることに気づいて驚いたが、母も小説家だったという杏奴の言葉は、その事実を誰からも知らされず母が書いた本も家にないことから、頭から嘘だと決めつけている。

④ 母との手紙のやりとりの中で、思わず感心するような言葉を母が返すことに戸惑いを感じていたが、母も小説を書いていたとわかってようやく腑に落ちたものの、自分だけが知らなかったことに対して抗議したい気持ちになっている。

⑤ 母が杏奴の文章を批評する言葉が尋常ではないことに気づいてからは、よしあしを見極める母の眼力も言葉遣いも非凡だと思ってきたなか、その理由がわかると同時に、母が文章を書くことを父が許していたということに驚いている。

問6 次の(1)〜(6)は、六人の生徒が本文の表現の内容や特徴について発言したものである。本文に即して、適当なものには①を、**適当でないもの**には②を、それぞれ選びなさい。解答番号は 25 〜 30 。

(1) 生徒A――波線部ⓐ「夢が途切れただけだ」は、原稿を書いている気配で類を起こしてしまったのではないかと謝罪する杏奴に気を遣わせまいとして、自分が自然に目覚めたことを伝える類のいたわりの言葉です。 25

(2) 生徒B――波線部ⓑ「苦しんで思い詰めて、唇を嚙みしめていた」は、母の度を超えた期待が重荷となって杏奴に無理をさせているのではないだろうかと心配する類が思い出した、過去の杏奴の表情です。 26

(3) 生徒C――波線部ⓒ「『おいしい』としみじみと、日本語で言った」は、その前に使ったフランス語の気取ったお礼の言葉とは違って、原稿を書き終えた安心感と類の心遣いへの感謝から思わず出た言葉です。 27

(4) 生徒D――波線部ⓓ「口にすればそれはもう結論だった」は、「無類の『早好き』だ」や、雑誌社に「やんややんやと催促する」という描写と考え合わせると、率直に発言して周りを振り回す母の人物像を表しています。 28

(5) 生徒E――波線部ⓔ「類はどぎまぎとして、妙に素描が狂って仕方がなかった」は、窓から入る風に吹かれながら母の気持ちを想像する杏奴の雰囲気がいつもと違っていることに対する類の戸惑いを表しています。 29

(6)　生徒F――波線部ⓕ「ホットミルクに思わぬデザートがついた」は、飲んでいるホットミルクのぬくもりだけではなく、類から励ましの言葉を受けて癒やされた杏奴の感謝の気持ちを、さりげなく伝える言葉です。　㉚

デッサン

（180 分 解答例省略）

課題　「　　　」と 自分

与えられたものに触れて感じたことや観て感じたこと、思考したことを言葉にして「　　　」に入れ、これをテーマに表現しなさい。

・与えられたものは自由に形を変えて良い。
・与えられたものはモチーフとして表現しても、イメージとして扱っても良い。

提出物

1．草案用紙　※採点対象。計画欄は自由に使って良い。
　テーマ欄と作品説明欄は必ず記入すること。
2．画用紙　※画面の向きは縦横自由

実技試験時間　180 分

※提出物 1. 2.に対する制作の時間配分は自由。

用紙・画材

画面：画用紙（560mm×420mm）、草案用紙（A3）
画材：鉛筆、消しゴム、練りゴム
※与えられた画材で制作する。
ただし、持参した鉛筆、消しゴム、練りゴム、ガーゼは使用しても良い。

〔モチーフ〕

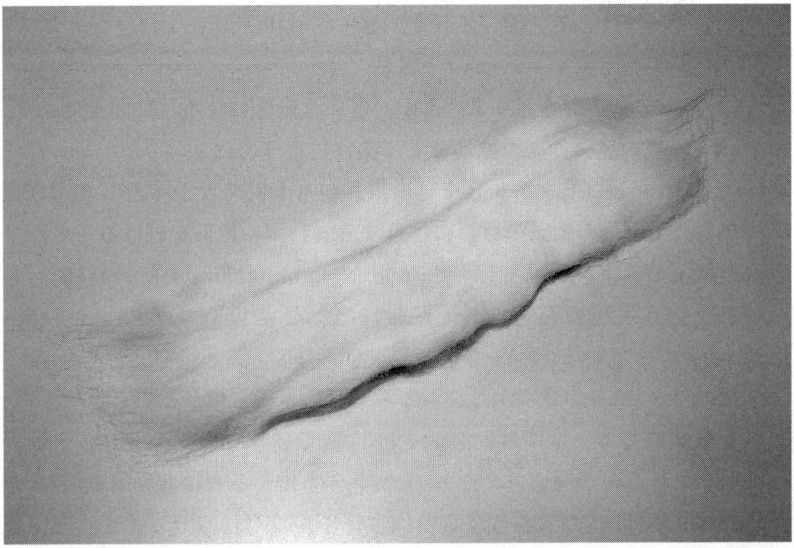

編集部注：カラー写真は以下に掲載。
https://akahon.net/kkm/tku/tku_2024_0127_dsn_q.pdf

解答編

英語

I 解答 1—② 2—① 3—④ 4—③ 5—④ 6—③ 7—① 8—② 9—④ 10—①

解説

1.「上着なしでは寒くありませんか」という意味になる。疑問文であり，主語 you の後の述語動詞が原形である条件に合うのは②のみ。

2.「疲れていたので，テレビを見る以外何もしたくなかった」という意味になる。空所後の動詞の原形に注目する。動詞の原形を続けることができるのは①のみ。問題文では，do nothing other than *do*「～以外何もしない」という表現の否定語 not が前に出たため，not … anything other than *do* となっている。

3.「あなたのペンが見つからないなら，私のものを借りることができる」という意味になる。空所は助動詞 can に続く部分であることから，動詞の原形を入れるのが適切。また borrow「～を借りる」は他動詞である。

4.「新駅は空港への到着をはるかに容易にしてくれるでしょう」という意味になる。空所前に much があることから，比較級を選ぶのが適切。than 以下に続ける語がない④は不適切である。

5.「私たちがする必要があることは，おしゃべりを止めて仕事に行くことである」という意味になる。述語動詞が is であると想定し，主語となる名詞節を作る。空所後は we need to do と名詞が不足していることから，④が正解。

6.「最後のクラスプロジェクトを完成させるのに，かなりの時間がかかった」という意味になる。空所後の名詞 amount「量」を修飾することができるのは，形容詞である③「かなりの」か，④「熟慮した」のどちらかだが，文意を考えると③が正解。

7.「私の母は，私に6時までに帰宅するように言った」という意味になる。空所前が told me となっていることから，tell O to *do*「Oに～するように言う」と考える。

8.「8月からずっと，ジルはカナダに旅行することを計画している」という意味になる。空所には主語 Jill に対応する述語動詞が入ることと，since August「8月からずっと」という現在完了を示唆する表現から，②が正解。

9.「部屋を掃除した後，したいことを何でもしてよい」という意味になる。空所は助動詞 can に続く部分であることから，動詞の原形である②・④が候補となるが，文意から進行形である必要はないと考え，④を正解とする。

10.「学生たちは，プロジェクトを終わらせるために皆でいつ会えるのか決める必要がある」という意味になる。need to *do* から，空所には動詞の原形が入ると判断できる。空所直後の when 節は，文意から名詞節と判断し，その名詞節を目的語にとることができるものを考える。work out ～「～の答えを出す」

Ⅱ　解答

11－③　**12**－②　**13**－①　**14**－③　**15**－①　**16**－②
17－①　**18**－③　**19**－①　**20**－④

解説

11. 直前のスーの発言（I really don't …）「実際，日の当たる所に座りたくないわ」から，③「室内のテーブルが空くの待つよ」が正解。

12. ケンの「プレゼンテーションのスライドをどう思うか」という問いに対して，ナーヤは「文章が多すぎる」と改善点を指摘している。また，空所の後の they の指示内容を考える。②「私にいくつか変更させて」が正解。they は these slides を指す。

13. 博物館を訪れた客はチケット売り場が中にあると思っていたが，スタッフがないと答えていること，その後，客はお礼をし，すぐ戻ると言っていることから，スタッフはチケット売り場の場所を客に伝えたと考える。①「建物を出て，すぐ右に曲がればチケット売り場です」が正解。

14. 青色の靴を探す客に対して，売り切れだが他の店舗にあるかもしれないと店員が答え，さらに最後に，少しお時間をいただければお知らせしますと店員が伝えていることから，③「その店にあるかどうかの電話をしていただけませんか」が正解。

15. ジェームズが最初の発言で，キャロルの新居でのパーティーにソフィを誘っているが，ソフィは両親との夕食を理由に一旦断っている。しかし，ジェームズが夕食の後にパーティーに行くという再提案をすると，ソフィは２番目の発言（Let's do that.）で同意している。その後の内容に予定の変更はないため，①「家族との夕食の後で，パーティーに行く」が正解。

16. 友人であるキャロルのために何を買っていくのかの記述は，ソフィの３番目の発言（That's a good …）以降にある。最初ソフィが植物を提案しているが，ジェームズが３番目の発言後半（How about something …）で台所用品を提案すると，ソフィもそれに同意している。②「台所用品」が正解。

17. ジェームズが上着を返品する理由は，ジェームズの５番目の発言（I also need …）以降にある。特にジェームズの発言を受けた，ソフィの５番目の発言（I told you …）の「大きすぎるとあなたに言っていたわね」から，①「サイズが間違っているから」が正解。

18. 相談員の１番目の発言（I understand you're …）の「夏季インターンシップ」，ケリーの２番目の発言（I'm most interested …）の「ホテルやリゾート地のような旅行観光業に興味がある」，相談員の４番目の発言第３文（That is important …）の「ホテル宿泊客相手に仕事をするなら役に立つ」などから判断する。③「ホテルで働く」が正解。

19. シムス教授がケリーを助ける部分は，ケリーの３番目の発言（Professor Simms said …）にある。①「彼女のための手紙を書く」が正解。a letter を a recommendation「推薦状」と考える。

20. 次にケリーがすることは，ケリーの５番目の発言第３文（I'm sure I'll …）にある。「(面接）練習のためにすぐに戻ってきます」とあることから，「面接練習をする」ための登録書を書いて出す必要があるので，④が正解。

Ⅲ 解答 21―③ 22―② 23―④ 24―③ 25―②

解説

《選択肢と売り上げの関係》

21. 第1段ではジャムの例を挙げ，選択肢と売り上げの関係と，choice paralysis「選択の麻痺」について説明している。第2段では「選択の麻痺」がもたらす否定的側面を説明し，第3段ではそれらを利用したシャンプーの売上改善の例が述べられている。第4段では「選択の麻痺」が通用しないコーヒーチェーン店の例が挙げられ，第5段では選択肢と売り上げの関係はまだ研究の余地があるとしている。以上から，③「選択肢と売り上げの関係」が正解。

22. choice paralysis「選択の麻痺」は，第1段のジャムの例，特に最終2文（This research about … as "choice paralysis."）から，「選択肢が多い場合，購買確率が減る」ことを意味することがわかる。また，第2段第1文（Experts believe this …）の「選択肢が多すぎる場合，人々は間違った選択をすることを心配する」という内容から，②「多すぎる選択肢が購買者の自信を減らす」が正解。

23. 特に接続詞もないため，空所直後の文（With so many …）「選ぶべきジャムが多すぎると，人が不安になる」は，空所を含む文（Experts believe this …）と同内容であると推定できる。④options＝choices「選択肢」が正解。

24. 第1・2段ではchoice paralysisについて述べられ「選択肢が多い場合，購買確率が減る」ということであるが，第3段第1文（However, people want …）は，「人が満足感を得るには，ある程度の選択肢が必要である」と始まっている。同段第2文（Companies, then, must …）は「企業は購買意欲を失わせないような選択肢の数を研究している」と続き，消費者が正しい選択をしたという満足を得るには，どの程度の選択肢が効果的なのかを考慮して，数を制限することで売り上げをあげていることをシャンプーの例を挙げて具体的に説明している。よって，③「どのようにして製品の売り上げを増やすかを説明している」が正解。

25. 第4段第1文（Choice paralysis, though, …）に「choice paralysis『選択の麻痺』がすべての製品に通じるわけではない」とあることから，

②「選択の麻痺理論が起こり得る問題かを示すため」が正解。

Ⅳ 解答 26—③ 27—① 28—② 29—④ 30—③

解説

《世界の卵価格の変動の理由》

26. 下線部 spike は，前から recent「最近」と，後ろから in egg prices「卵価格」が修飾することから，「最近卵価格がどうなったか」を考える。第2段以降に price increase(s) とあるので，③「急激な上昇」が正解。

27. the disease「病気」についての記述は第2段にある。特に第6文（Recently, however, egg…）以降に「卵生産者は以前よりうまく病気に対処できるようになった」とあるので，①「将来はより問題でなくなる」が正解。「病気に対する治療法が，すぐに発見される」わけではないので，②は不適切。

28. カリフォルニアについての記述は，第3段第4文（Three U.S. states, …）以降にある。同文中の this は，第3文（In many countries, …）の「ニワトリが動き回るより広いスペースを必要とする」ことを受けており，そのような法律ができて，コスト増につながることが述べられているので，②「特別な法律の影響を説明するため」が正解。

29. 第3段第7文（The European Union…）に記述がある。前問と同様の法律が成立することから，起こりうる変化は④「ニワトリの生育スペースの改善」が正解。

30. ①「インドは，すでにニワトリをより大きなスペースで飼育する必要がある」 本文に記述がない。②「インドの生産者は，EU やアメリカの生産者よりも，卵を多く生産している」 本文に記述がなく，グラフも生産数を示したものではないので不適切。③「アメリカは，文章で述べられている病気の多くの事例を経験してきた可能性が高い」 第2段第4文（In 2022, a…）の内容や，グラフの大幅な上下動が多いことから，正解。④「EU は文章で述べられている病気の影響を受けてこなかった」 第2段第4文（In 2022, a…）の内容や，グラフにアメリカほどではないが上下動があることから，「病気の影響を受けていない」とはいえない。

V 解答

31―① 32―⑤ 33―⑤ 34―⑦ 35―② 36―⑥ 37―⑥ 38―⑤ 39―⑤ 40―⑦

解説

並べ替えた文は以下の通り。

31・32. (Nobody) knew why our teacher was not in class (this week.) 「私たちの先生がなぜ今週授業にいなかったのか」は間接疑問文であるため，why 節内は平叙文の語順になることに注意。

33・34. (Shouldn't) we make sure Tom is home before going to his (house?) まず疑問文であることに注目する。疑問詞のない疑問文の語順は，助動詞または be 動詞＋主語＋～？ となる。make sure ～「～を確認する」

35・36. (Although) they were having a nice time at the party they decided to go (home.) have a nice time「楽しい時間を過ごす」という意味。decide to *do*「～することを決める」

37・38. (Ken's) new school was so big that he had trouble finding (his classroom.) 「とても大きかったので…」は，so＋形容詞＋that ～「とても…なので～」を利用する。また，「…するのが大変」は，「～するのに苦労する」have trouble *doing* と解釈する。

39・40. (Once) it started to rain everyone decided it would be best to go (home.) 「…すぐに」は「一旦～すると」と解釈する。once ～, …「一旦～すると…」

数　学

I 解答 《小問9問》

①4　②6　③2　④1　⑤2　⑥1　⑦2　⑧2　⑨4　⑩1　⑪7
⑫⑬15　⑭4　⑮―③　⑯⑰⑱210　⑲⑳96　㉑㉒40

II 解答 《2次関数》

㉓5　㉔㉕20　㉖2　㉗㉘20　㉙2　㉚㉛20　㉜㉝㉞125　㉟5　㊱4
㊲㊳30　㊴㊵64　㊶㊷32

III 解答 《データの分析》

㊸―③　㊹―⓪　㊺㊻87　㊼―③

IV 解答 《図形の性質》

㊽3　㊾―②　㊿―②　(51)(52)90　(53)―④　(54)(55)90　(56)(57)60　(58)3

国語

一

出典　饗庭伸『都市の問診』〈第1章　都市の読み解き〉（鹿島出版会）

解答

問1　A―②　B―④　C―③　D―①　E―③

問2　⑤

問3　③

問4　②・⑤

問5　(1)―③　(2)―②

問6　⑤

問7　①

問8　④

問9　③

解説

問2　これまでの日本の都市づくりは、法制度も民間投資も、人口が増え、都市が拡大する前提で行われてきた（第三段落）。しかしこの方法は、傍線部アの前にあるように、「人口減少時代に通用しない」のである。

問3　全体を構成する一つひとつの部分が意思を持つかどうかが着眼点。生命体と都市の違いについて、第四段落に「生命体には意思があるが、一つひとつの細胞には意思がない」のに対して、「都市のそれぞれの部分は所有している人々の小さな意思の集合で動かされている」とある。やや紛らわしいのは①だが、後半の都市に関する記述が誤り。

問4　本文第四段落にて「余分なものを落とすだけでなく、代謝しやすく、太りにくい都市」をつくる方法として述べられているコンパクトシティ・プラス・ネットワークは、【資料】でより具体的に、公共交通のネットワークを整備して拡大しない都市を手に入れること、と説明されている。②のように中心に移動することではない。⑤の空き家の多い地域の再開発でもない。

問5　(1)　「スポンジ化」については、第六段落に「世帯数が減少すると都市の内部に空き家や空きビルや空き地が発生する」「あちこちにランダムに発生する」とある。

(2) 筆者はスポンジ化した都市を「吸収性や弾性に富む都市」（第七段落）として肯定的に捉え、「やわらかくてしぶとい都市」、すなわち部分においては変わりやすく、全体としてはしぶとくゆっくり変化していく都市であると考えている（第八段落）。

問6 石造の建物躯体までが恒久、内部のインテリアは仮設と明確な区分が可能であるヨーロッパ（第十段落）と違い、木造建造物が多い日本では、敷地の境界や道路の形状などの都市の基層が、まずは恒久性の根拠となる。加えてリノベーションによる再生にみられるように、建造物の躯体、そしてその内部までもが都市の恒久性の範疇である（第十～十二段落）。

問7 傍線部カの三行後「恒久性と仮設性の配分が異なる……多くは設計者に委ねられている」とある。

問8 本文は恒久性と仮設性という観点から都市のありかたについて論じており、また問４の【資料】は都市を縮小する方法の例を示すものである。いずれも論点は「都市」であることに留意。ライフスタイルに応じた居住地の選択や、地方と都市のどちらに住むかという話題は、その趣旨とは異なる点に留意。

問9 ①「やわらかくてしぶとい都市」とは都市のダイエットを論じた言葉ではない。②恒久性の重要性を述べてはいない。④「コンパクトシティ・プラス・ネットワーク」は方法であって具体例ではない。⑤空き家の資産を生かすことが結論ではない。

二

出典 朝井まかて『類』〈6 マロニエの街角〉（集英社）

解答

問1 A—③ B—⑤ C—② D—③ E—①

問2 ⑤

問3 ④

問4 ③

問5 ①

問6 (1)—① (2)—① (3)—① (4)—② (5)—② (6)—①

解説

問2 きっかけは姉・茉莉の手紙である。類への感想は「以前は悲しいことに……非常に楽しみだ」の部分で、「実に巧い」は杏奴の文章へのコメントであることに注意。杏奴が「芸術については目を持ってる」と断言する茉莉に評価されて喜ぶ類の心情は「口許がだらしなく緩んだ」や、「嬉しいくせに」「へへん」という杏奴とのやりとりから読み取る。

問3　杏奴に「有名な婦人誌からも原稿の依頼があった」ことを、母は大いに歓んでいる。「母は己が見出されたかのごとく張り切って、杏奴の原稿を添削したうえで雑誌社に送った」「母にしてみれば、杏奴のその原稿は自信作だった」などの記述から母の期待の大きさがうかがえる。それなのに出版社から何の連絡もないため、落胆しているのである。

問4　傍線部ウの二行後「杏奴は芸術においても必ずや何かを成し遂げる娘だと、固く信じている」とあり、波線部ⓐ六行後「杏奴の画才だけでなく文才のあることもそれは喜んで」とあることから考える。また、この時点では類は知らないが、母も小説家であった。

問5　母が非凡な感性や視点を持ち、手紙で豊饒な言葉を用いる理由を、類は「パッパ（森鷗外）の妻」だからと予想していた。それが「お母さんも小説家だった」という思わぬ事実を杏奴より知らされ、驚いているのである。その後の「嘘だあ」などの発言からも、母が小説家であったことは類にはにわかには信じがたいことであったとわかる。

問6　(4)　波線部ⓓは話すときの母が多言を弄さない様を表しているが、母は「周りを振り回す」人物として描かれてはいない。

(5)　波線部ⓔは、「杏奴の雰囲気がいつもと違っていることに対する類の戸惑い」ではなく、今まで知らなかった母に関する事実を杏奴から聞かされ、類が動揺している様子を表している。

一般選抜（1期）

問題編

▶試験科目・配点

学部・学科等			種　別	科　　目	配　点
大学	児童・栄養・家政・人文学部・子ども支援		自由選択	「コミュニケーション英語Ⅰ・Ⅱ」,「数学Ⅰ・A」,「国語総合（古文・漢文を除く）・現代文B」から2科目選択	各100点
大学	健康科学部	看　護	必　須 3 科 目	コミュニケーション英語Ⅰ・Ⅱ	100点
大学	健康科学部	看　護	必　須 3 科 目	数学Ⅰ・A	100点
大学	健康科学部	看　護	必　須 3 科 目	国語総合（古文・漢文を除く）・現代文B	100点
大学	健康科学部	リハビリテーション	自由選択	「コミュニケーション英語Ⅰ・Ⅱ」,「数学Ⅰ・A」,「国語総合（古文・漢文を除く）・現代文B」から2科目選択	各100点
短大	保育・栄養		自由選択	「コミュニケーション英語Ⅰ・Ⅱ」,「数学Ⅰ・A」,「国語総合（古文・漢文を除く）・現代文B」から2科目選択	各100点

▶備　考

- 自由選択…試験日当日問題を見てから受験科目を決められる。
- 大学・短期大学部共通問題。

英 語

(健康科（看護）学部： 60分
健康科（看護）学部以外：2科目120分)

I 次の問い（問1～問10）の空欄に入れるのに最も適切なものを，①～④の中からそれぞれ1つ選び，解答番号 [①] ～ [⑩] にマークしなさい。

問1 John wants to meet us after class, [①] he?

① aren't ② isn't ③ couldn't ④ doesn't

問2 Marcus [②] to go to the concert, but instead stayed home.

① can plan ② is planning ③ will plan ④ had planned

問3 I have to [③] presentation for class.

① my practicing ② practicing mine ③ practice my ④ practice mine

問4 If you want to be successful, you need to [④] in yourself.

① believable ② belief ③ believe ④ believer

問5 We were too tired to cook, so we [⑤].

① had to deliver dinner ② had dinner delivered
③ delivered the dinner ④ dinner delivery

問6 [⑥] wait for their dad to come home, they started watching the movie without him.

① Besides ② Even though ③ Although ④ Rather than

問7 Helen usually goes to the gym [⑦] morning.

① in the ② at ③ by a ④ on

問8 [⑧] enough time to finish this assignment before class starts.

① What is ② There is ③ They are ④ Those are

問9　We talked to the person [⑨] family started this business one hundred years ago.

① that　② whom　③ whose　④ which

問10　If [⑩] homework, you can go to the movies with your friends.

① be finished with your　② you're finished

③ you finish your　④ finish all

Ⅱ　次の問いに答えなさい。

問1　次の会話中の空欄に入れるのに最も適切なものを，①～④の中からそれぞれ1つ選び，解答番号 [⑪] ～ [⑭] にマークしなさい。

(1) Don: Have you chosen your classes for next semester yet?

Sue: I think so. There's a history class I really want to take, but it starts at 8:00 a.m.

Don: [⑪]

Sue: That's true. I can get up with the sunrise for just one semester, I guess.

① You'll probably regret it later if you don't take it.

② You should see if it will be offered later next year.

③ You can probably find a similar class if you want to sleep later.

④ You'll need to ask the professor for permission to take that class.

(2) Lisa: Do you have any experience working in restaurants?

Joe: [⑫]

Lisa: That's OK. We often hire young people without much experience.

① No, I used to work at a different one.

② Yes, I'm a waiter at a cafe.

③ No, but I'm willing to work hard.

④ Yes, I want to start working here.

(3) Kyle: Do you want to go to the basketball game tonight?

Megan: [⑬]

Kyle: OK, well, maybe next time.

① I saw it on TV last night.

② I play volleyball, not basketball.

③ I can meet you there before the game.

④ I already have plans to go to the art festival.

(4) Mary: Where have you been? I haven't seen you in a week.

Dave: ⑭

Mary: That sounds great. I wish my family would do something like that.

① I just started a new job near my house.

② I was at home sick the whole time.

③ I went to the beach with my family.

④ I have just been staying at home a lot.

問2 次の会話を読み，質問や問題の答えとして最も適切なものを，①～④の中からそれぞれ1つ選び，解答番号 ⑮ ～ ⑰ にマークしなさい。

Read about a family staying at a hotel.

James: Hi, my family and I are trying to decide what to do tomorrow. Could you suggest some things that would be good for a family?

Hotel Clerk: Certainly. We have a few all-day activities, or you could do a couple of half-day outings.

James: I think we'd rather do a few different things. We may not make it back here for some time since we live so far away. We want to see as much as possible.

Hotel Clerk: Sure, well, I'd suggest at least one outdoor activity. We have a guided forest hike or a rock climbing class. You have to be at least twelve to take it.

James: In that case, we'd better do the hike. Are there several offered during the day?

Hotel Clerk: Yes, there's one at 8:00 a.m. and one at noon, but considering the weather, I'd suggest doing the earlier one.

James: That's a little early, but better than hiking in the heat. How about something indoors for the afternoon?

Hotel Clerk: We have a shuttle bus that goes to a shopping mall, but I'd suggest one of the local museums. The art museum is in a nice area with some good restaurants. There's also a science center with lots of fun activities. We can arrange for tickets and a shuttle to either.

James: We go to our local art museum quite a bit. I bet our son would like to see something different. But, we would like to go out to dinner somewhere nice. You mentioned restaurants near the art museum.

Hotel Clerk: Yes, I'd suggest Main Street Café, which features foods from local farms. I could make a reservation for you. Would six o'clock be OK? It's a short ride from the science center.

James: That would be great. Thank you.

Hotel Clerk: I'll email a confirmation and the address to you. Tomorrow, please be here by 7:45 for your first activity. I'll have your tickets for you as well then.

(1) What will the family do tomorrow morning? ⑮

⓪ go rock climbing ② go on a hike

③ go shopping ④ go to a museum

(2) Why is the man interested in the science center? ⑯

① It will be a new experience for his son.

② His family is not interested in art.

③ They want to do something close to the hotel.

④ The science center costs less than the art museum.

(3) What will the hotel worker send to James? ⑰

① a map of the local area

② tickets for the science center

③ directions to the bus stop

④ details about the restaurant

問3 次の会話を読み，質問や問題の答えとして最も適切なものを，①～④の中からそれぞれ1つ選び，解答番号 ⑱ ～ ⑳ にマークしなさい。

Read a discussion between two students.

Michael: How is your search for an apartment? Have you found a new place yet?

Jill: No, at first I really wanted to move out of the school dormitory, but now I'm not sure about what to do.

Michael: Why is that? You kept saying you wanted your own kitchen to cook in. If you live in the dormitory, you'll have to eat in the cafeteria.

Jill: I did, but now I'm wondering if I really have time to go shopping and cook my own meals every day. I'm so busy with school right now.

Michael: My roommate and I actually cook together quite a bit. We don't do it all the time, but it is a nice way to spend time together.

Jill: That's a good point. I don't know about finding a roommate, though. Also, most of the apartments around the university are already rented. If I live farther away, I'd have to spend a lot of time on the train. I traveled from my parents' house my first year. I had to get up so early.

Michael: It sounds like the dormitory might still be the best choice for you, especially if you want to save a lot of time. If you ever feel like cooking, you could make dinner with me and my roommate.

Jill: That would be great. Would you like to go shopping tomorrow and make dinner?

Michael: Tomorrow I have to work. The restaurant doesn't close until 10:00, so I don't cook on those days, but let's find a day next week that works for both of us.

Jill: Sounds good. I can't wait!

問1 Why does the woman want to move? ⑱

① She wants to cook more often.

② She wants to be close to school.

③ She wants a larger space.

④ She wants a quiet location.

問2 Where is the woman most likely to live? ⑲

① in an apartment far from school ② in an apartment close to school

③ in a school dormitory ④ in her family's home

問3 What will the man do tomorrow? ⑳

① meet the woman ② eat at a restaurant

③ go shopping ④ cook dinner

Ⅲ　次の英文を読んで，下の問いに答えなさい。

1. When making a purchase, many people hand over a shopper loyalty card, also called a point card, along with their payment. In some cases, consumers earn points that can be converted to money. In other loyalty systems, shoppers with cards receive special discounts. However, some consumer experts argue that companies get something much more valuable in return: your personal data.

2. Companies say that understanding what people buy lets them offer useful benefits. If a grocery store knows a customer often buys pasta, the customer may be sent a coupon for a new type of pasta sauce. Researchers have found that companies can understand a lot about someone by when and where they shop. This includes where a person works, lives, and goes on vacation. Knowing the types of products someone buys also allows companies to tell if they are a man or a woman and their age range.

3. When signing up for a loyalty card, consumers are often given information about how their data will be used. However, people rarely take the time to read this contract. Instead, they quickly agree to the terms, so they can receive the benefits of the card. One expert explained, "We all click 'agree' to lengthy and often confusing terms and conditions without necessarily being able to understand them." While better understanding of these terms will help consumers, because the agreements are so long, it remains unlikely many people will read them.

4. Any time a person makes a purchase online or uses a credit card, information is collected. For the most part, consumers do not know where this personal data may end up. In fact, many companies not only use the information they collect but also sell it. With mobile phone applications replacing the physical cards people carry in their wallets, even more information is being collected. One supermarket chain in the United States has even begun to track where and how much time people spend in their stores.

5. Unless people stop using credit cards, loyalty cards, and online shopping, it is very difficult to protect personal data. To protect people, governments must pass laws that allow consumers more control over how their data is used. In California, for example, individuals can opt out of having data collected or sold. However, they can still receive discounts from loyalty cards. Such protections should be the normal situation rather than the exception. Ideally, more governments will work to put consumers first.

問1 What is the best title for the essay? [㉑]

① Loyalty Cards and Privacy ② How to Save Money When Shopping

③ Using Your Personal Data ④ Changes to Point Card Systems

問2 Why does the author mention pasta sauce? [㉒]

① to describe how loyalty cards have changed

② to explain why the cards were invented

③ to compare different type of loyalty programs

④ to show a benefit of loyalty cards

問3 Why does the author mention vacations? [㉓]

① to describe where loyalty cards are most common

② to show the type of information companies collect

③ to explain a special prize offered by a loyalty program

④ to predict how loyalty cards will be used in the future

問4 What is the purpose of the quote in paragraph 3? [㉔]

① to support more use of loyalty cards by consumers

② to explain how to improve the quality of loyalty cards

③ to describe a research paper about loyalty cards

④ to show people do not understand how companies use loyalty card data

問5 In paragraph 4, what problem with mobile applications is described? [㉕]

① They can track people's locations.

② They can access people's email.

③ They are only used by certain companies.

④ They use a lot of mobile data.

Ⅳ　次の英文を読んで，下の問いに答えなさい。なお，問題文中で＊のついた単語には注釈がついている。

Global Inflation

1. Inflation* measures the rate at which prices for goods rise over time. The last several years have seen incredibly high rates of inflation around the world. This negatively affects individuals because as prices rise, people must spend more on products, such as food, cars, and clothing. For some items, such as fresh foods, inflation can be very <u>volatile</u>ⓐ. Prices can change rapidly due to bad weather or other factors. In other cases, prices may rise more slowly. However, increased levels of inflation have been affecting almost all types of products for several years.

2. While inflation has been a global problem recently, it has not affected nations equally. Across Europe, inflation has been very high, particularly in the United Kingdom. The country has higher inflation rates than any other European or North American nation, with Germany slightly behind, followed by France. Europe has been particularly affected by increases in energy prices. In the United Kingdom, natural gas prices rose by 95 percent. However, prices have begun to fall as these nations find alternative sources of energy.

3. In the United States, inflation rose sharply after decades of consistent numbers. Food prices have risen greatly. This has made trips to the supermarket more expensive for families. In addition, much of the United States lacks adequate public transportation. Therefore, many Americans depend on their cars to get to work. With gas prices rising 44 percent, Americans were affected by inflation every day. While people can look for cheaper food or delay buying new clothes, many people in the United States must travel to work by car. While gasoline prices have dropped, the cost of fuel remains high compared to prices just a few years ago. More information about inflation rates is available in the graph below.

4. Asia has also been affected by inflation, but generally at lower rates than European or North American nations. Japan and China, too, have been affected by rising fuel costs. However, while housing costs in the United States have risen sharply, Japan has been less affected by price increases in this area. Japan's economy, in fact, has been negatively affected for a long period by too low an inflation rate, which limits economic growth. In some years, consumer prices have actually dropped rather than risen. This situation, called deflation, is often caused by consumer demand for products dropping. To deal with this problem, companies may lower prices on goods. They may also reduce the size of their workforce because demand is low.

5. While the inflation rate has generally been lower the past few months, determining what may

happen over the longer term is difficult. Governments can act in certain ways to try to reduce inflation, but many factors are out of their control. One expert explained, "There are no miracles coming. Inflation is going to take time to get down." While inflation rates are unlikely to stay at these high levels, consumer spending will probably remain low as people try to save money.

*インフレーション（一定期間にわたって経済の価格水準が全般的に上昇すること）

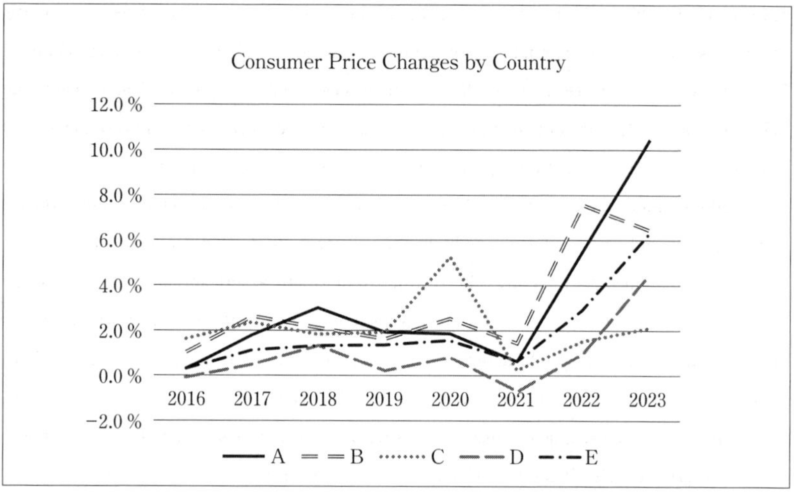

問 1　In paragraph 1, what phrase could best replace volatile?ⓐ　㉖

① dropping slowly

② easily noticed

③ of unknown cause

④ changing quickly

問 2　What accounts for energy costs falling in Europe?　㉗

① people using less energy in the summer

② purchasing energy from other sources

③ governments studying green energy sources

④ the government helping people pay energy bills

問3　Which of the following statements is true? ㉘

⓪ Inflation affects gas prices more than food prices.

② Some inflation is necessary for a strong economy.

③ Companies benefit from high inflation rates.

④ High inflation has affected the United States for a long period.

問4　What is the purpose of the quote in the last paragraph? ㉙

⓪ to compare how two different countries are affected by inflation

② to describe different ways countries have lowered inflation

③ to show that governments have a limited ability to reduce inflation

④ to show how individuals can be affected by rising inflation

問5　In the graph, which counties are represented by lines A and D? ㉚

⓪ China and Japan

② The United States and the United Kingdom

③ The United Kingdom and Japan

④ The United States and China

V

次の日本文と英文がほぼ同じ意味になるように，下の語句を並べかえて空欄を補い，文を完成させなさい。その際，それぞれ3番目と6番目に来る番号を選び，解答番号 ㉛ ～ ㊵ にマークしなさい。

問1　パーティーに来る全員分の椅子は十分にあると思いますか？

Do ______ ______ ㉛ ______ ______ ㉜ ______ party?

⓪ you　② chairs　③ are enough　④ coming　⑤ think there

⑥ for everyone　⑦ to the

問2　ジョンは新しい車を買ったと彼の友達に言いました。

John ______ ______ ㉝ ______ ______ ㉞ ______ week.

⓪ friends　② mentioned to　③ his　④ bought　⑤ a new car　⑥ that he

⑦ last

問3 赤ちゃんが起きないようにテレビを見るのをやめました。

We ______ ______ [㉟] ______ ______ [㊱] ______ to wake up.

① didn't ② the baby ③ we ④ because ⑤ want ⑥ watching TV
⑦ stopped

問4 プロジェクトに取り組む時間を増やしてほしいということが，全員の生徒が頼んだことでした。

More ______ ______ [㊲] ______ ______ [㊳] ______ for.

① project ② of the students ③ time to ④ what all ⑤ work on the
⑥ is ⑦ asked

問5 もし今日中に動物園を全てを見る時間が十分になければ，私たちは明日また戻って来れます。

If ______ ______ [㊴] ______ ______ [㊵] ______ tomorrow.

① there isn't ② we can ③ enough ④ come back ⑤ everything at the
⑥ zoo today ⑦ time to see

数　学

（2 科目 120 分）

数学の解答欄への記入方法

問題文の［　　］の中の解答番号に対応する答えを<u>マークシート</u>の解答欄の中から１つだけ選びマークしてください。

特に指示がないかぎり，符号（－，±）又は数字（０～９）が入ります。①，②，… の一つ一つは，これらのいずれか一つに対応します。それらを解答用紙の①，②，… で示された解答欄にマークして答えてください。

例１．［①②］に －５と答えるとき

①	0 1 2 3 4 5 6 7 8 9 ● ±
②	0 1 2 3 4 ● 6 7 8 9 − ±

例２．$\dfrac{［③④］}{［⑤］}$ に $-\dfrac{2}{3}$ と答えるときのように，<u>解答が分数形で求められた場合</u>，既約分数で答えてください。符号は分子につけ，分母にはつけません。（もし答えが整数であるときは分母は１とします。）

③	0 1 2 3 4 5 6 7 8 9 ● ±
④	0 1 ● 3 4 5 6 7 8 9 − ±
⑤	0 1 2 ● 4 5 6 7 8 9 − ±

小数の形で解答する場合，指定された桁数の一つ下の桁を四捨五入して答えてください。また，必要に応じて，指定された桁まで⓪にマークしてください。

例えば，［⑥］.［⑦⑧］に 2.5 と答えたいときは，2.50 として答えてください。

根号を含む形で解答する場合，根号の中に現れる自然数が最小となる形で答えてください。

例えば，［⑨］$\sqrt{［⑩］}$ に $4\sqrt{2}$ と答えるところを，$2\sqrt{8}$ のように答えてはいけません。

根号を含む分数形で解答する場合，例えば $\dfrac{［⑪］+［⑫］\sqrt{［⑬］}}{［⑭］}$ に $\dfrac{3+2\sqrt{2}}{2}$

と答えるところを，$\dfrac{6+4\sqrt{2}}{4}$ や $\dfrac{6+2\sqrt{8}}{4}$ のように答えてはいけません。

I　次の［①］～［⑳］の中に適切な数字を入れなさい。ただし，(1)の［①］，(3)の［⑥］，(4)の［⑦］，(6)の［⑫］については，［選択肢］の中から選びなさい。

(1)　実数xに関する連立不等式$\begin{cases} |x-3|>1 \\ x^2-4x-5<0 \end{cases}$の解は，［①］である。

［①］にあてはまるものを，次の⓪～④の中から選び，その番号を答えなさい。

［選択肢］

⓪　$1<x<2,\ 4<x<5$

①　$-2<x<1,\ 4<x<5$

②　$x<-1,\ 2<x<4,\ 5<x$

③　$-1<x<2,\ 4<x<5$

④　$-2<x<-1,\ 4<x<5$

(2)　$\dfrac{\sqrt{18}+\sqrt{12}}{5+\sqrt{24}}=$［②］$\sqrt{［③］}-$［④］$\sqrt{［⑤］}$である。

(3)　命題「ある実数xについて$x^2-x-1<0$」の否定として正しいものは［⑥］である。

［⑥］にあてはまるものを，次の⓪～③の中から選び，その番号を答えなさい。

［選択肢］

⓪　ある実数xについて$x^2-x-1>0$

①　ある実数xについて$x^2-x-1\geqq 0$

②　すべての実数xについて$x^2-x-1>0$

③　すべての実数xについて$x^2-x-1\geqq 0$

(4)　$1<a<2,\ 1<b<2,\ 1<c<2$のとき，$y=ax^2+bx+c$のグラフとして正しいものは［⑦］である。

［⑦］にあてはまるものを，次の⓪～③の中から選び，その番号を答えなさい。

［選択肢］

⓪

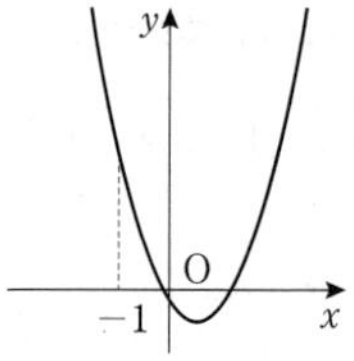

⓵
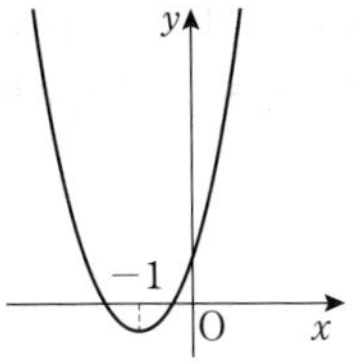

⓶
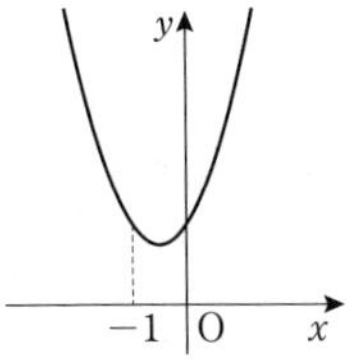

⓷
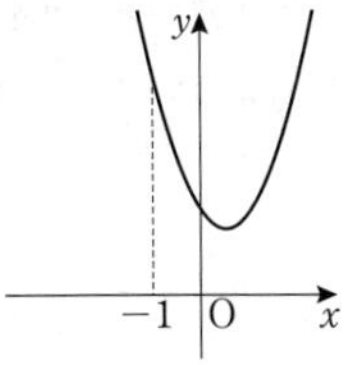

(5)　△ABC で AB = 3，BC = 3，CA = 4 である。△ABC の外接円の半径を R とすると，

$$R = \frac{\boxed{⑧}\sqrt{\boxed{⑨}}}{\boxed{⑩⑪}}$$ である。

(6)　100 人の体重のデータを小さい順に並べると，1 番目は 49 kg，24 番目は 51 kg，25 番目は 52 kg，26 番目は 53 kg，49 番目は 62 kg，50 番目は 63 kg，51 番目は 65 kg，74 番目は 73 kg，75 番目は 74 kg，76 番目は 76 kg，100 番目は 81 kg だった。このデータの四分位偏差として正しいものは ⑫ である。

⑫ にあてはまるものを，次の⓪～⓷の中から選び，その番号を答えなさい。

［選択肢］

⓪ 11.25 kg

⓵ 16 kg

⓶ 22.5 kg

⓷ 32 kg

(7)　袋の中に赤玉3個と白玉2個が入っていて，赤玉にはそれぞれ1，2，3，白玉にはそれぞれ1，2と書かれている。袋の中から2個の玉を同時に取り出すとき，色または数字が一致する確率は，$\dfrac{\boxed{⑬}}{\boxed{⑭}}$ である。

(8)　4進法で表された数 $311.3_{(4)}$ を6進法で表すと，

$311.3_{(4)} = \boxed{⑮⑯⑰}.\boxed{⑱⑲}_{(6)}$ である。

(9)　△ABC で AB = 3，BC = 5，CA = 4 であり，△ABC の内心を I とする。

このとき，$BI = \sqrt{\boxed{⑳}}$ である。

Ⅱ　a を実数の定数とし，x についての2次関数 $f(x) = 2x^2 - 4ax + 3a^2 - a - 2$ を考える。次の $\boxed{㉑}$ ～ $\boxed{㉚}$ の中に適切な数字を入れなさい。ただし，(1)については，［選択肢］の中から選びなさい。

(1)　$f(x) = 0$ が解をもつとき，a の条件は，$\boxed{㉑}$ である。

$\boxed{㉑}$ にあてはまるものを，次の⓪～③の中から選び，その番号を答えなさい。

［選択肢］

⓪　$-1 < a < 2$

①　$-1 \leqq a \leqq 2$

②　$a < -1,\ 2 < a$

③　$a \leqq -1,\ 2 \leqq a$

(2)　$f(x) = 0$ が異なる2つの正の解をもつとき，$\boxed{㉒} < a < \boxed{㉓}$ である。

(3)　$1 \leqq x \leqq 2$ の範囲のすべての x で $f(x) > 0$ のとき，$a < \boxed{㉔}$，$\boxed{㉕} < a$ である。

(4)　$f(x) = 0$ の解が $1 \leqq x \leqq 2$ の範囲には存在しないとき，

$$a < \boxed{㉖},\ \boxed{㉗} < a < \frac{\boxed{㉘}}{\boxed{㉙}},\ \boxed{㉚} < a$$ である。

Ⅲ　1辺の長さが6である正四面体OABCにおいて，辺OA上に点DをOD = 3となるようにとり，辺OB上に点EをOE = 1となるようにとり，辺OC上に点FをOF = 2となるようにとる。次の ㉛ ～ ㊷ の中に適切な数字を入れなさい。

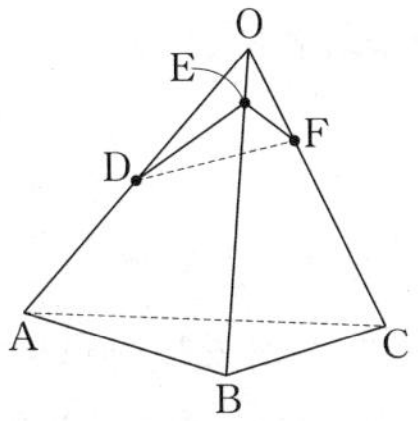

(1)　△DEFの面積は，$\dfrac{㉛\sqrt{㉜}}{㉝}$ である。

(2)　△ABCの重心をGとすると，直線OGは平面ABCと垂直になる。
OG = ㉞$\sqrt{㉟}$ である。また，四面体の体積は，共通の底面に対して高さの比が体積の比になることに着目して，四面体OABC → 四面体ODBC → 四面体ODEC → 四面体ODEFと順に考えていくと，四面体ODEFの体積は，$\dfrac{\sqrt{㊱}}{㊲}$ である。

(3)　Oから平面DEFに下ろした垂線の長さをhとすると，$h = \dfrac{㊳\sqrt{㊴}}{㊵}$ である。

(4)　四面体ODEFに内接する球の半径をrとすると，四面体ODEFの体積は，各面を底面とし高さrの4つの三角錐の体積の和として表すことができることから，

$r = \dfrac{\sqrt{㊶}}{㊷}$ と求められる。

Ⅳ 春奈さんは芽依さんを含めて複数の人でトランプのババ抜きのゲームをしている。春奈さんと芽依さん以外の人は手持ちのカードをすべて捨て終わって，春奈さんと芽依さんのどちらが先にカードを出し終えるかによって，最終的にだれが負けかが決まるという状況である。そこに先輩がやってきたので，2人はこの状況を改めて先輩に説明している。

次の [㊸] ～ [㊼] の中に適切な数字を入れなさい。ただし，[㊼] については，［選択肢］の中から選びなさい。

先輩　　：何をやっているの？

春奈さん：今，トランプのババ抜きのゲームをしていて，まず，みんなにそれぞれ手持ちのカードが配られたんだ。そして例えばハートの3とダイヤの3が手持ちにあれば，同じ数字なのでその2枚を捨てることができる。それぞれ順に，右隣の人のカードを1枚ずつ取っていき，取ったカードと同じ数字が手持ちにあればその2枚を捨てることができる。手持ちのカードをすべて捨て終わった人は抜けて，残った人でゲームを続けていったんだ。

芽依さん：普通はジョーカーが1枚あり，ジョーカーが手持ちのカードにあるとどの数字とも同じにならないので，最終的にジョーカーが手持ちにある人が負けになってしまう。しかし，今回は変則的にジョーカーを2枚使っているんだ。ただし，ジョーカーどうしは同じ数字とはみなさない。

春奈さん：今の状況は，他の人は手持ちのカードをすべて捨て終わって，手持ちのカードがあるのは私と芽依さんだけなんだ。そして，私の手持ちのカードは3枚でジョーカーが2枚とハートのQ（クイーン），芽依さんの手持ちのカードは1枚でダイヤのQ（クイーン）。

芽依さん：今，私は春奈さんの手持ちのカード3枚の中から裏向きの1枚を取るという状況。ハートのQを取れば，私の手持ちのカードをすべて捨て終わることができるんだけど。

春奈さん：裏向きの3枚のカードから1枚を取るので，それがハートのQである確率を考えると，$\dfrac{\boxed{43}}{\boxed{44}}$ だね。また，ジョーカーである確率を考えると，$\dfrac{\boxed{45}}{\boxed{46}}$ だね。

芽依さん：うーん，どれを取ろうかなあ。先輩，どれを取ったらいいかなあ。

先輩　　：ゲームを面白くするためにアイデアがあるよ。まず，芽依さんが取ろうと思うカードを1枚指さしてみて。指さされていないカードには，少なくとも1枚ジョーカーがあるから，春奈さんは指さされていないカードの中にある1枚のジョーカーを表向きにするよ。芽依さんは，指さしたカードをそのまま取ってもいいし，指さされていない裏向きのカードに変更してもいいよ。変更するかしないかはゲームの駆け引きだね。

芽依さん　：うーん。春奈さんにカードを１枚表向きにしてもらっても，残りの２枚のうちどちらか１枚がジョーカーだから，変更しても変更しなくてもどちらでも同じような気がするけど，えっ，違うの？

先輩　：確率の計算をしてみるといいよ。状況を整理して，記号化して考えてみよう。
それではまず，春奈さんの３枚のカードをテーブルに置くとして，その位置にA，B，Cと名前を付けるね。芽依さんがAの位置を指さす場合を考えることにして，春奈さんは３枚のカードを裏向きのままランダムにA，B，Cの位置に置くことにしよう。
この場合，３枚の裏向きのカードを区別して，A，B，Cの位置に置く場合の数は［㊼］通り，Aの位置にハートのQを置く場合の数は２枚のジョーカーを区別して考えると［㊽］通りだね。
３枚のカードを裏向きのままランダムにA，B，Cの位置に置くという試行において，Aの位置にハートのQが置かれるという事象を事象 A としよう。同様に，B，Cの位置にハートのQが置かれるという事象をそれぞれ事象 B，C としよう。
事象 A が起こる確率 $P(A)$ は，いくつになるかはすぐわかるね。

芽依さん　：$P(A)$ は $\dfrac{㊾}{㊿}$ でしょ？

先輩　：正解。同様に，$P(B) = P(C) = \dfrac{\text{(51)}}{\text{(52)}}$ だね。
春奈さんは３枚のカードを裏向きのままランダムにA，B，Cの位置に置いた後，それらのカードを自分だけこっそり見てね。今，芽依さんがAの位置を指さす場合を考えているから，B，Cの位置に置かれたジョーカーを表に向けるよ。どちらか１枚のみがジョーカーのときは，そのカードを表に向け，両方ともジョーカーのときは，どちらかをランダムに選んで表に向けるとする。
ここまでを１つの試行として考えるよ。$P(A)$，$P(B)$，$P(C)$ の値は，初めに決まっているから，変わらないよね。Bの位置のカードを表に向けるという事象を事象 X とすると，Cの位置のカードを表に向ける事象は，X の余事象として $\overline{X}$ と表されるね。$P(X)$ の値はわかるかな？

春奈さん　：えっ。全くわからない。

先輩　：では，順に考えていくよ。事象 A が起きたときに事象 X が起きる条件付き確率 $P_A(X)$，つまり，Aの位置にハートのQが置かれたときにBの位置のカードを表に向ける確率は，どうなるかな？

芽依さん　：Aの位置のカードはハートのQだから，Bの位置のカード，Cの位置のカードともにジョーカーで，BかCのうちランダムに選んだ結果Bの位置のカードを表に向ける確率になるから $P_A(X)=\dfrac{\boxed{53}}{\boxed{54}}$ となると思うんだけど。

先輩　：あっているよ。では，事象 B が起きたときに事象 X が起きる条件付き確率 $P_B(X)$，つまり，Bの位置にハートのQが置かれたときにBの位置のカードを表に向ける確率は，どうなるかな？

春奈さん　：Bの位置にハートのQだと，AとCの位置のカードがジョーカーだから，必ずCの位置のカードを表に向けることになる。つまりBの位置のカードを表に向けることはないから，$P_B(X)=\boxed{55}$ となるってこと？

先輩　：二人ともわかっているね。また，$P_C(X)=\boxed{56}$ だから，結局，Bの位置のカードを表に向ける事象 X の確率 $P(X)$ は，事象 A，B，C は $A\cup B\cup C$ ですべての場合をつくっていて，かつ，どの2つも互いに排反事象となるので，

$P(X)=P(A\cap X)+P(B\cap X)+P(C\cap X)=P(A)\ P_A\ (X)+P(B)\ P_B(X)+P(C)\ P_C(X)$ より，$P(X)=\dfrac{\boxed{57}}{\boxed{58}}$ となるよ。

芽依さん　：Bの位置のカードを表に向ける事象 X の確率はわかったけど，結局，私は選ぶカードを変更したほうがよいのか，しないほうがよいのか，どちらがよいのか教えて。

先輩　：今Aを指さす場合を考えているので，Bの位置のカードを表に向けるという事象 X が起きたときに事象 A が起きていた条件付き確率 $P_X(A)$ は，何を表しているかわかるかな？　選ぶカードを変更しないでAの位置のカードを表向きにするとハートのQになる確率を表しているね。この値はいくつになる？

芽依さん　：$P_X(A)=\dfrac{P(A\cap X)}{P(X)}=\dfrac{P(A)P_A(X)}{P(X)}=\dfrac{\boxed{59}}{\boxed{60}}$ となるよ。

先輩　：では次に，Bの位置のカードを表に向けるという事象 X が起きたときに事象 C が起きていた条件付き確率はどういうことを表していることになるかわかるかな？

春奈さん　：今Aを指さす場合を考えているので，Bの位置のカードを表に向けるという事象 X が起きたときにCの位置にハートのQが置かれていた確率なので，選ぶカードをCの位置に変更して表向きにするとハートのQになる確率になるってことね？

先輩　：だんだんわかってきたね。そう。これも計算すると　$P_X(C)=\dfrac{\boxed{61}}{\boxed{62}}$

これまでは，Bの位置のカードを表に向けるという事象 X について考えてきたけど，Cの位置のカードを表に向けるという事象 $\overline{X}$ についても同様

に考えることができるから，$P_{\overline{X}}(A)=\dfrac{\boxed{63}}{\boxed{64}}$，$P_{\overline{X}}(B)=\dfrac{\boxed{65}}{\boxed{66}}$ だね。これで芽依さんが選ぶカードを変更したほうがよいのか，しないほうがよいのか，が判断できるね。

芽依さん　：わかった。$\boxed{67}$ のね。

$\boxed{67}$ にあてはまるものを，次の⓪～③の中から選び，その番号を答えなさい。

［選択肢］

⓪ $P(A)=P_X(C)$，$P(A)=P_X(B)$ だから，変更してもしなくてもよい

① $P(A)<P_X(C)$，$P(A)<P_X(B)$ だから，変更したほうがよい

② $P_X(A)=P_X(C)$，$P_{\overline{X}}(A)=P_{\overline{X}}(B)$ だから，変更してもしなくてもよい

③ $P_X(A)<P_X(C)$，$P_{\overline{X}}(A)<P_{\overline{X}}(B)$ だから，変更したほうがよい

国語

（二科目 一二〇分）

一　次の文章は、源河亨『悲しい曲の何が悲しいのか――音楽美学と心の哲学』の一節である。これを読んで、後の問い（問1〜8）に答えなさい。解答番号は ① 〜 ⑮ 。

音楽は音を使った芸術だが、「芸術」という言葉には注意すべき点がある。音楽や絵画、彫刻といったものが芸術であることは誰でも認めるだろうが、日常的には、綺麗（きれい）に決まった一本背負い、<u>ユウダイ</u>（A）な自然風景、絶妙な配合のカクテルも「芸術的／アートだ」と言われたりする。この場合の「芸術的」は、「素晴らしい」「卓越した」とおおよそ同義である。「芸術的な一本背負い」は「素晴らしい一本背負い」と言い換えてもほとんど遜色ないだろう。

こうした使い方は「芸術」の「評価的用法」と言われる。「芸術的だ」と言われる一本背負いは、初心者や中級者がやる一本背負いよりも卓越しており、その意味で高く評価されている。評価的用法としての「芸術的」は、称賛を含んでいるのだ。

これに対し、注目したいのは別の用法、「記述的用法」である。それは、ある対象が芸術という種類に属するものだと述べているだけで、称賛を含んではいない。その用法は、「あれは犬だ」という場合の「犬」と同じである。この表現は、特定の対象が犬という種類に分類されるという事実を述べているだけであって、その犬が可愛い（かわい）とか賢いとかいったことは意味されていない。同様に、ある絵画が上手なのか下手なのかには中立的に「この絵画は芸術だ」と述べる場合、（ア）<u>その「芸術」は記述的用法として用いられている。</u>

二つの用法の違いを理解するために、次の例を考えてみよう。ダンスの初心者が最初は下手だが、そのうち上達していき、ある時点で素晴らしいダンスを踊れるようになったとする。この人は、最初から<u>イッカン</u>（B）して記述的な意味で「芸術的」なことを行っている。だが、それが評価的な意味で「芸術的」と言われるのは、卓越した技術で踊れるようになってからだ。同様に、明らかにひどい彫刻や構図がめちゃくちゃな絵も、称賛されはしないが、記述的な意味では芸術である。

では、記述的な意味で芸術と言える音楽とは何だろうか。

音楽の重要な要素として、メロディ、ハーモニー、リズムの三つがよく挙げられる。これら三つは典型的な西洋音楽にみられるものだ。だが、他の地域の音楽や、アンビエント・ミュージック、ノイズ・ミュージックには、メロディやハーモニーを欠くものがたくさんある。そうすると、残ったリズムが音楽を特徴づける最も重要な特徴で、音楽とはリズムをもつ音の配列のことだと考えられるかもしれない。しかし、話はそう単純ではない。というのも、発話にもリズムがあるが（さらには音程の変化もあり、メロディと同様の特徴をもつが）、ふつう発話に音楽とはみなされないからである。「あの人の喋（しゃべ）りはもはや音楽だ」と言われることはあるが、それは前述の評価的用法だろう（ラップやトーキング・ブルースの語りは記述的な意味で芸術としての音楽と言えるが、それらは問題なく音楽と認められる演奏にのっている）。

では、記述的な意味で、音楽と音楽でないものはどこで区別されるのだろうか。両者の境界線はどこにあるのだろうか。

だが、音楽に限らずイ芸術に関しては、明確な境界線を引くことは不可能だとよく言われる。その理由の一つは芸術家の実践にある。芸術家は、既存の「芸術」概念から逸脱した新しいものを作ろうとする傾向にある。現代アートなどはとくにそうだろう。たとえばデュシャンの《泉》は、芸術作品とは作者が作り出した美しい作品という考えが当然であるなか、「既製品の便器が芸術と言えるなんて！」という新しい洞察をもたらし、なおかつ、その洞察を与えてくれる点が芸術として評価される主なポイントとなっている。また、オノ・ヨーコのアルバム『フライ』に収録された《トイレット・ピース／アンノウン》は、トイレの水を流す音を録音したものであるが、それは音楽の典型例からかなり逸脱しており、それを聴いた人の多くは、これが本当に音楽なのか疑うだろう。

注意すべきだが、音楽と音楽でないもののあいだに明確な境界線を引くことはできなくとも、「音楽」と「音楽でないもの」という区別がまったく無意味になるわけではない。言い換えると「音楽なんて存在しない」とか「すべてが音楽だ」ということにはならないのだ。それは、ここまでは黒でここからはグレーだという境界線を引けないからといって、「黒」と「グレー」の区別がなくなるわけではないことと同じである。黒なのかグレーなのか判定しがたい微妙な色があるとしても、これは明らかに黒であってグレーではないと判定できる色が存在することは確かである（同様に、明らかに黒ではないグレーも存在する）。そのため、「黒」と「グレー」という分類はCイゼンとして使えるものだ。一般的に言って、二つのカテゴリーのうちどちらに属するのか判定しがたい境界事例があること自体は、その二つの区別がまったくないという考えを支持する理由にはならないのだ。

音楽にも同様のことが言える。《トイレット・ピース／アンノウン》のように、音楽なのかどうかについて議論の余地があるアバンギャルドな作品はあるが、ベートーヴェンの交響曲第九番やローリング・ストーンズの《ジャンピン・ジャック・フラッシュ》が典型的な音楽であり、木が地面に倒れた音が典型的な音楽ではないことは明らかだろう。

だがここで、「木が倒れた音も音楽ではないか？」という疑問が出てくるかもしれない。現代音楽に詳しい人ならウジョン・ケージの《四分三十三秒》を思い出すはずだ。この作品では全楽章を通してタチェット（音を出さない）という指示が与えられている。そのため演奏者はどアノを前にしてもケン[D]バンを押さず、ピアノの音を出さない。演奏者がピアノから音を出さないと、鑑賞者には会場でしている環境音が際立って聴こえてくるだろう。ジョン・ケージはこの曲によって、音はどこにでも存在し、完全な無音を経験する機会がないことを気づかせた（完全な防音室に入っても、自分の体内の音が聴こえてきてしまう）。さらにそこからケージは、音楽はどこにでも存在すると主張したのである。

だが、ケージの主張は手放しで認められるものではない。問題の一つとして、音がすべて音楽であるなら、「音楽」というカテゴリーが不要になってしまう、ということが挙げられるだろう。そもそも、言葉やカテゴリーは何かと何かを区別するものである。もし地球上に存在する生物が人間しかいなかったら、「人間」という言葉を使う場面はないだろうし、その言葉が発明される可能性は低いだろう。人間というカテゴリーは、人間以外の動物が存在するから必要になるものなのだ。同様に、すべての音が音楽であるなら、「音楽」という言葉をわざわざ使う必要はなくなってしまうだろう。

また、かりに「音はすべて音楽だ」という意味で「音楽」という言葉を使うことを認めたとしても、木が倒れる音と《ジャンピン・ジャック・フラッシュ》のあいだに何の区別もないということにはならないように思われる。たとえ[エ]環境音も含む「音楽」カテゴリーがあっても、その下位分類として、《ジャンピン・ジャック・フラッシュ》や《交響曲第九番》を含むが、木が倒れた音は含まないような、「より音楽らしいもの」というカテゴリーができるのではないだろうか。たとえば、《四分三十三秒》に関する本を読み、環境音を含む「音楽」概念を理解したあと、あなたは「音楽を聴きたいから何かかけてくれ」と友人に言ったとする。このとき友人が「いま雨が降っているので、雨音という音楽が流れているじゃないか」と言ったら、「いや、そういうことじゃない」と思うはずだ。あなたが「何かかけてくれ」と言ったときに期待していたのは、より音楽らしいものが流れることではないだろうか。音ならなんでもいいというわけではないはずだ。そうであるなら、音がすべて音楽だとしても、環境音と典型的な音楽はイゼンとして区別され続けているはずである。

では、[オ]環境音と典型的な音楽の違いは何に由来するのだろうか。その一つは、典型的な音楽は作曲者や演奏者といった人による介入がある点である。音楽を構成する音は、物理的な振動であるという点では環境音と同じだが、どういう音をどのタイミングで生じさせるかを人がある程度コントロールしている。芸術作品は自然物とは異なり、人が生み出した人工物なのだ。

聴取に関しても、環境音と音楽には違いがある。環境音と音楽は同じように鑑賞されていないのだ。というのも、人は他人の行為および行為の所産に非常に敏感であるからだ。セオドア・グレイシックはカントの「合目的性の鑑賞」という考えを引用してこの点を説明している。たとえば、自然に生えた林と、人が作り出した防風林を区別することは簡単だろう。防風林は、自然の林とは異なり、何らかの規則にしたがって並べられている。人はそうした規則をすぐに見抜き、その林は人によってコントロールされたものだと気づく。人は、他人が何かしらの目的をもって行った行為の所産をすぐさま発見できるのである。同様に、人によってコントロールされた音は、自然に発生した音とは異なり、誰かが目的をもって発生させたものだと容易に気づけるだろう。

注意すべきだが、何か目的があってなされたものだと気づくことは、その目的を完全に理解したり、それに同意したりすることと同じではない。規則的に並んだ木を見た人は、それが強風を防ぐためのものだとは気づかず、単に誰かが等間隔で木を植えたとしか気づかないかもしれない。あるいは、林業の専門家なら、「ちゃんとした防風林を作りたいならこの間隔は駄目だ」と思うかもしれない。このように、強風を防ぐためという目的に気づかずとも、あるいは、強風をちゃんと防ぎたいならこれでは駄目だと思いつつも、目の前の林は人によって作られたものだと気づくことができるだろう。

音楽にも同様のことが言える。グレイシックが指摘しているように、ドイツのナショナリズムの推進を目的としたワーグナーの《ニュルンベルクのマイスタージンガー》は、ナショナリズムが何なのかわからない人も、それに反対する人も、音楽として聴くことができる。作曲者の目的が何であれ、聴き手は、この曲は誰かが何らかの目的に沿って並べた音の配列だと気づくことができるのである。

まとめると、音楽は環境音とは異なり、人による行為の所産であり、さらに、人の行為の所産として鑑賞されるものである。芸術としての音楽と自然発生した環境音はこの点で違うものなのだ。

ここで、次の疑問が浮かぶかもしれない。環境音にも典型的な音楽と同じように、美しく、聴き手の心を動かすものがある。たとえば、ハイキングで耳にした滝の音は、ヒーリング・ミュージックと同じように人をリラックスさせる効果をもつ。このような環境音は、典型的な音楽と同じように聴取されているのではないだろうか。

確かに、環境音が人の心を動かすことがある。だがそれは、自然物も美的性質をもち、美的経験をもたらすからにすぎない。美的性質は芸術作品だけでなく自然物ももちうるし、人間は芸術作品だけでなく自然物を対象とした美的経験をもてる。だが、カ芸術作品を対象とした美的経験は、その対象が人間の行為の所産である点を踏まえたものになっている。環境音にも音楽と同等に美しいものがあるが、音楽の場合には、美的判断に「その美しさを人が作り出した」という観点が入り込む。人間は他の人間が作り出したものに敏感であるという傾向が、もし進化的にEカクトクされたものであるなら、「人が作り出したものである」という点を無視して音楽を聴くのはかなり難しいだろう。人には、誰かの何らかの目的が介在することに気づかざるをえない仕組みが生まれながらに備わっているということになるからだ。

（本文中に一部省略・改変したところがある）

問1　二重傍線部A～Eに相当する漢字を含むものを、次の各群の①～⑥の中から、それぞれ一つ選びなさい。解答番号は ① 〜 ⑤ 。

A ユウダイ ①

① グンユウが割拠する時代。
② 隣国とのユウワを図る。
③ 国の将来をユウリョする。
④ ユウキュウの歴史を持つ古都。
⑤ 温泉が突然ユウシュツする。

B イッカン ②

① 地域の古いカンシュウに従う。
② 冬はカンサンとする観光地。
③ 空気がカンソウしている。
④ トンネルがカンツウする。
⑤ 農業はこの地域のキカン産業である。

C イゼン ③

① イサイは面談のうえ決める。
② 前例にイキョしてルールを作る。
③ 現状イジに努める。
④ イゲンに満ちた態度をとる。
⑤ 書類のイロウを修正する。

D ケンバン ④

① バンショをノートに写す。
② バンコウに対して憤りを感じる。
③ 試合のシュウバンに勝負が動く。
④ バンカンの思いを込めて歌う。
⑤ バンネンを穏やかに過ごした。

E カクトク ⑤

① 農作物のシュウカク時期を迎える。
② 組織の人員をカクジュウする。
③ 日本有数のギョカク高を誇る港。
④ 事件のカクシンに迫る推理。
⑤ チカク変動が観測される。

問2 傍線部ア「その『芸術』は記述的用法として用いられている」とあるが、ここでの「記述的用法」とはどのようなものか。その説明として最も適当なものを、次の①〜⑤の中から選びなさい。解答番号は ⑥ 。

① 対象となる絵画は評価的な意味で「芸術」ではなく、称賛を含めたくない場合の「芸術」という語の用い方。

② 画家が卓越した技術で絵画を描くようになる以前の作品について言及する場合の「芸術」という語の用い方。

③ 巧拙に関係なく対象となる絵画が芸術という種類に属している事実を述べる場合の「芸術」という語の用い方。

④ 対象となる絵画が巧拙に応じて芸術的であるかどうかを、専門家が判断する場合の「芸術」という語の用い方。

⑤ 対象となる絵画が「素晴らしい」と言い換えてもよいほどの作品であると述べる場合の「芸術」という語の用い方。

問3 傍線部イ「芸術に関しては、明確な境界線を引くことは不可能だとよく言われる」とあるが、これについて次の(1)・(2)に答えなさい。

(1) 「明確な境界線を引くことは不可能だ」と言われるのはなぜか。その説明として最も適当なものを、次の①～⑤の中から選びなさい。解答番号は [⑦]。

① 「芸術作品とは作者が作り出した美しい作品」であるという考え方が一般的である以上、芸術家が美しいと認めたものを他者が美しくないと批判することはできないから。

② 芸術はつねに新しいものを提示しようとする中から生まれてくるため、人々に新しい洞察をもたらす作品は、たとえその時代に受け入れられなくても芸術たり得るから。

③ 《トイレット・ピース／アンノウン》のように、それを聴いた人の多くが、これが本当に音楽なのかを疑ったとしても、音楽ではないと断言できるだけの根拠がないから。

④ 古典的な芸術作品においては芸術と芸術でないもののあいだに明確な境界線を引くことはできるが、現代アートにおいては明確な境界線というものが確立していないから。

⑤ 誰もが芸術だと認めがたいような作品でも、芸術家の意図のもと新しく作られたものは、その従来の概念からの逸脱自体が「芸術」として認められる性格をもっているから。

(2) 「音楽」と「音楽でないもの」の境界線を筆者はどのように考えているか。その説明として最も適当なものを、次の①～⑤の中から選びなさい。解答番号は [⑧]。

① 「音楽」と「音楽でないもの」のあいだに明確な境界線を引くことはできないとしても、だからといって「音楽」と「音楽でないもの」の区別がなくなるわけではなく、誰もが認める音楽とそうでないものは存在する。

② 「黒」と「グレー」の境界線を見つけることは難しいかもしれないが、「音楽」と「音楽でないもの」の区別は、人々が無意識のうちに判定しているものであるから、境界線を引くことは可能である。

③ 「音楽」と「音楽でないもの」という二つのカテゴリーのうち、どちらに属するのか

判定しがたい境界事例があることは確かだが、明らかに音楽であるものとそうでないものを判定する基準を我々がもっていないだけである。

④ 明らかな黒や明らかなグレーが存在するために、「黒」と「グレー」という分類が必要であるように、「音楽」と「音楽でないもの」を見分けるためには「音楽」と「音楽でないもの」という分類が必要である。

⑤ 黒とグレーの中間色があるように、「音楽」と「音楽でないもの」にもその中間のものがあるのだから、「音楽」と「音楽でないもの」を区別することにまったく意味がないわけではない。

問4　傍線部ウ「ジョン・ケージの《四分三十三秒》」とあるが、筆者がこの作品に言及した意図の説明として最も適当なものを、次の①〜⑤の中から選びなさい。解答番号は ⑨ 。

① ジョン・ケージがこの曲によって、音楽に対する固定観念を根本から変えようとしたことを取り上げて、「音はすべて音楽だ」という意味で「音楽」という言葉を使うことを認めたとしても、人々が聴きたいのは単なる音ではないことを指摘する意図。

② ジョン・ケージがこの曲によって、完全な無音を経験する機会がないことを人々に気づかせようとしたことを取り上げて、音楽は聴覚へとはたらきかけるものであり、無音は「音楽」として認めることはできないということを指摘する意図。

③ ジョン・ケージがこの曲によって、通常は受け手でしかない聴衆とともに作品を作り上げていくことを試みたことを取り上げて、音楽は聴衆の能動的な「聴く」行為によって音楽作品として成立するということを指摘する意図。

④ ジョン・ケージがこの曲によって、音はどこにでも存在するので、音楽もどこにでも存在すると主張したことを取り上げて、かりに音がすべて音楽であるなら、「音楽」というカテゴリー自体が不要になってしまうことを指摘する意図。

⑤ ジョン・ケージがこの曲によって、楽器の奏でる音だけが音楽ではないと主張しようとしたことを取り上げて、より音楽らしいものを求める人にとっては、音ならなんでもいいというわけではないということを指摘する意図。

問5　傍線部エ「環境音も含む『音楽』カテゴリー」とあるが、筆者が仮定としてこのようなカテゴリーを挙げた意図の説明として最も適当なものを、次の①〜⑤の中から選びなさい。解答番号は ⑩ 。

① 環境音も含めて音はすべて音楽だという概念を本で学んだとしても、雨音という音楽よりも、典型的な音楽を聴きたいという欲求を抑えることはできないと主張する意図。

② 環境音も含めて音はすべて音楽だとしても、人は「より音楽らしいもの」を環境音と区別せずにはいられないものであるということを具体例とともに示し、主張する意図。

③ 環境音も含めて音はすべて音楽だと仮定することで、雨音などの自然に発生する音や

自分の体内の音などが一切聞こえない無音状態を経験することの難しさを示す意図。

④ 環境音も含めて音はすべて音楽だと仮定すると、人をリラックスさせる効果をもつヒーリング・ミュージックなどのバリエーションが豊富になるという考えを示す意図。

⑤ 環境音も含めて音はすべて音楽だと仮定したとしても、結局は環境音と区別するために典型的な音楽というカテゴリーを新たに模索する必要が出てくると主張する意図。

問6　傍線部オ「環境音と典型的な音楽の違い」についての説明として最も適当なものを、次の①〜⑤の中から選びなさい。解答番号は ⑪ 。

① 環境音は自然界にある無作為で無秩序な音である一方、典型的な音楽は作曲者や演奏者といった人為によって一定の秩序の下に組み立てられた音である。

② 自然に生えた林と、人が作り出した防風林を区別することが容易であるように、人によってコントロールされた音楽と環境音とは容易に聞き分けられる。

③ 音楽を構成する音は、物理的な振動であるという点では環境音と同じだが、演奏者によって心地よいものにも聞き苦しいものにもなる点で異なる。

④ 環境音が自然に発生した音であるのに対して、典型的な音楽は人が目的をもって生み出した人工物であり、聴き手は人の行為の所産として鑑賞する。

⑤ どういう音をどのタイミングで生じさせるかという作曲者の意図によって生み出された音は、自然発生した環境音とは発生した目的が異なっている。

問7　傍線部カ「芸術作品を対象とした美的経験は、その対象が人間の行為の所産である点を踏まえたものになっている」とあるが、これはどういうことか。その説明として最も適当なものを、次の①〜⑤の中から選びなさい。解答番号は ⑫ 。

① 自然物にも芸術作品と同等に美しいものがあるが、芸術作品の場合は、たとえ人によって作られたことが見抜けなくても、自然物より人の心を動かすということ。

② 人間は他人の行為および行為の所産に敏感であるという傾向があるため、その作品の美しさを人が作り出したという観点で芸術作品を鑑賞するということ。

③ 人間は芸術作品だけでなく自然物を対象とした美的経験をもつことができるが、自然物が対象である場合はその美的性質を理解することができないということ。

④ 芸術作品を鑑賞するとき、作り手の目的が何であるかを知らなくても、審美眼をもっていれば、何らかの目的に沿って作られた作品だと気づくことができるということ。

⑤ 自然物に接するとき、人間は無意識のうちに感覚器官で受け止めるだけだが、芸術作品として物に接するときには、鑑賞という行為として臨んでいるということ。

問8　この文章を読んだある生徒が、筆者の考えに沿って、音楽を分類する表を作った。これについて後の(1)・(2)に答えなさい。なお、「〜の音楽」という人物名等による略称を用いている箇所は、すべて本文中で挙げられているその人物等の作品を指すこととする。

●音楽
・典型的な音楽（［X］音楽）
→ベートーヴェンの音楽／ストーンズの音楽／［A］など
・典型的な音楽に入らない音楽（［Y］音楽）
→ジョン・ケージの音楽／［B］など
●音楽でないもの
・木が倒れた音／［C］など

(1) 表内の空欄［X］・［Y］に入る表現として最も適当なものを、次の①〜④の中から、それぞれ選びなさい。ただし、［X］・［Y］には異なる選択肢を答えることとする。解答番号はX［⑬］・Y［⑭］。

① 記述的な意味で音楽と言えるものであり、既存の概念の中で評価できる
② 記述的な意味で音楽と言えるものであり、聴く者に新しい評価基準を求める
③ 芸術の呼称に疑義を覚える者もおり、記述的な意味でも芸術とは言えない
④ 記述的な意味で芸術とは言えないが、評価的には明確に芸術である

(2) 表内の空欄［A］〜［C］に入る表現の組み合わせとして最も適当なものを、次の①〜④の中から選びなさい。解答番号は［⑮］。

① A ワーグナーの音楽 B オノ・ヨーコの音楽 C 滝の音
② A オノ・ヨーコの音楽 B デュシャンの《泉》 C 滝の音
③ A ワーグナーの音楽 B 滝の音 C デュシャンの《泉》
④ A メロディ、ハーモニー、リズムのある音楽 B オノ・ヨーコの音楽 C ワーグナーの音楽

二　次の文章は、島本理生『よだかの片想い』の一節である。顔の左側に生まれつき大きなアザがある大学院生の前田アイコは、同じ研究室にいたミュウ先輩が就職した会社の歓迎会で大やけどを負ったことを知る。これを読んで、後の問い（問1～8）に答えなさい。解答番号は［16］～［31］。

教授の話を聞いてから、すぐにミュウ先輩の携帯電話にかけたら、やっぱりお母さんが出た。

明日にでもお見舞いに行きたいと告げたら、申し訳なさそうに、伝えておくけどあの子が会いたがらなかったらごめんね、と言われた。

その率直な言い方から、娘のことで頭がいっぱいになっている雰囲気が伝わってきた。

だからその五分後に、折り返し電話がかかってきて

「さっきはごめんね。あの子、ぜひ来てほしいって」

と言われたときには、ア むしろ尻込みした。明日の午後に行きます、と告げたけど、内心では怖気づいていた。

翌日、病院に入ると、めまぐるしく人が行き交う光景に、ふっと懐かしさを覚えた。

面会の受付を済ませて、外科病棟の廊下を歩いている間、子供の頃にいつも母に手をひかれて診察室に入ったことを思い出していた。

ミュウ先輩のいる病室の前まで来たら、急激に緊張してきて、なかなか手が動かなかった。

それでもA 意を決して、ドアをノックしようとした。

その瞬間、中から、押し殺したような泣き声が聞こえてきた。

足がすくんで動けなくなった。ドア越しに、苦しそうにあえぐ声が、漏れてくる。まるで誰かに痛めつけられているみたいに。耐えきれずに涙が出た。

ようやく声がやむと、ドアが開いて、カートに色んな器具を載せた若い看護師さんが中から出てきた。

彼女が不思議そうにこちらを見たので、すぐに涙を拭った。

「筧さんのお見舞いでしたら、今、包帯の交換が終わったばかりだから。面会されます？」

私は一呼吸置いてから、交換ですか、と慎重に訊き返した。

「そう。剝がすときに、包帯にまだ治りきっていない皮膚が貼り付いてくるから。でも、筧さん、すごく堪えて、がんばってますよ」

私は頭を下げて、ありがとうございます、とお礼を言った。

看護師さんが去ってしまうと、私も廊下を歩いて休憩所へといったん退避した。

無料の緑茶を紙コップに注いで、イ 椅子に腰掛けてからも、動悸がおさまらなかった。右手が小刻みに震える。

ミュウ先輩の痛々しい悲鳴。母の手首の内側の傷。ドライアイスを押し当てられる幼い頃の記憶。こんなにも生々しく思い出したのは久しぶりだった。色んな痛みがごっちゃになって、

どうしていいか分からないほど動揺していた。

こんなとき、＊飛坂(とびさか)さんの声を聞けたら。

待とうと心に誓ったのに、堪え切れずに、私は廊下の公衆電話へと走っていた。

小銭を入れて番号を押すと、受話器を落としそうなほどに、いっそう手が震えた。

何度目かのコールの後、慎重にうかがうような声が聞こえてきた。

「はい。え……あ、アイコさん？」

飛坂さんの声が、怒っているというよりは、純粋に驚いている感じだったので、私は少し安心して

「ごめんなさい。いきなり、公衆電話から」

と謝った。

「……いや、僕も正直、連絡しなきゃとは思っていたから。だけど、珍しいな。アイコさんのほうから急に電話してくるなんて」

「じつは、今、病院にいるんです」

と切り出して、私は事情を打ち明けた。今、自分が耳にしたばかりの悲痛な声のことも、悲しい記憶が止まらないことも。

すべてを聞き終えると、飛坂さんは、うん、と言って

「それは動揺するのも仕方ないよ。アイコさんは親しくしてたんだから、よけいに」

と優しく諭した(B)。

「私、病室の前から逃げ出してきたんです。最低です。飛坂さんのこと、あんなに弱いって責めたのに」

それはいいから、と彼は遠慮がちに遮った。

「飛坂さん。私、自信がないんです。ミュウ先輩に会って、なにか言ってあげたり、元気づけることができると思えなくて」

「大丈夫だよ」

と彼が急にはっきり言ったので、私は面食らった(C)。

「けど」

「人間なんだから、強いところもあれば、弱いところもある。でも、そんなことは今、関係なくて、その先輩は、ただアイコさんに会いたいだけだと思うよ。むしろ弱っている自分を分かってくれるかもしれないと思って、呼んだのかもしれない」

「そんな、私なんて、全然」

と思わず首を振ると

「あなたが思っているほど、多くの人は、深刻にも真剣にも生きていないんだ。だから、真の孤独の中にいるとき、受け止めてくれる人の存在は貴重なんだよ。アイコさんの真面目さや真剣さを、今、その先輩はきっと欲してるんだよ。僕がそうだったから、よく分かる」

その言葉を聞いているうちに、ウようやく気持ちが落ち着いた。また涙がこぼれそうなくらいにほっとした。

「分かりました。私、会ってきます」

「うん。きっと、大丈夫だから」

「はい。ありがとうございます。ごめんなさい、突然、電話して」

私は何度もお礼を言ってから、受話器を置いた。指先から感情が溢(あふ)れているみたいだった。あの人をやっぱりすごく好きだと思う気持ちが。

乱れた呼吸を整えてから、私はふたたび病室の前に立ち、ようやくドアをノックした。

中から、……はい、という掠(かす)れた声が聞こえた。

「ミユウ先輩。今、入っても大丈夫ですか」

さっとカーテンを引く音がしてから、どうぞ、という返事があった。

ミユウ先輩のベッドは、カーテンで遮られて見えなくなっていた。内心、ほっとしてしまったことを悟られないように、声のトーンに気をつけながら

「教授に教えてもらって、心配しました。体、まだだいぶ痛みますか」

と私は訊いた。

「……うん。痛くて、包帯換える時間になると、毎回、逃げ出したくなる……縫合の傷とか、めちゃくちゃ大きくてビビるよ」

ミユウ先輩は、不自然なくらい普通に答えた。お互いに動揺が伝わらないようにしようと気をつけているのが感じられた。

ⓐ時計の秒針の音がやけに大きく聞こえて、壁を見上げた。病院に到着してから三十分も経(た)っていたことに気付いた。

「……本当に、人生、なにが起きるか分からないよね。あんなにがんばって就職したのに。何社も苦労して受けて、面接とか、嫌な想いもたくさんしたのに。私の努力、なんだったんだろう。大学院だって、女はそこまで学歴なんて必要ないし、むしろ使いづらいから就活では不利だ、てうちの父親に反対されたのを、そんなの関係ない、で通して。研究とか、あんなに一生懸命がんばって。もっと早く就職していれば、こんなことにもならなかったのにね。うち、お兄ちゃんが何年か前に鬱病になって、今も働いてないんだよ。だから、その分、私は親に負担かけないようにしなきゃって思ってたのに」

溢れ出した言葉に、私は内心、圧倒されていた。今まで、ちっとも知らなかった。ミユウ先輩が色んな事情を抱えていたことなんて。

「……アイコちゃん、引いてない？　初めて話したもんね」

ミユウ先輩が指摘した。私は動揺こそしていたけど、そんなことないです、と答えた。

「いつもミユウ先輩、明るかったから、全然気付かなかったです。そんなふうに考えてたなんて」

「こんな話、重くなるだけだし。あんまり得意じゃないんだよ。本音で話すの」

彼女は当たり前のように言ったけど、私にとっては最後の一言が一番意外だった。誰に対しても心を開いて接しているように見えていたから。

薄いカーテン越しに、かすかに揺れ動く影を見ながら、意味もなく（エ）謝りたくなるのを堪えていたら、彼女のほうから、ごめんね、と言われたので、びっくりして訊き返した。

「どういう意味ですか？」

白いカーテンの向こうから、一瞬だけためらう気配が滲（にじ）んだ後、とぎれとぎれの声が聞こえてきた。

「前に、一緒に洋服とか見に行ったの、もしかしたらアイコちゃんはすごく、嫌だったのかもしれないって。私、本当に今までアイコちゃんのアザのこととか気にしたことなかったからさ。（D）無頓着に誘ってたけど、同じ女なのに、全然、気持ち分かってなかったなって。アイコちゃんの本も、入院中に読み返して、前は単にすごいなあ、とか思って尊敬してたけど、今、読んだら、すごい泣けて。つらくて。私、怖い。今はまだ病院で、知ってる人とだけ会ってればいいけど、退院したら、こんなに腕とか首とか露骨にやけどの跡が目立つ姿で、いずれは人前に出なきゃいけないこと、考えたら。不安で仕方ないんだよ」

また少し、ミユウ先輩の声が掠れて、嗚咽（おえつ）混じりになった。

「こんな世界を、ずっと見てきて、戦ってきたんだね。アイコちゃんは」

そんなことないです、と私は一生懸命、否定した。

「人目は、たしかに気にしてたけど、でも痛くも痒（かゆ）くもないし、生まれつきだったから。ミユウ先輩は、きっとすごくショックだったと思います」

「うん……正直、まだショックで、わけが分からないのかもしれない。自分の状況とか、受け入れられない。後悔ばっかりしてる」

「先輩、私、この前、顔のアザを取ろうと思って、病院に行ったんです」

ⓑつかの間、彼女が戸惑ったように黙った。

「……アイコちゃんのアザって、取れるの？」

「はい。時間は、かかるけど。でも、やめたんです」

「どうして？」

なぜ取らないのかと、苛立（いらだ）ってさえいる口調だった。以前の彼女だったら、こんな言い方は絶対にしなかった。違う。違うんです、ミユウ先輩。私は心の中で呼びかけながら、夢中で、言葉を紡いだ。

「私はずっとこのアザを通して、他人を見てた。でも、だからこそ信頼できる人とだけ付き合ってこられたんです。ミユウ先輩も、その一人です」

ミユウ先輩は、そんなことないよ、と即座に否定した。

「今までの私には、余裕があったんだよ。他人に優しくしたり、親切にする余裕が。でも、これからは分かんないから」

「大丈夫です。ミユウ先輩は、私なんかより、ずっと魅力的だから。これまで元気づけてくれた分、今度は私がお返しします。まわりだって、きっとたくさん返してくれる。素敵な瞬間が、たくさん見られますよ」

[オ]ふいに、彼女がぎこちなく寝返りを打つ音がした。

「本当、に」

カーテン越しに、こちらをうかがう視線を感じた。

「本当、に、そう思う？　アイコちゃんは、アザがあって良かったって、そんなふうに本当に思ってるの？」

考えるよりも先に、はい、と頷(うなず)いていた。

[ⓒ]まばたきするたびに、闇夜いっぱいに広がった桜の記憶が揺れた。飛坂さんが見知らぬ男の子に、謝って、と言ってくれたこと。泣きそうなくらい嬉(うれ)しかったこと。あんなにも激しく体の奥底から、好き、という気持ちが溢れたこと。

「最初から無ければ、やっぱりそのほうが良かったのかもしれないけど、でも、そんなに悪いものじゃないです。大丈夫です。また外出できるようになったら、一緒に買い物、行きましょう」

「……どうだろ。しばらくは直射日光に当たれないみたいだから」

「じゃあ、夜遊びですね」

真顔で返したら、ミユウ先輩が突然、噴き出した。

「あはは。アイコちゃんと夜遊びっていう言葉、すごい似合わないね」

まさか彼女に笑ってもらえると思っていなかったので、私はびっくりしながらも、嬉しくなって、つられて笑った。

[E]ひとしきり笑ってから、ミユウ先輩はふっと息をついて、言った。

「本当は、会いたかった。誰に会ってもきついと思ったけど、アイコちゃんには、ずっと会いたかったんだよ」

「いつでも飛んできます」

と私は恋人のように即答した。

包帯の巻かれた手が、カーテンをそっと掴った。はっそりとして、女の人らしい手だった。

その手で、サイドテーブルの花瓶に生けられた白い薔薇(ばら)を、一本、ゆっくりと抜き取ると、こちらに差し出した。

[ⓓ]「この薔薇が枯れるまでに会いに来て……なんて、ね」

照れて冗談めかした口調の奥に、胸を締め付けられる切実さが滲んでいた。

私は、はい、と答えて、[ⓔ]誓いのように白い薔薇を受け取った。

（注）＊飛坂さん――アイコの恋人だが、今は少し距離を置いている。アイコも掲載されている、顔にアザがある人を特集した本を原作にして映画を撮ったことをきっかけにアイコと出会った。

問1 二重傍線部A～Eの本文中における意味として最も適当なものを、次の各群の①～⑤の中から、それぞれ一つ選びなさい。解答番号は ⑯ ～ ⑳ 。

A 意を決して ⑯
① 覚悟をして
② あきらめて
③ 勇気を出して
④ 気持ちを新たにして
⑤ 思い切りよく

B 諭した ⑰
① さりげなく励ました
② 状況を整理して慰めた
③ 気持ちを改めさせた
④ 道理を言い聞かせた
⑤ 感想を遠回しに伝えた

C 面食らった ⑱
① 気に障った
② 我に返った
③ あわてた
④ 疑問を抱いた
⑤ 戸惑った

D 無頓着に ⑲
① おおらかに
② 配慮なく
③ 無意識に
④ 図々しく
⑤ いい加減な気持ちで

E ひとしきり ⑳
① 長い間
② おおげさに
③ しばらくの間
④ 楽しそうに
⑤ ひっきりなしに

問2 傍線部ア「むしろ尻込みした」とあるが、その理由の説明として最も適当なものを、次の①～⑤の中から選びなさい。解答番号は ㉑ 。

① ミユウ先輩のお母さんが、娘の負った精神的な苦痛に胸を痛めていることが痛切に感じられて、見舞いを願い出たことが申し訳ない気持ちになったから。

② ミユウ先輩のお母さんの雰囲気から、ミユウ先輩のけがの状態が深刻であることを察して、見舞いに行くのは迷惑ではないかと思い直していたから。

③ ミユウ先輩のお母さんに「ぜひ来てほしい」と言われたことで、はじめに見舞いを断られたときに、内心ではほっとしていた自分の偽善に気がついたから。

④ ミユウ先輩のお母さんから先輩の前向きな意向が聞けたものの、けがが軽くないことも察せられ、見舞いに行ってどう振る舞うべきか分からず怖くなったから。

⑤ ミユウ先輩のお母さんが慎重に返事を保留したことで、以前はあんなに明るかったミユウ先輩の置かれている状況が推測でき、会わない方がいいと思ったから。

問3　傍線部イ「椅子に腰掛けてからも、動悸がおさまらなかった」とあるが、このときのアイコの様子の説明として最も適当なものを、次の①～⑤の中から選びなさい。解答番号は 22 。

① ドア越しに聞こえてきた、ミユウ先輩の押し殺したような泣き声と苦しそうにあえぐ声が、まるで誰かに痛めつけられているように痛々しく、いったんその場を離れてもまだ耳から離れずに、涙をこらえきれなくなっている。

② 病室の中から聞こえてきた悲鳴の理由が、包帯を剝がすときに治りきっていない皮膚が貼り付いてくる痛みのためであると看護師さんに聞かされて、子供の頃の痛みを伴う記憶のことで頭がいっぱいになっている。

③ 「面会されますか？」と看護師さんに尋ねられたものの、包帯の交換の痛みのせいで泣いたばかりのミユウ先輩の顔を見るのが忍びなく、時間を置くためにやってきた休憩室で、見舞いに来たことを後悔し始めている。

④ ミユウ先輩の悲痛な泣き声に耐え切れず、ひとまず心を落ち着かせるために休憩室に入ったものの、ミユウ先輩を痛ましく思うとともに、自分の悲しい記憶がよみがえり、感情のコントロールができなくなっている。

⑤ ミユウ先輩の悲鳴を聞いてしまったことで面会する勇気が消え失せて、どうしたらいいか分からなくなってしまい、これまでいつも道を示してくれていた飛坂さんの声を聞きたいという気持ちが抑えられなくなっている。

問4　傍線部ウ「ようやく気持ちが落ち着いた」とあるが、飛坂と話すことでアイコの心情はどのように変化したのか。その説明として最も適当なものを、次の①～⑤の中から選びなさい。解答番号は 23 。

① 自分がミユウ先輩の助けになれるのかが不安で、面会することをためらっていたが、とにかく会ってミユウ先輩の苦しみを受け止めようと、気持ちを切り替えることができた。

② ミュウ先輩の悲痛な声を聞いて逃げだしてきた自分のふがいなさが悔しくてたまらなかったが、動揺するのは当たり前だと慰められて、ようやく冷静さを取りもどした。

③ 病室に入れなかった自分の弱さを自覚して、飛坂を非難する資格はなかったと謝罪したが、優しく諭されているうちに飛坂の自分への思いを知り、穏やかな気持ちになった。

④ 面会には来たものの、ミュウ先輩を元気づけることができない自分の不器用さに落ち込んでいたが、自分の真面目さや真剣さこそが求められていると言われて安心した。

⑤ ミュウ先輩の苦しみを目の当たりにして、覚悟もなく見舞いに来た自分が情けなくなったが、弱っているミュウ先輩を励ますのが自分の役目だという思いを強くした。

問5　傍線部エ「謝りたくなるのを堪えていたら、彼女のほうから、ごめんね、と言われた」とあるが、二人は何を謝りたいのか。その説明として最も適当なものを、次の①～⑤の中から選びなさい。解答番号は 24 。

① アイコは、誰に対しても心を開いて接しているように見えていたミュウ先輩が、実は本音を隠していたと知って驚いたことを、ミュウ先輩は、これまでアイコを買い物に連れ回していたことを、謝りたいと思っている。

② アイコは、ミュウ先輩が後悔ばかり語るためどう慰めたらいいか分からずに黙っていることを、ミュウ先輩は、これまでアイコに対して同じ女性の立場から思いやることができなかったことを、謝りたいと思っている。

③ アイコは、ミュウ先輩の打ち明け話を聞いて動揺したのに引いていないと嘘（うそ）をついたことを、ミュウ先輩は、これまでアイコを尊敬する気持ちはあったが浅はかなものでしかなかったことを、謝りたいと思っている。

④ アイコは、色んな事情を抱えているミュウ先輩の内面に気づいてあげられなかったことを、ミュウ先輩は、人前に出るのを恐れる境遇になるまでアイコのつらさが本当には理解できていなかったことを、謝りたいと思っている。

⑤ アイコは、明るく振る舞うミュウ先輩が抱えていた苦悩に気づかなかったことを、ミュウ先輩は、これまでアイコのアザのことを気にしていないふりをするのが思いやりだと勘違いしていたことを、謝りたいと思っている。

問6　傍線部オ「ふいに、彼女がぎこちなく寝返りを打つ音がした。」とあるが、ミュウ先輩が寝返りを打った理由の説明として最も適当なものを、次の①～⑤の中から選びなさい。解答番号は 25 。

① 顔のアザを取ろうと思えば取れるのにやめたというアイコの真意を測りかね、「ミュウ先輩は、……魅力的だから」、「素敵な瞬間が、たくさん見られますよ」と言われても素直に頷くこともできず、アイコに背を向けることで拒絶したかったから。

② 若い女性の身で、人目に付く場所にやけどの跡を抱えて生きていく困難さを思うと不安しかないのだが、この状況と気持ちを理解してくれるかもしれないアイコの存在に思

いが至り、カーテン越しであることすら忘れるほど前向きになれたから。

③　自分は今の状況を受け入れられず、アイコにもありのままの姿を見せられずにいるのに、アザを肯定的にとらえるアイコの言葉が偽善的に感じられ、アザがあって良かったと本心から思っているのかを、自分の目で確認しないではいられなかったから。

④　突然降りかかってきた不幸を受け止めることができず、ただ後悔しか浮かんでこない自分に比べて、アザを恨んでもいないアイコに対して劣等感を覚え、これ以上一緒にいるのはつらいという気持ちを、それとなくアイコに伝えようとしたから。

⑤　大やけどを負ったことで、アイコがこれまでどう過ごしてきたのかが身に染みて分かった気がしていたが、アイコがアザを通して自分には想像もつかない心境に至っていると気づき、自分の道標となる答えが欲しくて真剣に問いかけたくなったから。

問7　次の(1)〜(5)は、本文の表現の内容や特徴を説明したものである。本文に即して、適当なものには①を、**適当でないもの**には②を、それぞれ選びなさい。解答番号は［26］〜［30］。

(1)　波線部ⓐ「時計の秒針の音がやけに大きく聞こえて」は、重苦しい雰囲気にならないよう振る舞いながらも、互いに気を遣いあっている状況を浮かび上がらせている。［26］

(2)　波線部ⓑ「つかの間、彼女が戸惑ったように黙った」は、アイコのアザが取れたら不幸なのは自分だけだという、悲しくも利己的なミユウ先輩の心理を伝えている。［27］

(3)　波線部ⓒ「まばたきするたびに、闇夜いっぱいに広がった桜の記憶が揺れた」は、幻想的な夜桜の情景と、それがアイコの幸せな記憶であることを示している。［28］

(4)　波線部ⓓ「この薔薇が枯れるまでに会いに来て……なんて、ね」は、心からの願いを冗談めかして伝えることしかできないミユウ先輩の諦めを表している。［29］

(5)　波線部ⓔ「誓いのように白い薔薇を受け取った」は、恋人のように、また騎士のようにミユウ先輩を支えようとするアイコの決意を表現している。［30］

問8　次の【資料】は、本文と同じ出典の別の箇所であり、飛坂が宮沢賢治の童話『よだかの星』を読んだことについてアイコに話している場面である。ある生徒は、この【資料】を読み、『よだかの片想い』という本文の題名が宮沢賢治の『よだかの星』にちなんでいることに気づいた。その理由を考えるために、『よだかの星』を読み、「よだか」とアイコとの共通点を【ノート】に整理した。本文、および【資料】、【ノート】を踏まえ、【ノート】の空欄［X］・［Y］に入る表現の組み合わせとして最も適当なものを、後の①〜④の中から選びなさい。解答番号は［31］。

【資料】

「あの本を読んだときに、アイコさんたちの生きづらさと、自分の子供時代のイメージが、重なったんだ。自分が見ていた風景に、物語を乗せたくなった」

「そっか。岩手、私は行ったことないけど、きっと良いところですよね」

「うん。自然が多くて、温泉もあって、食い物もうまくて。僕は盛岡だったから、街全体は大きくはないけど、ちょうど良くまとまっていて、暮らしやすかったよ。ちょっと行けば、それこそ宮沢賢治の童話みたいな風景が広がってるし」

「そっか。岩手といえば宮沢賢治ですものね」

「そう、イーハトーブだ。賢治の童話は、暗くて激しくて、僕は少し、読むと苦しくなるけど」

私は、そうかもしれない、と思って、頷いた。

「あ、でも、一つだけ好きな話があったな。『よだかの星』」

飛坂さんがサイドテーブルのペットボトルに手を伸ばしながら、言った。

「あの、暗くて重たい？　昔、教科書に載っていたから読んだけど、理不尽すぎて、すごく腹が立った記憶があります」

私の言葉に、彼は朗らかに笑って、アイコさんらしいな、と言った。

「たしかに理不尽ではある。一方的に、まわりから罵られて、汚いと言われて。でも、そんな痛みを知っているよだかでさえも、もっと小さな生き物を殺して食う。だから自分はなにものも傷つけずに燃えて星になりたいと願う。すごい繊細さと崇高さだと思う。僕だったら、他者を傷つけて、なあなあにしながら、生き長らえると思うから」

私は小さく頷いた。この人は、本当に一瞬で私の目に映る世界を変えてしまう。

【ノート】

●『よだかの星』のあらすじ

「よだか」は醜い鳥で、他の鳥から悪口を言われ、よだかの名前に「たか」が付いていることが気に入らない鷹(たか)からは改名を要求される。改名しなければつかみ殺すと言われ、よだかは巣を飛び出した。

口を開けたまま飛んでいると小さな羽虫が何匹も口の中に入った。虫たちを飲み込む感覚にぞっとしたよだかは〝たくさんの虫が僕に殺される。そして僕がこんどは鷹に殺される。それがこんなにつらいのだ。僕はもう虫は食べないで飢えて死のう〟と考えた。

太陽や星々にあなたのところへ連れて行ってほしいと願うが相手にされない。力をなくし羽を閉じて地面に落ちる寸前、よだかはキシキシッと高く叫ぶと空へ飛び上がった。空に昇り続けるよだかはやがて少しわらって力尽き、自分が燐(りん)の火のような青い美しい光になって、しずかに燃えているのを見た。よだかの星は今もまだ燃えつづけている。

●『よだかの片想い』のアイコ

・生まれつき顔に大きなアザがある。

・ミュウ先輩の泣き声を聞いて逃げてしまうほど、［　X　］人物。

・アザがあったからこそ信頼できる人とだけ付き合ってこられたと感じている。

●「よだか」とアイコに共通する点

［　Y　］

① X　痛みに敏感で気の弱い
Y　周りからどんな目で見られても恨まずに、自分の力で乗り越えようとする

② X　痛みに敏感で気の弱い
Y　傷つけられる痛みを知っているからこそ、その痛みに向き合おうとする

③ X　他者への共感力が強い
Y　周りからどんな目で見られても恨まずに、自分の力で乗り越えようとする

④ X　他者への共感力が強い
Y　傷つけられる痛みを知っているからこそ、その痛みに向き合おうとする

解答編

英語

I 解答

1－④ 2－④ 3－③ 4－③ 5－② 6－④
7－① 8－② 9－③ 10－③

解説

1．「ジョンは授業後，私たちに会いたいと思っていますよね」という意味。肯定文の付加疑問文は，文末のピリオドをコンマに変えてから，助動詞に否定語を付けた短縮形，主語の代名詞を続け，最後に疑問符を置く。

2．「マーカスはコンサートに行くことを計画していたが，そうせずに家にいた」という意味になる。空所後の時制が過去であることに注目する。それ以前の計画ということになる。instead「そうせずに，その代わりに」

3．「私は授業のプレゼンテーションの練習をしなければならない」という意味になる。have to *do*「～しなければならない」の to の後は動詞の原形。よって，③が正解。②の所有代名詞 mine「私のもの」は，後に名詞は不要である。

4．「もし成功したいなら，あなたは自分を信じる必要がある」という意味になる。need to *do*「～する必要がある」の to の後は動詞の原形。

5．「私たちはあまりに疲れていたので，料理できなかった，だから夕食を配達してもらった」という意味になる。前半の文意から，「自分で配達する」のではなく「配達してもらう」のが適切で，②の have O *done*「O を～してもらう」の形を用いる。

6．「父が帰宅するのを待たずに，彼らは父抜きで映画を見始めた」という意味になる。後に wait という動詞の原形を続けることができるのは④のみ。rather than *do*「～するよりむしろ，～しないで」

7．「ヘレンは普通，朝，ジムに行く」と考える。in the morning「朝に，午前中に」

8.「授業が始まる前に，この課題を終わらせるのに十分な時間がある」という意味になる。①を空所に入れると，述語動詞がなくなるので不適切。③は，主語 They という複数形と，補語 enough time という不可算名詞が be 動詞でつながれるので不適切。There V S なので，enough time が主語であれば，be 動詞は is となる。よって，②が正解。

9.「私たちは，（その人の）家族が 100 年前にこの事業を始めた人に話しかけた」という意味になる。空所前にある先行詞は the person であるため④は不適切。空所後に続くのが，冠詞のない名詞 family であるので③が正解。

10.「あなたは宿題を終えれば，友人と映画に行ってよい」という意味になる。空所に入れると，If 節内の主語がない①・④は不適切。文意から能動態が適切なので③が正解。

Ⅱ　解答

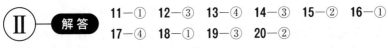

11−①　**12**−③　**13**−④　**14**−③　**15**−②　**16**−①　**17**−④　**18**−①　**19**−③　**20**−②

解説

11. 空所前のスーの発言「本当に受講したい歴史の授業がある」と，空所直後の「そのとおりね」から，①「それを受講しなければ，おそらく後悔するよ」が正解。

12. まず「レストランでの就労経験があるか」と尋ねた後，その返答に対して「それほど経験のない若い人をよく雇っている」と言っているので，就労経験はないと答えたと判断できる。①は one が前出の名詞 restaurant を指すことになり，矛盾するので不適切。③「いいえ，しかし一生懸命働きたいです」が正解。

13. 空所には今晩のバスケットボールの試合観戦の誘いに対する返答が入るが，最後の発言の「また今度ね」から断わられたと判断できる。④「すでに芸術祭に行く予定がある」が正解。

14. 空所は見かけなかった相手の一週間の所在を尋ねる質問に対しての返答だが，最後の発言から，「すばらしい」ことや「家族がそのようなことをしてくれたらいいな」と思えることが入ると考えられる。③「家族と一緒に海に行っていました」が正解。

15. ジェームズの３番目の発言（In that case, …）の「ハイキング」，ホテルの受付係の３番目の発言（Yes, there's one …）の「天気からすると早い時間がよい」と，その応答であるジェームズの４番目の発言（That's a little …）の「少し早いが，暑い中でのハイキングよりよい」から，「明日の午前中に家族がする」のは，②「ハイキング」が正解。

16. ホテルの受付係の４番目の発言（We have a …）で，「美術館」と「科学館」が出てくるが，それに対するジェームズの５番目の発言（We go to …）に，「科学館に興味をもった」理由が述べられている。「地元の美術館にはかなり行っているので，息子はそれとは違うものを見たいと思う」とあるので，①「彼の息子にとって，新しい体験となるから」が正解。

17. ホテルの受付係の最後の発言（I'll email a …）に，「（予約がとれたかどうかの）確認と住所を電子メールで送ります」とあるので，①「周辺の地図」だけというよりも④の「レストランに関する詳細」が正解。ホテルの受付係の最後の発言に「チケットは（明日の朝）ご用意しておきます」とあるので②は不適切。ホテルの受付係の４番目の発言（We have a …）より，美術館，科学館行きのシャトルバスはホテルから手配するので，バス停への指示は不要のはずである。さらにホテルの受付係の５番目の発言の最後（It's a short …）「レストランには科学館から少し乗るだけ」から，これもバス停の指示は不要のはずなので，③は不適切。

18. マイケルの２番目の発言第２文（You kept saying …）の「料理する台所が欲しいとずっと言っていたね」と，それに対するジルの応答から，①「料理をする回数を増やしたいから」が正解。

19. マイケルの４番目の発言（It sounds like …）より，学校の寮が最善の選択であることと，料理がしたいならマイケルやマイケルのルームメイトと一緒にすればよいという提案に対して，ジルは４番目の発言（That would be …）で「すばらしい」と返答している。③「学校の寮」が正解。

20. マイケルの最後の発言（Tomorrow I have …）に「明日は仕事で，レストランが10時まで開いており，料理する必要がない」とあるので，②「レストランで食べる」が正解。

Ⅲ　解答　**21**—①　**22**—④　**23**—②　**24**—④　**25**—①

解説

《ポイントカードとプライバシー》

21. 第1段ではポイントカードの消費者側のメリットとデメリットが，第2段では企業側のメリットが述べられている。第3段では個人情報契約を読まずにカードを作る人が多いことが，第4段では物理的なカードがアプリに置き換えられて，さらに多くの個人情報が収集されていることが述べられている。第5段ではポイントカードを使用しながらの個人情報保護は難しいが，カリフォルニア州などでは，ポイントカードの恩恵を受けながら，個人情報の収集や販売は拒否することができるようになっているとも述べられている。以上より①「ポイントカードとプライバシー」が正解。

22. なぜ筆者がパスタソースの話を持ち出したのかに対する答えを選ぶ問題で，第2段第1文（Companies say that …）に「消費者が何を購入するのかを理解することで役に立つ利益を生ずる」と書かれており，具体的にパスタソースの例を挙げて，消費者の好みやいつどこで購入しているのかを知ることでクーポンを送るなど新しい商品の告知もできることが示されている。よって，④のポイントカードの有用性を答える。

23. 「休暇」は第2段第4文（This includes where …）で登場するが，これは前文（Researchers have found …）を受けてのものである。つまり「企業がさまざまな個人情報を知ることができる」ことの一例で用いられている。②「企業が収集する情報の種類を示すため」が正解。

24. 第3段第4文（One expert explained …）に引用がある。第3段は，第1・2文（When signing up … read this contract.）から「消費者がポイントカードの登録をする際に，個人情報がどう扱われるかについての情報は与えられるが，めったに読まない」という主旨の段落である。④「どのように企業がポイントカードのデータを利用しているかについて人々が理解していないことを示すため」が正解。

25. 第4段第4文（With mobile phone …）に「モバイル端末のアプリ」についての記述があり，「さらなる（個人）情報が収集される」とある。つまり続く文（One supermarket chain …）にある，「店のどこで，どれくらいの時間を費やすか」などの（個人）情報が収集されると考え，①「人の位置情報を追跡できる」が正解。

Ⅳ 解答 26－④ 27－② 28－② 29－③ 30－③

解説

《世界のインフレーション》

26. Inflation の注釈による定義と，下線部直後の文（Prices can change …）から，④「素早く変化する」が正解。

27.「ヨーロッパでのエネルギー価格の下落」は第2段最終文（However, prices have …）に記述がある。②「他の供給源からエネルギーを購入するから」が正解。

28. ①「インフレーションは食料価格よりも燃料価格により影響を与える」 食料価格と燃料価格を比べた内容はないため不適切。②「インフレーションの中には強い経済のために必要なものもある」 第4段第4文（Japan's economy, in …）に「低いインフレ率が経済成長を制限した」とあり，場合によっては多少のインフレ率が経済成長に必要と解釈できるので，これが正解。③「企業は高インフレ率から利益を得る」 企業の利益についての直接の言及はないが，第1段第2・3文（The last several … cars, and clothing.）から，高インフレは消費者に悪影響を与えるので，企業にも悪影響があると判断できる。④「高インフレは，長期にわたってアメリカに影響を与えてきた」 第3段第1文（In the United States …）の after decades of consistent numbers「何十年もの安定した数値の後」から，「長期にわたって」が矛盾するので不適切。

29. 最終段第3文（One expert explained, …）に引用がある。この部分は前文（Governments can act …）「政府はインフレを下げるために，ある程度は行動できるが，多くの要因は制御できない」を受けてのものである。③「政府のインフレを下げる能力が限られていることを示すために」が正解。

30. 第2段第3文（The country has …）より，インフレ率の最も高いAが，The country，つまり The United Kingdom「イギリス」を指す。またDは2016・2021年にマイナスになっていることに注目すると，第4段第5・6文（In some years … for products dropping.）より，Dが日本とわかる。③が正解。

V 解答

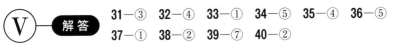

31―③　32―④　33―①　34―⑤　35―④　36―⑤
37―①　38―②　39―⑦　40―②

解説

並べ替えた文は以下の通り。

31・32. (Do) you think there are enough chairs for everyone coming to the (party?)　enough *A* for *B*「*B* に十分な *A*」という表現を利用する。なお，*A* は名詞で，形容詞や副詞の場合は enough の前に置く。

33・34. (John) mentioned to his friends that he bought a new car last (week.)　mention to ～ that …「～に…と言う」

35・36. (We) stopped watching TV because we didn't want the baby (to wake up.)「赤ちゃんが起きないように」を「赤ちゃんを起こしたくないので」と解釈する。stop *doing*「～するのを止める」

37・38. (More) time to work on the project is what all of the students asked (for.)「プロジェクトに取り組む時間を増やしてほしいということ」を「プロジェクトに取り組むより多くの時間」と解釈する。work on ～「～に取り組む」 ask for ～「～を頼む」

39・40. (If) there isn't enough time to see everything at the zoo today we can come back (tomorrow.)　enough … to *do*「～するのに十分…」という表現を利用する。これは to 不定詞の意味上の主語となる for *A* がない形である。

数 学

Ⅰ 解答 《小問9問》

①－③ ②3 ③2 ④2 ⑤3 ⑥－③ ⑦－② ⑧9 ⑨5
⑩⑪10 ⑫－⓪ ⑬3 ⑭5 ⑮⑯⑰125 ⑱⑲43 ⑳5

Ⅱ 解答 《2次関数》

㉑－① ㉒1 ㉓2 ㉔0 ㉕2 ㉖0 ㉗1 ㉘5 ㉙3 ㉚2

Ⅲ 解答 《図形の性質》

㉛5 ㉜3 ㉝4 ㉞2 ㉟6 ㊱2 ㊲2 ㊳2 ㊴6 ㊵5 ㊶6
㊷8

Ⅳ 解答 《確 率》

㊸1 ㊹3 ㊺2 ㊻3 ㊼6 ㊽2 ㊾1 ㊿3 (51)1 (52)3 (53)1
(54)2 (55)0 (56)1 (57)1 (58)2 (59)1 (60)3 (61)2 (62)3 (63)1 (64)3
(65)2 (66)3 (67)－③

国語

一

出典　源河亨『悲しい曲の何が悲しいのか―音楽美学と心の哲学』（慶應義塾大学出版会）

解答

問1　A―①　B―④　C―②　D―③　E―③

問2　③

問3　(1)―⑤　(2)―①

問4　④

問5　②

問6　④

問7　②

問8　(1)X―①　Y―②　(2)―①

解説

問2　「ある対象が芸術という種類に属するものだと述べているだけで、称賛を含んではいない」（第三段落）のが芸術の記述的用法である。①・②は対象を称賛していない点（＝低い評価）、④・⑤は対象を称賛している点（＝高い評価）で、芸術の評価的用法である。

問3　(1)　傍線部イの直後に「その理由の一つは芸術家の実践にある」として、「既存の『芸術』概念から逸脱した新しいものを作ろうとする傾向」が芸術家にあること、また新しい洞察を与えられる点が芸術として評価されることが述べられている。②は「つねに」と断言されていること、「その時代に受け入れられなくても……」の部分が誤り。③の「音楽ではないと断言できるだけの根拠」と、芸術に関する境界線には関連がない。

(2)　「二つのカテゴリーのうちどちらに属するのか判定しがたい境界事例があること自体は、その二つの区別がまったくないという考えを支持する理由にはならない」（第九段落）とした上で、音楽においても、典型的な音楽であるものと典型的な音楽ではないものがあると筆者は主張している（第十段落）。③は「基準を我々がもっていないだけ」が誤り。

問4　「典型的な音楽ではない」と一般的に考えられる環境音を音楽ととらえ、「音楽はどこにでも存在する」と主張したのがこの曲である。筆者はこれに対し、「ケージの主張は手放しで認められるものではない」（第十二段落）として、その理由の一つに「音がすべて音楽であるなら、『音楽』というカテゴリーが不要になってしまう」ことを挙げている。

問5 筆者は「音がすべて音楽だとしても、環境音と典型的な音楽はイゼンとして区別され続けているはず」（第十三段落）という立場である。傍線部エの三行後「たとえば」以降には「環境音を含む『音楽』概念を理解した」としても、より音楽らしいものを聴きたくなるという具体例が示されている。

問6 第十八段落に「音楽は環境音とは異なり、人による行為の所産であり、さらに、人の行為の所産として鑑賞されるもの」と端的にまとめられている。その内容を反映しているのが④。やや紛らわしいのは①だが、違いを秩序の有無で説明している点が本文とは異なる。

問7 自然物での美的経験との違いで重要なのは、「音楽の場合には、美的判断に『その美しさを人が作り出した』という観点が入り込む」点である（最終段落）。

問8 (1) そもそも本文は「記述的な意味で芸術と言える音楽とは何だろうか」（第五段落）という問いのもとで論が展開されている点に留意。表では「典型的な音楽」も「典型的な音楽に入らない音楽」も「音楽」に含まれているので、記述的な意味で音楽と言えるものである。これで①と②に絞られるので、後は例として挙げられた作品で判断するとよい。

(2) 表の「音楽でないもの」は環境音を指す。また、選択肢内にある「デュシャンの《泉》」は現代アートの作品としての便器であり、音楽ではない。この2点を踏まえて選択肢を検討すると、解答は①となる。

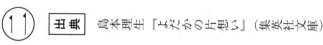

二

出典 島本理生『よだかの片想い』（集英社文庫）

解答

問1 A—① B—④ C—⑤ D—② E—③

問2 ④

問3 ④

問4 ①

問5 ④

問6 ⑤

問7 (1)—① (2)—② (3)—① (4)—② (5)—①

問8 ④

解説

問2 「尻込みする」とは〝躊躇うこと〟。「内心では怖気づいていた」ともあり、断られる可能性もあったお見舞いだが、「来てほしい」と告げられてかえって行くのが怖くなったのである。病院についてからもどうしていいかわからず、なかなか会うことができないでいる。

問3 動悸はミュウ先輩の「押し殺したような泣き声」「苦しそうにあえぐ声」をドア越しに聞いたために起きたもの。火傷の処置として包帯を交換する際の苦痛をこらえるミュウ先輩の姿を痛ましく感じると同時に、自身の痛みの記憶も呼び起こされ、アイコは激しく動揺しているのである。ミュウ先輩の悲痛な声と自身の悲しい記憶の二つをおさえること。

問4 激しく動揺し、先輩を元気づける自信がないと打ち明けるアイコに、飛坂は大丈夫だと断言し、「真の孤独の中にいるとき、受け止めてくれる人の存在は貴重」だと伝えて彼女を励ます。その言葉に心底ほっとしたアイコは、「私、会ってきます」と前向きな気持ちを抱くのである。

問5 傍線部エ以前の「今まで、ちっとも知らなかった。ミュウ先輩が色んな事情を抱えていたことなんて」という記述から、アイコが謝るとすれば、ミュウ先輩の事情を知らず、気持ちを慮ることをしなかったことだと考えられる。ミュウ先輩は、傍線部エ以後にあるように、アイコへの配慮が足りず、つらさを本当には理解していなかったことを謝っている。

問6 ミュウ先輩が寝返りを打ったのは、アザがあるからこそ可能だったことについてアイコが語り、だから先輩も大丈夫だと伝えた後、先輩が「本当、に」と聞く直前である。そこにあるのは、アイコの真意をしっかり聞きたいという真剣さ、切実さであり、先輩は話を聞こうと身体をアイコの方に向けたのである。

問7 (2) 「悲しくも利己的」が誤り。アイコへの謝罪やアイコが慕う様子からわかるように、ミュウ先輩は利己的な人物として描かれていない。

(4) 「諦め」が誤り。ミュウ先輩の冗談めかした口調に滲んでいたのは切実さであり、諦めではない。

問8 (1) アイコについては、傍線部ウの直前の飛坂さんの発言に「受け止めてくれる人の存在は貴重なんだよ。アイコさんの真面目さや真剣さを、今、その先輩はきっと欲してる」とある。この内容に合うのは「他者への共感力が強い」である。

(2)　傍線部ⓑの前後に、アイコがアザを取ろうと病院に行ったがやめたことが書かれており、「だからこそ（＝アザを通して他人を見たからこそ）信頼できる人とだけ付き合ってこられた」と述べる。よだかについては【資料】の終盤に「痛みを知っている…だから自分はなにものも傷つけずに燃えて星になりたい」とある。この両者に共通するのは、「自分の力で乗り越えようとする」ではなく、「痛みに向き合おうとする」である。

//////////////////// · memo · ////////////////////

//////////////////// · memo · ///////////////////

2023年度

問題と解答

■一般選抜（統一地区）：1 月 26 日実施分

問題編

▶試験科目・配点

学部・学科等			教科	科目	配点
大学	児童学部		選択	「コミュニケーション英語Ⅰ・Ⅱ」，日本史B〈省略〉，「数学Ⅰ・A」，化学基礎〈省略〉，生物基礎〈省略〉，「国語総合（古文・漢文を除く）・現代文B」から２科目選択*	各100点
	栄養学部	栄養	選択	「コミュニケーション英語Ⅰ・Ⅱ」，日本史B〈省略〉，「数学Ⅰ・A」，化学基礎〈省略〉，生物基礎〈省略〉，「国語総合（古文・漢文を除く）・現代文B」から２科目選択*	各100点
		管理栄養	選択	「コミュニケーション英語Ⅰ・Ⅱ」，「数学Ⅰ・A」，化学基礎〈省略〉，生物基礎〈省略〉，「国語総合（古文・漢文を除く）・現代文B」から２科目選択*	各100点
	家政学部		選択	「コミュニケーション英語Ⅰ・Ⅱ」，日本史B〈省略〉，「数学Ⅰ・A」，化学基礎〈省略〉，生物基礎〈省略〉，「国語総合（古文・漢文を除く）・現代文B」から２科目選択*	各100点
	人文学部	英語コミュニケーション	外国語	コミュニケーション英語Ⅰ・Ⅱ	100点
			選択	日本史B〈省略〉，「数学Ⅰ・A」，化学基礎〈省略〉，生物基礎〈省略〉，「国語総合（古文・漢文を除く）・現代文B」から１科目選択	100点
		心理カウンセリング・教育福祉	選択	「コミュニケーション英語Ⅰ・Ⅱ」，「国語総合（古文・漢文を除く）・現代文B」から１科目選択	100点
			選択	日本史B〈省略〉，「数学Ⅰ・A」，化学基礎〈省略〉，生物基礎〈省略〉から１科目選択	100点

大学	健康科	看　護	外国語	コミュニケーション英語Ⅰ・Ⅱ	100点
			選　択	「数学Ⅰ・A」，化学基礎〈省略〉，生物基礎〈省略〉，「国語総合（古文・漢文を除く）・現代文B」から2科目選択*	各100点
		リハビリテーション	選　択	「コミュニケーション英語Ⅰ・Ⅱ」，日本史B〈省略〉，「数学Ⅰ・A」，化学基礎〈省略〉，生物基礎〈省略〉，「国語総合（古文・漢文を除く）・現代文B」から2科目選択*	各100点
	子ども支援学部		選　択	「コミュニケーション英語Ⅰ・Ⅱ」，日本史B〈省略〉，「数学Ⅰ・A」，化学基礎〈省略〉，生物基礎〈省略〉，「国語総合（古文・漢文を除く）・現代文B」から2科目選択*	各100点
短大	保育・栄養		選　択	「コミュニケーション英語Ⅰ・Ⅱ」，日本史B〈省略〉，「数学Ⅰ・A」，化学基礎〈省略〉，生物基礎〈省略〉，「国語総合（古文・漢文を除く）・現代文B」から2科目選択*	各100点

▶備　考

＊化学基礎，生物基礎2科目での受験は不可。

- 選択科目は，試験日当日問題を見てから受験科目を決められる。
- 大学・短期大学部共通問題。
- 家政学部造形表現学科の選抜方法には学力試験のみの選抜と実技試験のみの選抜があり，1月26日は学力試験のみ。

英語

（健康科（看護）学部：　50 分）
（健康科（看護）学部以外：2 科目 100 分）

I　次の問い（問１～問10）の空欄に入れるのに最も適切なものを，①～④の中からそれぞれ１つ選び，解答番号 [①] ～ [⑩] にマークしなさい。

問１　It rained [①] that the soccer match had to be cancelled.

① much more　② so many more　③ so much　④ too many

問２　Sara asked me what our teacher [②] about the test.

① had said　② saying　③ to be said　④ to say

問３　We can save a little money [③] an earlier flight.

① by taking　② have to take　③ so taking　④ must take

問４　[④] who left the front door open all night.

① Anybody knew　② Nobody knows　③ Somebody who knew

④ Whoever knows

問５　Even if the math problem is complicated, you will eventually [⑤].

① figure it out　② figure out　③ get figured out　④ to figure out

問６　Our teacher suggested [⑥] together on the presentation.

① been working　② could be working　③ that we work　④ what to work

問７　Mia enjoyed the movie, but Mike thought it [⑦].

① was bored　② was boring　③ will be bored　④ will bore

問８　[⑧] we sit outside since it is so nice today?

① What will　② Where to　③ Why aren't　④ Why don't

問9　If you don't have an umbrella, you are welcome to borrow [⑨].

① its　② mine　③ my　④ yours

問10　We should cook dinner at home [⑩] going out to eat.

① because of　② due to　③ instead of　④ other than

Ⅱ　次の問いに答えなさい。

問1　次の会話中の空欄に入れるのに最も適切なものを，①～④の中からそれぞれ1つ選び，解答番号 [⑪] ～ [⑭] にマークしなさい。

(1) Mia: Is this the right room for Introduction to American Literature?

John: It is, but like me, you're really early. It doesn't start for thirty minutes.

Mia: [⑪], so I always like to get to class a bit early.

① I told you when I would get here

② I want to get the best seat in the class

③ Nobody told me you were in this class

④ Yeah, I'm not really interested in this topic

(2) Mike: Hi, I'm checking in today. The last name is Anderson.

Lisa: OK, I see your reservation here.... I apologize, but your room has not been cleaned yet.

Mike: That's no problem. [⑫]

Lisa: Certainly, and we can text you when the cleaning staff is done.

① Could I leave my luggage here while I'm waiting?

② Could you suggest another hotel with rooms available?

③ Would it be OK if I cancelled my reservation?

④ Would you mind if I check in tomorrow instead?

(3) James: Hey, do you have a pen I can borrow? I thought I had one.

Grace: Um... let me look. Hang on. [⑬]

James: Sure, that works for me. Thank you.

① Didn't you borrow one last week?

② Do you need it for this class?

③ Why did you forget your pen?

④ Would a pencil be OK?

(4) Amy: The view up here is really nice, but it's so crowded.

Greg: Yeah, this place is packed every weekend. It's the closest hiking trail to downtown.

Amy: [⑭] I'd like to have the trail more to ourselves.

① More people should know about this.

② Next time let's come here on a weekday.

③ We should drive here again.

④ You can tell people to leave.

問２　次の会話を読み，質問や問題の答えとして最も適切なものを，①～④の中からそれぞれ１つ選び，解答番号 [⑮] ～ [⑰] にマークしなさい。

Brian: Hey, I just heard that the library is closing early this week. What should we do?

Dana: We could move our study group to the cafeteria. There's always space, and we can grab some drinks and snacks there, too.

Brian: Yeah, but it is pretty noisy. It gets really distracting there sometimes. Do you think we'll be able to concentrate?

Dana: That's a good point. I guess we could try to find an empty classroom.

Brian: That's a better idea. I know the arts building is usually open. I can go early and find us a space.

Dana: That sounds good. I'll text everyone in the group to let them know the plan.

Brian: Thanks, and would you remind everyone to bring their lecture notes, not just the textbook? A couple people didn't bring them last time.

Dana: No problem. Oh, I'll be a little late this time, though. I have to work until close at the coffee shop, but I'll come straight from work.

Brian: That's no problem. You always end up helping the group the most. Don't worry about it.

Dana: OK, see you on Thursday.

(1) What are the speakers mainly discussing? [⑮]

① a friend's new job

② a new homework assignment

③ a plan to study with friends

④ a problem with a librarian

(2) What is a problem with the school cafeteria? ⑯

① It closes early next week.

② It is difficult to concentrate there.

③ There are not enough tables.

④ You can stay for only one hour.

(3) What will Dana remind people to do? ⑰

① arrive on time

② bring their class notes

③ choose a place to meet

④ go to the library

問3　次の会話を読み，質問や問題の答えとして最も適切なものを，①～④の中からそれぞれ1つ選び，解答番号 ⑱ ～ ⑳ にマークしなさい。

Cindy: Hi, we're new to the neighborhood and wanted to see what types of kids programs are offered here at the community center.

John: Of course. Well, most families are interested in our sports programs. In the spring and summer, we offer swimming and tennis lessons.

Cindy: Oh, that sounds good. What about in the fall?

John: During that time, students tend to be busy with school, so we don't offer as many sports programs then, but we do have a lot of educational programs — how old are your kids?

Cindy: Our son is twelve and our daughter is seven. Do your classes have age restrictions? I'd like the kids to be in the same class.

John: Yes, for some. For example, your son is old enough for our robotics class. The minimum age is ten, but some classes, such as the art class, have a minimum age of six. Kids of different ages are in the same class but work on different projects.

Cindy: That could be fun. It would give them a break from concentrating only on school work, but before I choose, I want to talk to them about all the options here. I might even come back with them.

John: That's a good idea. You're welcome to look in on any of the classes in session. Oh, and we offer plenty of adult classes, too. We have some brochures at the front desk you can take.

Cindy: Thanks for all the information. I'm sure we'll find something here for everyone in the family.

John: Happy to help. We'll be here until 8:00 tonight and 6:00 on the weekend.

(1) Why does Cindy think an art class is a good choice? [⑱]

① Her children can take the class together.

② It is held at a convenient time.

③ It will help students complete their schoolwork.

④ The art class is the least expensive choice.

(2) Why is Cindy asking questions to John? [⑲]

① Her children are bored during spring break.

② The club placed an advertisement in the newspaper.

③ The community center was recently built.

④ The family just moved to the area.

(3) What will Cindy probably do next? [⑳]

① enroll her children in some classes

② go online to get more information

③ speak to her family about the club

④ take a practice class that afternoon

Ⅲ　次の英文を読んで，下の問いに答えなさい。

In the United States, public school budgets are constantly being squeezed, and administrators must find creative ways to boost student achievement. While it is critical that schools incorporate technology in the classroom, this is often prohibitively expensive. As schools search for the means to purchase laptops and tablets for students, a simpler method for increasing student achievement should be implemented as soon as possible: begin the school day later.

Numerous studies have shown that young people rarely get the eight to nine hours of sleep recommended by medical professionals. This can have a negative effect not only on students' ability to learn but also their physical and mental health, leading to such negative outcomes as anxiety and depression. Starting school later has been shown to increase the number of hours of sleep students get. That change, in turn, leads to improved test scores and healthier students. The improvement seems to be greatest at the onset of adolescence — therefore, the effects of changing school times are different for female and male students, who mature at different rates.

Studies generally agree that later start times have a positive effect on test scores. Some studies have also found additional benefits, one of which is a connection between later start times and reduced absences. However, these results have not been replicated in other studies, and experts disagree as to whether it is start times or other factors that are responsible for these findings. However, even without this additional benefit, later start times remain the most efficient means of improving student achievement.

What seems to be most important is not simply hours of sleep but the amount of daylight students have while awake. To study whether there is a correlation between sunlight and achievement, one group of researchers studied students at schools in two time zones. Although the schools started at the same time, because of their locations, one group of students started while it was still dark; the other started after the sun had risen. Students in the latter school had improved test scores when compared to students in the other school.

While this seems a simple fix, changing school start times has been a divisive issue. Some groups state that such a change will present a hardship to single-parent households or those with parents who do not have flexible working hours. For these families, a later start time could lead to issues concerning getting students to school on time or force children to be left at home unattended. This is an issue that needs to be dealt with, but creative solutions, such as having school playgrounds open earlier, could help.

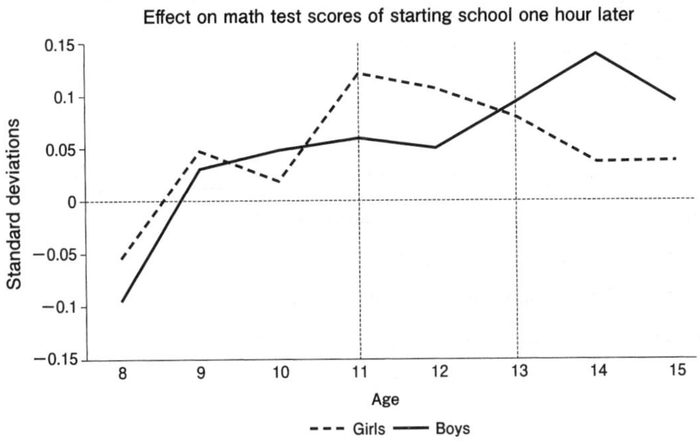

問 1　Why does the author mention computers in the first paragraph? [㉑]

① to describe an expensive way of improving students' skills

② to describe how students study from home

③ to explain a problem with the essay's proposal

④ to explain how research was conducted

問 2　In addition to more sleep, what factor described in the essay affects student achievement? [㉒]

① amount of sunlight

② class length

③ school closing times

④ teachers' experience

問 3　According to the text and graph, what is a reason for the differences in math scores at age 11? [㉓]

① Fewer girls than boys were in the study.

② Girls generally mature earlier than boys.

③ Girls generally take more challenging math classes.

④ The study measured boys' and girls' achievement differently.

問 4　What is the purpose of the fifth paragraph? [㉔]

① to describe the economic reason for later start times

② to explain why a study was not well designed

③ to provide a reason not to start school later

④ to provide an example from a specific school

問5 Which of the following would be the best title for the essay? [㉕]

① Cost-Effective Means of Increasing Student Achievement

② Differences in Student Achievement by Gender

③ Informal Methods of Increasing Student Achievement

④ Study Rejects Connection between Sunlight and Student Achievement

Ⅳ 次の英文を読んで，下の問いに答えなさい。

Today, getting in touch with almost anyone around the globe is as easy as opening an app on your phone. With communication so simple, it may seem unbelievable that there are still numerous societies that are defined as "uncontacted." However, this term, while commonly used, is easily misunderstood. Uncontacted tribes are aware other societies exist, but they have chosen to limit their interactions with individuals outside of their communities. Most of these groups are found in the rain forests of South America; however, they do live in other places as well.

Many of these tribes choose to avoid contact due to the consequences of interactions with previous generations of settlers, who took their land or enslaved their ancestors. Since those times, governments, academics, and nonprofit organizations have developed a number of different plans to protect these groups. However, the populations of many uncontacted tribes are decreasing and it is unlikely their numbers will return to those of even thirty years ago.

In the 1970s, it was common for governments to follow a policy of assimilation*. Uncontacted tribes were often pressured to leave their homelands and give up their traditions in order to become part of the dominant culture. However, due to a lack of interaction with other people, many members of these groups lack immunity to diseases for which other groups have built up a tolerance or are regularly vaccinated for. This has led to widespread illness and death among many of these groups following efforts at assimilation.

Since the 1980s, it has been the policy of some governments in South America to set aside lands for these groups and avoid contact — unless initiated by these people themselves. However, in practice this has not always yielded positive results, as a variety of businesses with economic interests in developing these areas — gas companies, farmers, ranchers — find much of this land perfect for their uses and work to push these people to smaller and smaller areas which cannot sustain them.

Some people, though, think some limited form of contact is needed in order to protect these groups. They argue that contact should be initiated and long-term relationships developed in order to provide uncontacted tribes with modern medical care. This would require aid workers to establish camps near these tribes to ensure they could receive the care they need.

Should modern vaccines and medical treatments be offered to these groups or should they simply be left alone? It seems that what is best is for these lands to be protected and real consequences created for companies that try to use them. Whether or not uncontacted tribes choose to increase their interactions with other groups is a decision that should be left solely to them.

*同化，順応

問 1　In the first paragraph, why does the author mention cell phone apps? ㉖

① to demonstrate a way that people often miscommunicate
② to describe how easy communication can be now
③ to explain something wanted by uncontacted tribes
④ to show how research on uncontacted tribes was completed

問 2　According to the author, what is most likely to happen to these groups in the future? ㉗

① Homes will be built for these groups.
② More groups will be discovered.
③ Their numbers will continue to decline.
④ They will refuse to contact people near them.

問 3　What type of policy concerning uncontacted tribes is described in paragraph 3? ㉘

① building modern housing where they live
② encouraging them to live healthier lives
③ forcing them to become part of other cultures
④ teaching about their culture in schools

問 4　What negative effect can occur when uncontacted groups meet with others? ㉙

① Their land is unprotected.
② They are not able to communicate.
③ They can become ill.

④ They do not want to return home.

問5　Which of the following is currently being done to help uncontacted tribes? [㉚]

① trying to protect their land from other people
② passing laws that provide the groups with money
③ providing communication equipment so they can ask for help
④ training people in these groups in modern medical methods

V

次の日本文と英文がほぼ同じ意味になるように，下の語句を並べかえて空欄を補い，文を完成させなさい。その際，それぞれ3番目と6番目に来る番号を選び，解答番号 [㉛] ～ [㊵] にマークしなさい。なお，文頭に来る語も小文字となっています。

問1　このプロジェクトを完成させるには，十分すぎるほどの時間だろう。

That _____ _____ [㉛] _____ _____ [㉜] _____ project.

① than　② to　③ enough time　④ finish　⑤ be more　⑥ this　⑦ will

問2　図書館を出るのが遅かったので，私が最後の一人になってしまった。

It was _____ _____ [㉝] _____ _____ [㉞] _____ the library.

① that　② so late　③ last　④ I was　⑤ to leave　⑥ the　⑦ person

問3　今週の勉強会に参加できると思いますか。

Do you _____ _____ [㉟] _____ _____ [㊱] _____ study group?

① be　② you　③ think　④ will　⑤ this week's　⑥ to join　⑦ able

問4　サイモンは上司に仕事を早く切り上げて帰っても良いか尋ねた。

Simon _____ _____ [㊲] _____ _____ [㊳] _____ early.

① if　② work　③ his　④ he could　⑤ asked　⑥ boss　⑦ leave

問5　彼らがしたいことは，今日中にそのプロジェクトを終わらせることです。

What _____ _____ [㊴] _____ _____ [㊵] _____ today.

① finish　② the project　③ is　④ do　⑤ to　⑥ want　⑦ they

数学

（２科目 100分）

数学の解答欄への記入方法

問題文の［　　］の中の解答番号に対応する答えをマークシートの解答欄の中から１つだけ選びマークしてください。

特に指示がないかぎり，符号（－，±）又は数字（０～９）が入ります。①，②，… の一つ一つは，これらのいずれか一つに対応します。それらを解答用紙の①，②，… で示された解答欄にマークして答えてください。

例１．［①②］に －５と答えるとき

①	⓪①②③④⑤⑥⑦⑧⑨●±
②	⓪①②③④●⑥⑦⑧⑨－±

例２．$\frac{\boxed{③④}}{\boxed{⑤}}$ に $-\frac{2}{3}$ と答えるときのように，解答が分数形で求められた場合，既約分数で答えてください。符号は分子につけ，分母にはつけません。（もし答えが整数であるときは分母は１とします。）

③	⓪①②③④⑤⑥⑦⑧⑨●±
④	⓪①●③④⑤⑥⑦⑧⑨－±
⑤	⓪①②●④⑤⑥⑦⑧⑨－±

小数の形で解答する場合，指定された桁数の一つ下の桁を四捨五入して答えてください。また，必要に応じて，指定された桁まで⓪にマークしてください。

例えば，［⑥］.［⑦⑧］に 2.5 と答えたいときは，2.50 として答えてください。

根号を含む形で解答する場合，根号の中に現れる自然数が最小となる形で答えてください。

例えば，［⑨］$\sqrt{［⑩］}$ に $4\sqrt{2}$ と答えるところを，$2\sqrt{8}$ のように答えてはいけません。

根号を含む分数形で解答する場合，例えば $\frac{\boxed{⑪}+\boxed{⑫}\sqrt{\boxed{⑬}}}{\boxed{⑭}}$ に $\frac{3+2\sqrt{2}}{2}$ と答えるところを，$\frac{6+4\sqrt{2}}{4}$ や $\frac{6+2\sqrt{8}}{4}$ のように答えてはいけません。

I　次の [①] ～ [㉑] の中に適切な数字を入れなさい。ただし，(1)，(3)については，［選択肢］の中から選びなさい。

(1)　xについての連立不等式

$$\begin{cases} 5-2x>1 \\ |x-1|<4 \end{cases}$$

の解は，[①] である。[①] にあてはまるものを，次の⓪～③の中から選び，その番号を答えなさい。

［選択肢］

⓪　$-3<x<2$

①　$2<x<5$

②　$x<-3,\ 2<x$

③　$x<2,\ 5<x$

(2)　$-\dfrac{1}{2} \leqq a \leqq 2$ のとき，$2\sqrt{a^2-4a+4}+\sqrt{4a^2+4a+1}=$ [②] である。

(3)　xについての2次関数　$f(x)=ax^2+bx+c$ のグラフを　$y=f(x)$ として描くと右図のようになった。このとき，a，b，c の符号は，

aは [③]，bは [④]，cは [⑤] である。

[③]，[④]，[⑤] にあてはまるものを，次の⓪～②の中から選び，その番号を答えなさい。ただし，同じものを選んでもよい。

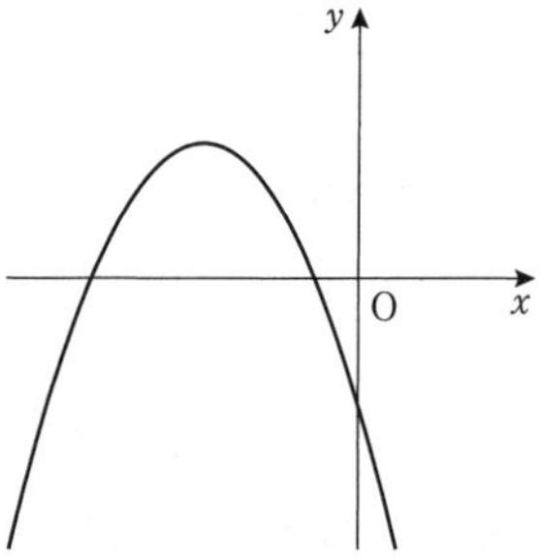

［選択肢］

⓪ 正　　① 負　　② 0

(4)　正四面体ABCDにおいて，BCの中点をMとする。このとき，

$$\sin\angle \mathrm{AMD}=\frac{[\ ⑥\ ]\sqrt{[\ ⑦\ ]}}{[\ ⑧\ ]}$$ である。

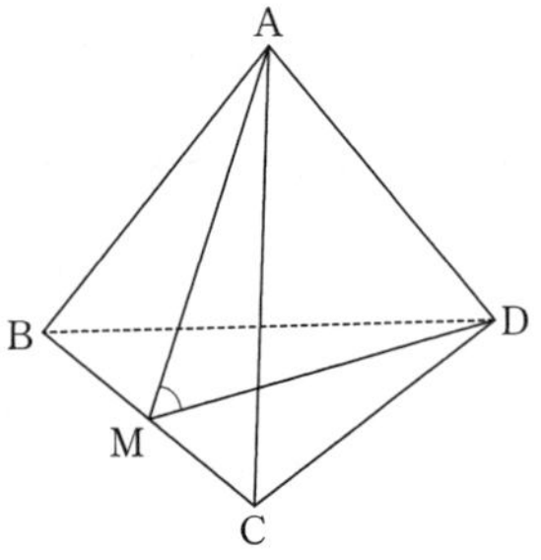

(5) あるサッカーチームにおいて，最近12試合の得点を調べると，0点が5試合，1点が1試合，2点が1試合，3点が1試合，4点が2試合，5点が2試合だった。この得点のデータにおける標準偏差は，[⑨]点である。

(6) A，B，C，Dの4人で剣道のトーナメント戦をすることになった。トーナメントの試合は図のようになっている。AがB，C，Dに勝つ確率はそれぞれ$\frac{1}{3}$，$\frac{1}{2}$，$\frac{1}{4}$である。CがDに勝つ確率は$\frac{2}{3}$である。このとき，Aが優勝する確率は，$\frac{⑩}{⑪⑫}$である。

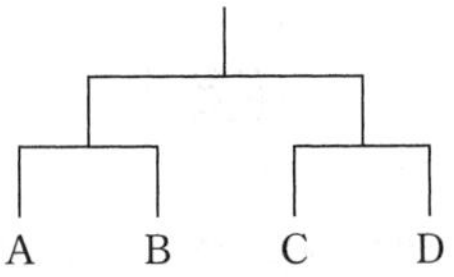

(7) 1625と1404の最大公約数は，[⑬⑭]である。

(8) $\frac{37}{54}$の小数第50位の数は，[⑮]である。

(9) 正八面体のすべての頂点を，平面で切断する（右図は，1つの頂点のみを切断した状態である）。ただし，各頂点の切断面に共通部分はないものとする。このとき，切断後の立体の頂点の数は[⑯⑰]，辺の数は[⑱⑲]，面の数は[⑳㉑]である。

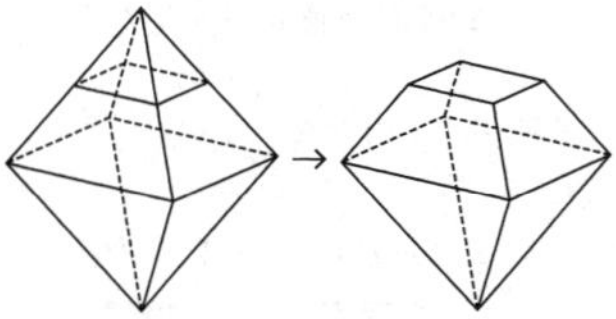

Ⅱ　右図のような直角三角形 ABC があり，$\angle C = 90°$，$AB = 10$ であり，$BC = a$，$CA = b$ とする。次の [㉒] ～ [㊴] の中に適切な数字を入れなさい。

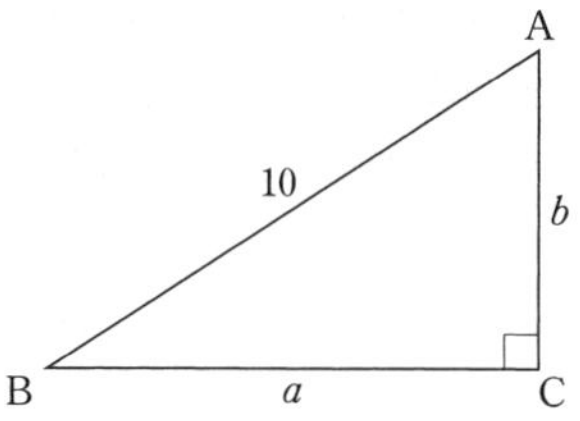

(1)　BC：CA = 4：3 のときを考える。

(i)　$a =$ [㉒]，$b =$ [㉓] である。

(ii)　直角三角形 ABC の内接円の半径は，[㉔] であり，外接円の半径は，[㉕] である。

(2)　内接円の半径を r とし，$BC = a$，$CA = b$ のときを考える。

(i)　r を a，b で表すと，$r = \dfrac{a + b - \text{[㉖㉗]}}{\text{[㉘]}}$ となる。

(ii)　$r = 1$ のときの a，b を求める。

各辺の長さは正であることと，三角形の存在条件より，a，b は不等式

$a > 0$，$b > 0$，$a + b >$ [㉙㉚] を満たす。

$\triangle ABC$ は直角三角形だから，三平方の定理より，$a^2 + b^2 =$ [㉛㉜㉝] を満たす。

$r = 1$ のとき，(i)より，$\dfrac{a + b - \text{[㉖㉗]}}{\text{[㉘]}} = 1$ を満たす。

これらから a，b を求めると，$a > b$ の場合，

$a =$ [㉞] $+ \sqrt{\text{[㉟㊱]}}$，$b =$ [㊲] $- \sqrt{\text{[㊳㊴]}}$ である。

Ⅲ　a を実数とする。x についての連立不等式

$$\begin{cases} x^2-(2a+5)x+a^2+5a-6<0 & \cdots\cdots(1) \\ x^2-(a^2+3)x-a^2-4>0 & \cdots\cdots(2) \end{cases}$$

について考える。次の［㊵］～［㊼］の中に適切な符号または数字を入れなさい。ただし，(2)～(4)については，［選択肢］の中から選びなさい。

(1)　$a=-2$ のとき，与えられた連立不等式を解くと，［㊵㊶］$<x<$［㊷㊸］である。

(2)　不等式 (1) を解くと，［㊹］，不等式 (2) を解くと，［㊺］である。［㊹］，［㊺］にあてはまる解として正しいものを，それぞれ次の⓪～⑦の中から選び，その番号を答えなさい。

［選択肢］

⓪ $a-1<x<a+6$　① $a-6<x<a+1$　② $a-2<x<a+3$
③ $a-3<x<a+2$　④ $x<-a^2-4,\ -1<x$　⑤ $x<-a^2-4,\ 1<x$
⑥ $x<-1,\ a^2+4<x$　⑦ $x<1,\ a^2+4<x$

(3)　連立不等式 (1)，(2) の解が存在するとき，a の値の範囲について正しいものを，次の⓪～④の中から選び，その番号を答えなさい。解答欄は［㊻］。

［選択肢］

⓪ $a<0$　① $-1<a<2$　② $a<2$　③ $a<-1,\ 2<a$　④ $a>2$

(4)　連立不等式 (1)，(2) を満たす整数解が存在するとき，a の値の範囲について正しいものを，次の⓪～④の中から選び，その番号を答えなさい。解答欄は［㊼］。

［選択肢］

⓪ $a<2$

① $\sqrt{3}<a<2$

② $-1<a<\sqrt{3}$

③ $a<\sqrt{3}$

④ $a<-1,\ -1<a<\sqrt{3}$

Ⅳ　優菜さんと美波さんが，根号を含む式の計算について話している。２人の会話を読みながら，次の［ ㊽ ］～［ 61 ］の中に適切な数字を入れなさい。ただし，(1)，(3)，(4)については，［選択肢］の中から選びなさい。

優菜：根号を含む式の計算をいくつかしていて，気になることがあったんだ。

美波：どんなこと？

優菜：$\sqrt{2}+3\sqrt{2}=4\sqrt{2}$ を書き換えると，$\sqrt{2}+\sqrt{18}=\sqrt{32}$ だよね。例えば，x，yを自然数として，$\sqrt{2}+\sqrt{x}=\sqrt{y}$ となるとき，それらの根号の中を簡単にすると，必ず，$\sqrt{2}+X\sqrt{2}=Y\sqrt{2}$（$X$，$Y$は自然数）の形になると予想してみたんだ。

美波：予想で終わらないで，命題にして考えてみよう。

優菜：次のようにするのはどうだろう？

> 【命題１】x，yを自然数とする。
> $\sqrt{2}+\sqrt{x}=\sqrt{y}$ ならば $\sqrt{x}=X\sqrt{2}$，$\sqrt{y}=Y\sqrt{2}$（X，Yは自然数）とかける。

美波：もう少しわかりやすく，次のように変えてみたよ。

> 【命題２】x，yを自然数とする。
> $\sqrt{2}+\sqrt{x}=\sqrt{y}$ ならば $x=2X^2$，$y=2Y^2$（X，Yは自然数）とかける。

優菜：いいね。では命題２を証明してみよう。

> 【命題２の証明】x，yを自然数とする。
> $\sqrt{2}+\sqrt{x}=\sqrt{y}$ のとき，両辺を２乗すると，
> $2+x+2\sqrt{2x}=y$
> $2\sqrt{2x}=y-x-2$

優菜：右辺が整数なので，左辺の $2\sqrt{2x}$ は根号が外れないといけないから，$x=2X^2$（Xは自然数）となりそう。

美波：証明なので，もう少し丁寧に説明しなくてはいけないよ。$2\sqrt{2x}=y-x-2$ から $x=2X^2$ を導きたいということは，左辺に代入して，$2\sqrt{2\times 2X^2}=y-x-2$，つまり，$4X=y-x-2$ だから $y-x-2$ が［ ㊽ ］であることを導けばいいんじゃないかな。

(1)　［ ㊽ ］にあてはまる言葉として正しいものを，次の⓪～④の中から選び，その番号を答えなさい。

［選択肢］

⓪ 2の約数　① 2の倍数　② 4の約数　③ 4の倍数　④ 8の倍数

優菜：なるほど。では命題2の証明の続きを書いてみよう。

【命題2の証明の続き】

両辺を2乗すると，

$$8x=(y-x-2)^2$$

ここで，$y-x-2$ を4で割った商を X とすると，余りは0か1か2か3である。

(i) $y-x-2=4X+1$ のとき

$8x=(4X+1)^2=$ ［㊾］(［㊿］X^2+X) $+$ ［51］となり，左辺を［㊾］で割った余りは0だが，右辺を［㊾］で割った余りは［51］となり等しくないので不適。

(ii) $y-x-2=4X+2$ のとき

$8x=(4X+2)^2=$ ［㊾］(［52］X^2+［53］X) $+$ ［54］となり，左辺を［㊾］で割った余りは0だが，右辺を［㊾］で割った余りは［54］となり等しくないので不適。

(iii) $y-x-2=4X+3$ のとき

$8x=(4X+3)^2=$ ［㊾］(［55］X^2+［56］$X+$［57］) $+$ ［58］となり，左辺を［㊾］で割った余りは0だが，右辺を［㊾］で割った余りは［58］となり等しくないので不適。

したがって，$y-x-2$ を4で割った商を X とすると，余りは0であり，

$y-x-2=4X$（X は自然数）とかけ，$8x=(y-x-2)^2$ に代入して，

$$8x=(4X)^2$$

よって，$x=2X^2$（X は自然数）とかける。

また，これを，$\sqrt{2}+\sqrt{x}=\sqrt{y}$ に代入して，

$$\sqrt{2}+X\sqrt{2}=\sqrt{y}$$

両辺を2乗して整理すると，

$$y=2(1+X)^2$$

よって，$1+X=Y$ とおくと，$y=2Y^2$（Y は自然数）とかける。　（証明終わり）

(2)　証明において，［㊾］〜［58］にあてはまる数字を答えなさい。

美波：すごい。うまく証明できたね。命題では「…とかける」と書いたけれど，それを別の形

で書く方法を調べてみたよ。平方数という言葉を使うけれど，平方数とはある整数の２乗になっている数のことで，0^2，$(\pm 1)^2$，$(\pm 2)^2$，$(\pm 3)^2$，…つまり，0，1，4，9…のこと。この言葉を用いると，命題は次のようになるよ。

【命題３】x，yを自然数とする。
$\sqrt{2}+\sqrt{x}=\sqrt{y}$ ならば ［59］

(3) ［59］にあてはまる言葉として正しいものを，次の⓪～④の中から選び，その番号を答えなさい。

［選択肢］

⓪ xは平方数，かつ，yは平方数

① $\dfrac{x}{2}$は平方数，かつ，$\dfrac{y}{2}$は平方数

② xは平方数，または，yは平方数

③ $\dfrac{x}{2}$は平方数，または，$\dfrac{y}{2}$は平方数

④ $2x$は平方数，または，$2y$は平方数

優菜：この命題３の逆は成り立つか考えてみたところ，反例を考えてみると成り立たないことがわかったよ。

美波：命題３の逆に反例があるということは，命題３の一方の条件が，他の条件に対する必要条件か十分条件かが判断できるね。

(4) 命題３の逆において，$(x,\ y)=$ ［60］ は反例である。命題３において，条件「［59］」は，条件「$\sqrt{2}+\sqrt{x}=\sqrt{y}$」であるための［61］。

［60］，［61］にあてはまる数値，言葉として正しいものを，それぞれ次の⓪～⑧の中から選び，その番号を答えなさい。

［選択肢］

⓪ (2，8)

① (8，18)

② (4，8)

③ (8，4)

④ (8，32)

⑤ 必要条件であるが十分条件ではない

⑥ 十分条件であるが必要条件ではない

⑦ 必要十分条件である

⑧ 必要条件でも十分条件でもない

国語

（二科目　一〇〇分）

一　次の【文章Ⅰ】、【文章Ⅱ】は、いずれもシン・ヒーキョン「デザインを教えることはできるのか――デザイン基礎教育について」『デザインに哲学は必要か』の一節である。これを読んで、後の問い（問1〜8）に答えなさい。解答番号は ① 〜 ⑯ 。

【文章Ⅰ】

デザイン designとは一体何を指すのか。オックスフォード英語辞典によると、「デザイン」は、「表現」もしくは「指定」を意味する動詞として一五四八年にはじめて登場し、一五五八年から「目的、目標、意図」を意味する名詞として使用され、その五年後には「計画、および、頭の中で考えていることを効果的に行動に移すために構想されたアイデア」という意味を持つようになったとされている。

これによるとデザインという単語は動詞的意味と名詞的意味を持つことがわかる。動詞的用法のデザインは「デザインすること」、つまり、イメージ・物・空間・システム・サービスといったものを創案し、計画し、発展させてゆく実践的行為を意味する。これに対して名詞的用法のデザインは、スケッチ、図面、モデル、プログラムといった最終成果物を指す。最近の傾向では、デザインは、デザイン生産者、デザイン制作行為（動詞のデザイン）、デザイン生産物（名詞のデザイン）、デザイン消費者から構成される一連のチャネルにおいて発生する複合的な現象だと定義される。つまり、デザイン生産者が何かをデザインし、その実践行為が人工物の形態をとり、その形態が消費者に伝達され、また消費者の反応が次のデザイン物の結果に影響を与えるという、ア躍動的なフィードバック過程の総体がデザインと呼ばれるのだ。

法則的な必然性や因果関係を解明する自然科学に対して、デザインは非線形的な曖昧さや多層性を抱え込んでいる。しかしデザインを構成する多層的なあり方は、みなそれぞれ異なる意味を持つにもかかわらず、それらは一括して「デザイン」と呼ばれる。そのかぎりでデザイン概念はヴィトゲンシュタイン*のいう家族類似性のようなものである。

イポストモダニズム以降、デザインの概念は様々に対立する概念の交差点に位置するようになっている。機能と装飾、生産と生活、産業と文化、人間と自然、機械と有機体、想像と現実、欲望と倫理、創造と破壊、科学と哲学、物質と精神、理性と感性、身体と心、自由と平等、保守と進歩、成長と分配、経済と生態系、理念と日常、伝統と革新、東洋と西洋、世界と地域といった対立概念群を基礎としてデザイン概念が成立するようになった。とりわけこの対立概念群のうち、伝統的なものと現代のもの、世界的なものと地域的なものといった時間軸と空間軸の対立軸が私のテーマとなっている。また私的領域と公的領域、クライアントと消費者、デジタルとアナログ、政治的な正しさと資本の論理など、我々の想像が許すかぎりの数多くの問題系と、相互に対立する諸理念が、デザインという概念のうちに溶け込んでいる。また人間と環境の相互作用に着目する環境心理学的なアプローチは、人間のためのデザイン、社会のためのデザイン、生態的デザイン、インターフェイスデザイン、インタラクティブデザイン、製品意味論、感性工学といったかたちをとって、デザインの領域を拡張しつつある。

社会・文化的なコンテクストのこうした変化にしたがって、デザインの概念は、成長、拡大、進化している。いまやデザインとは、イメージ、象徴、道具を用いて人工的環境を形成し、生活世界を改善する人間の行為だと定義できる。そこにおいて人間は常に変化する存在であり、無限の変化の可能性に開かれている以上、その人間が手がけるデザインもまた、固定された意味での普遍的なものではなく、持続的に変化する流動的なものとなる。だとすればデザインの成果物は、社会・文化的コンテクストにより実体化・具現化されたものであり、制作された時代と場所の制約を受けたモノないしはコトである。そうであるがゆえに我々は、その成果物を通じて、その当時の社会・文化状況を知ることができる。*ジェイ・ダブリンによれば、古代の遺物を通じてその当時の時代状況を読み解くことができるように、〔ウ〕一つのデザイン成果物は、当時の文化の「凍結された情報 frozen information」なのである。

多様に拡散するデザインの定義のうちで、とくに私が注目するのが「道具としてのデザイン」論である。それがデザインと呼ばれるはるか以前から、精神的な安心感を得るためのイメージやモノ、より豊かな衣食住のための便利な手段とそのための空間など、様々な人工物からなる環境を人類は創造し続けてきた。こうしたデザイン以前のデザインに注目するのが「道具論」である。道具論においては、人間はそもそもはじめから道具的存在者、つまり「ホモ・ファーベル homo faber」として、原始時代から生存のための道具制作に勤（いそ）しんできたと考えられている。生活環境の形成そのものがデザインだとするなら、道具を作り、衣服をまとい、生活環境を整えるなど、原始時代から様々なかたちで我々はデザインに従事してきたのだ。

インターネット・テクノロジーやユーザー・インターフェイス技術の発達により、使用者参加型の新しい文化現象が〔A〕タイトウし、いままでの生産者本位のデザイン概念が〔B〕ドウヨウしている。こうした状況にあって、〔エ〕道具論はいまなお有効である。「道具としてのデザイン」が原始時代に存在したように、いま現在においても、インターネットをはじめとしたあらゆる場において、自分たちの生活と環境を美しくかつ新たに形成するために、一般の人々がデザインに参加している。いまや天才的なデザイナーだけでなく、すべての人々がデザインの主体になりうるのである。デザイナーは天与の才を〔C〕ソナえる人間だとする考え方がある一方で、普通の人々の生のすべての足跡こそ、デザイン行為とその意思の痕跡だとみなされるのである。

孤高の天才が一人でデザインするという考え方に対して、近年ではマーケティングが重要視されるようになり、チームでデザインする傾向が強まっている。スターデザイナーという神話は個人主義のイデオロギーにすぎず、実のところ集団的な産物であるものを一人の個人の才能に帰属させているにすぎないといった批判が目につくようになってきた。このように、天才肌の作家型デザイナーの終焉(しゅうえん)が喧伝(けんでん)される時代となってはいるが、スターデザイナーのイデオロギーはいまでも完全には消えていないし、今後も消えることもないと思われる。そうはいっても実際にはチームによるデザインが主流になりつつある。

デザインに対する視野を拡張するならば、デザイン能力とは、人間であれば誰しもがソナえるある種の先天的能力だと解釈できる。ヴ*ィクター・パパネックの『生きのびるためのデザイン』もまたこの考え方を支持している。

ルネッサンスから今日に至る時代の変遷においてデザインの定義が、また[オ]デザイナーの概念も時代とともに変化してきた。まず、一九世紀の工業的な大量生産の時代に、製品のプロトタイプを制作する職業的なデザイナーという概念が生まれた。それに対して、社会改革者であるウィリアム・モリスは、工芸家、アバンギャルド、革命家、教育者としてのデザイナー像を提示した。また二〇世紀前半の*バウハウスにおいてマイスターたちは教育者であり、同時に芸術家、技術者であったが、二〇世紀の後半になると、コンサルタント、マーケッター、企画者、経営者、戦略家、事業家、イノベイター、コーディネーター、スターといった多様なデザイナー像が生まれる。

デザイナーの新しい役割とは、人々を魅了するスタイルを提案することであり、それにより流行を導くことだと主張された時代があった。その時代には、流行のスタイルに溺れ、欲望を刺激され操作される消費者たちの群れも生まれた。マーケティングを通じて資本主義の[D]イチヨクを担うようになったデザイナーたちは、その後、市場の「見えざる手」と広告代理店の「調整する手」のあいだで綱渡りを上手に演じることになる。

二一世紀においては、生産や造形の未来像を最初に着想する職能人としての空想家visionary、世界全体を見渡すことができる統合者、人や物事をつなぐコーディネーターへとデザイナーの役割が拡張している。かつての造形的なデザイナーが不要になったのではなく、デザイナーの役割と範囲が造形デザインを超えて広がったのである。

このようにデザイナーたちは、生産と使用、標準化と差別化、物質的記号と非物質的記号、機能と欲望、イデオロギーと美学、社会主義と資本主義といった対立軸のあいだで、その社会的役割を柔軟に変化させつつも、とはいえ自由と平等というイデオロギーの枠を踏み外すことなく、自らの存在理由を進化させてきている。資本主義の内部でのデザイナーの役割がこのように変化するにつれ、使用者もまたデザインに参加するようになった。そこにおいてプロシューマーという言葉が、生産者（プロデューサー）と消費者（コンシューマー）の合成語として生まれた。製品を使用する消費者が製品開発やデザイン開発に参加することで、生活者が生産の主体の地位に入り込み、従来の生産者対生活者という二元的な構図が崩れはじめる時代の到来をこの言葉は示している。

使用者がデザインの企画や製品の生産過程に参画することにより、カデザイナーの独占的地位が民主化される。情報・メディア技術が進歩し、民主化思想が文化的に拡散することにより、この傾向はこれからも持続する可能性が高い。先の道具論で述べたように、人間であれば誰しもがソナえている普遍的なデザイン能力が、デザイナーから大衆に解放されつつあるのだ。いまや市民の目がデザインを吟味し、その質的水準を決定するようになり、市民もデザイン文化の主体として参加する時代となった。

デザイナーが取り組む問題には、問題自体を明確に定義することが難しいものが多く、したがってそれに対して最終的な解決案を提示することも難しい。完全な解決策を提示できないとなれば、次善の策として、使用者とのコミュニケーションを通じてその多くが納得する案を提示するほかないだろう。このようにデザイン過程に使用者が参加することにより、使用者とデザイナーがともに同等な主体となって共同してデザインを行う民主主義的なデザインプロセスがEヨウセイされる。それを取り扱うのが、参加型デザインの方法論である。

しかしこうした方向性が強まると、デザインは企画、調査、方法論、コミュニケーション技法、感性工学、経営などといった隣接領域へと解体されることになりかねない。つまり、デザインの脱デザイン化現象が加速することになる。そうした事態を避けるため、デザイナーが自らの専門性を守りつつ、デザイン領域の拡張に対応する必要がある。そのためには、伝統的なキデザイン教育は専門性をより深化する一方、また横断的で学際的なものへと変わらざるをえない。

(注)　*ヴィトゲンシュタイン……オーストリア生まれのイギリスの哲学者。

*ジェイ・ダブリン……オーストリア生まれのデザイナー、教育者。

*ヴィクター・パパネック……オーストリア生まれのアメリカの工業デザイナー。

*バウハウス……ドイツの造形学校。マイスターはその教員。

【文章Ⅱ】

いまやデザイン界は、デザイナーとともに、デザイン利害関係者（ステークホルダー）を含めたデザイン生態系を形成している。デザイナーたちの役割も造形デザインだけではなく、調査やプランニングなど多岐にわたる。それゆえデザイナーは、たんに造形教育だけでなく、新しく拡張されたデザイン領域において他の学問分野と連携するため、学際的教育を受けるべきである。それと同時に、デザイン分野以外の人々も、デザインに関する基礎的理解や見識を持つよう学習すべきである。こうした事情が、デザイン職業教育に対しては学際的融合教育を、デザイナー以外の人々に対しては幼い頃からのデザイン一般教育を強化すべき理由である。

いまのコンピュータ全盛の時代においては、基礎造形（伝統的なデザイン）の成果は、イメージ、言葉、数字といったコンピュータ上の表現、すなわちデータへと変換しうる。だとすれば、造形を言葉に変え、言葉を数字に変え、数字をふたたび造形として表現する、その繰り返しのトレーニングこそ、教育の実質的内容となろう。その過程において学生たちは五感、とくに視覚と聴覚を研ぎ澄まし、コミュニケーション能力を向上させるだろう。その意味においても、伝統的な造形教育に加え、リテラシー教育を含む学際的教育が必要となるのである。

（本文中に一部省略・改変したところがある）

問1　二重傍線部A～Eに相当する漢字を含むものを、次の各群の①～⑤のうちから、それぞれ一つずつ選びなさい。解答番号は [①] ～ [⑤] 。

A　タイトウ　[①]

① 新しい時代のタイドウを感じる。
② 土砂がタイセキする。
③ タイフウの目に入る。
④ タイゼンジジャクとしている。
⑤ タイダな生活を見直す。

B　ドウヨウ　[②]

① ヨウシュンの光がまぶしい。
② 友とホウヨウを交わす。
③ ヨウヨウとして心が定まらない。
④ 祖父はミンヨウ歌手だ。
⑤ 母はブヨウカだ。

C　ソナえる　[③]

① 国力のスイビを憂える。
② ショウビの問題となっている。
③ 農作物のビシュウにこだわる。
④ ミサイルをツイビする。
⑤ 政府のビチクマイ制度。

D　イチヨク　[④]

① その打球はウヨク席に吸い込まれた。
② ヨクヨウに富んだメロディー。
③ この土地はヒヨクだ。
④ ニッコウヨクを楽しむ。
⑤ 課題をヨクネンに持ち越す。

E　ヨウセイ　[⑤]

① イッセイに起立する。

② シュッセイ兵士の日記を読む。

③ つらい過去をセイサンする。

④ 国にセイガンショを提出する。

⑤ 選手センセイを行う。

問２ 傍線部ア「躍動的なフィードバック過程の総体がデザインと呼ばれる」とあるが、それはどういうことか。その説明として最も適当なものを、次の①～⑤のうちから一つ選びなさい。解答番号は ⑥ 。

① デザインには、モノを創案するという当初の役割だけでなく、空間やシステム、サービスなどの立案・計画についても含まれるとするのが本来の定義であるということ。

② デザインには動詞的意味としての「デザインする」こと、名詞的な意味としての最終成果物、そしてデザインを受容する消費者の三者が必要であるということ。

③ デザインを構成する要素には様々あるが、もっとも重要な要素は、既出のデザインに対して評価や改善点を検討し軌道修正を行う作用であるということ。

④ デザインは、最近の傾向としてデザインする行為及び生産物に加えて、消費者の反応が次のデザインに影響するという一連の複合的要素の総合を指すということ。

⑤ デザインの定義は「頭の中で考えていることを効果的に行動に移すために構想されたアイデア」だが、最近は構想から成果までの全段階を指すということ。

問３ 傍線部イ「ポストモダニズム以降、デザインの概念は様々に対立する概念の交差点に位置するようになっている」とあるが、それはどういうことか。その説明として最も適当なものを、次の①～⑤のうちから一つ選びなさい。解答番号は ⑦ 。

① ポストモダニズム以降、近代の超克を目指して多文化を受け入れようとする意識から東洋と西洋、伝統と革新、経済と生態系などの対立する問題を解決しようとする動きが盛んになり、二項対立的な位置づけでデザインが考慮され始めたということ。

② ポストモダニズム以降、インターネットをはじめとする技術革新により、人間のためのデザインに限らず、インターフェイスデザイン、インタラクティブデザイン、感性工学など、デザインの領域も急激に拡張されつつあるということ。

③ ポストモダニズム以降、社会的・文化的なコンテクストは常に変動し続けているため、社会的・文化的コンテクストによって実体化・具現化されるデザインもまた、普遍性を志向するものから流動的なものになってきているということ。

④ ポストモダニズム以降、近代の価値観への反発から、人間と自然、世界と地域、科学と哲学などのような対立概念群を基礎としてデザイン概念が成立するようになり、相互に対立する諸理念が溶け込んだデザインの概念が拡大しているということ。

⑤ ポストモダニズム以降、スケッチ、図面などといった従来のデザインは徐々に姿を消しつつあり、いまやイメージ・象徴など形のないものからＶＲを用いて人工的環境を形

成するところまで進化し、デザインの概念を大きく変えたということ。

問4　傍線部ウ「一つのデザイン成果物は、当時の文化の『凍結された情報 frozen information』なのである」とあるが、それはどういうことか。その説明として最も適当なものを、次の①～⑤のうちから一つ選びなさい。解答番号は [8]。

① デザインの技術は社会・文化的コンテクストの変化にしたがって変化することから、歴史的・社会的変化を知れば、デザインの変遷も知ることができるということ。

② デザインは人工的環境を形成して生活を改善しようとする人間の営為なので、成果物には文化的な生活を実現してきた人類の叡智が凝縮されているということ。

③ 人間の生活と密接につながる道具は時代と場所の制約を受けるものなので、デザインの成果物からその時代・土地における人間の文化的生活がわかるということ。

④ デザインは制作された時代と場所に紐づけられたものであるため、当時受けていた制約の程度によって、そのデザインの成果物の価値が測れるということ。

⑤ デザインは普遍的・固定的なものではなく、社会・文化的なコンテクストの中で変化するものであるため、成果物から当時の文化状況が読み解けるということ。

問5　傍線部エ「道具論はいまなお有効である」と筆者が述べる理由として最も適当なものを、次の①～⑤のうちから一つ選びなさい。解答番号は [9]。

① 「道具論」では、精神的な安心感やより快適な衣食住のためのイメージなど、デザイン以前のデザインに注目するが、現代はこれまで以上に精神的な安心感を求める人々が増えているという点で「道具としてのデザイン」が求められているから。

② インターネット・テクノロジーやユーザー・インターフェイス技術の発達により、天才的な一人のデザイナーの作品よりも、普通の人々による数多くのデザインの方が人目に触れる機会も増えて活用される場面が多くなっている時代だから。

③ 人間が原始時代から道具を作り、衣服をまとうなど生活環境そのものをデザインしてきたように、職業デザイナーではない一般の人々があらゆる場において生活環境を整えるために道具としてのデザインに参加する時代だから。

④ 「道具論」においては、人間ははじめから生存のための道具づくりを行ってきたと考えられているが、大量生産が主流であった時代から各人が自分の好みに合わせたものを選ぶ時代に変わって以来、個人がデザインの主体となっているから。

⑤ デザイン以前のデザインに注目するのが「道具論」であり、使用者参加型の新しい文化現象がみられる現在は、デザイン概念そのものが、生産者主体のものから使用者主体のものへと変化しているから。

問6　傍線部オ「デザイナーの概念も時代とともに変化してきた」とあるが、次の【メモ】はこの内容を整理したものである。これについて、後の(1)・(2)に答えなさい。

【メモ】

〈「デザイナー」の概念の変化〉

●一九世紀の大量生産の時代

プロトタイプを制作するデザイナー

⇔　対立軸は［Ⅰ］など

工芸家、革命家、教育者としてのデザイナー

●二〇世紀

デザイナーの役割は流行を導くこととされた

＝マーケティングを通じて［Ⅱ］となる

●二一世紀

デザイナーの役割が、本来的な［Ⅲ］である面も残しつつ、広範囲に拡張している時代

＝人や物事をつなぐコーディネーターへ

↓

（まとめ）デザイナーは社会的役割を変化させつつ、自らの［Ⅳ］を進化させてきている

〈社会的背景〉

［X］

［Y］

［Z］

二元的な構図が崩れはじめる時代の到来

(1)　【メモ】の空欄［Ⅰ］〜［Ⅳ］に入る語句として最も適当なものを、次の各群の①〜④のうちから、それぞれ一つずつ選びなさい。解答番号は［⑩］〜［⑬］。

Ⅰ　［⑩］　①　生産と使用　②　標準化と差別化　③　保守と進歩　④　機能と欲望

Ⅱ　［⑪］　①　多様な役割を演じる者　②　見えざる手　③　人々を魅了する社会改革者　④　資本主義の担い手

Ⅲ　［⑫］　①　最新スタイルの提案者　②　生産や造形の主体　③　イデオロギーと美学の調停者　④　職業的デザイナー

Ⅳ　［⑬］　①　パラダイム　②　イデオロギー　③　レゾンデートル　④　ヒエラルキー

(2)　【メモ】の空欄［X］・［Y］・［Z］に入る語句の組み合わせとして最も適当なものを、次の①〜⑤のうちから一つ選びなさい。解答番号は［⑭］。

①　X＝工業化社会　Y＝脱工業化社会　Z＝格差社会

②　X＝産業社会　Y＝高度消費社会　Z＝循環型社会

③　X＝工業化社会　Y＝資本主義社会　Z＝低成長社会

④　X＝産業社会　Y＝消費文化社会　Z＝情報化社会

⑤ X＝伝統社会　Y＝大衆社会　Z＝多文化社会

問7 傍線部カ「デザイナーの独占的地位が民主化される」とあるが、それはどういうことか。その説明の組み合わせとして最も適当なものを、後の①～⑥のうちから一つ選びなさい。解答番号は ⑮ 。

ア 使用者がデザインの企画や製品の生産過程に参加し、デザイナーと同等な立場で共同してデザインを行うということ。

イ 生活者が生産の主体の立場に入り込み、生活者の求めに応じた生産が目指されるようになるということ。

ウ 有能なデザイナーだけが持つとされたデザイン能力が、情報技術の発達に伴って大衆が習得可能なものとなるということ。

エ 使用者とのコミュニケーションを通して使用者とデザイナーがともに問題の解決策を模索するということ。

オ デザインを吟味し、デザインの質的水準を見抜く目を持つ市民が、デザイン文化を率いる主体となるということ。

カ デザイン能力の高いデザイナーが、生産者と消費者の仲介役となり商品開発を合理的に進めていくということ。

① アとウ　② アとエ　③ イとエ　④ イとカ
⑤ アとイとエ　⑥ イとウとオ

問8 傍線部キ「デザイン教育」について五人の生徒が【文章Ⅱ】の内容も参考にして話し合った。【文章Ⅰ】・【文章Ⅱ】の趣旨を踏まえた発言の内容として最も適当なものを、次の①～⑤のうちから一つ選びなさい。解答番号は ⑯ 。

① Aさん… 【文章Ⅰ】には、デザイン教育は「横断的で学際的なものへと変わらざるをえない」とあるけど、【文章Ⅱ】にはデザイナー以外の人々に対してもデザイン教育が必要だとある。デザイン教育は国民にとって重要な関心事なんだね。

② Bさん… いや、でも【文章Ⅱ】にはデザイナー以外の人々に対しては「幼い頃からのデザイン一般教育を強化すべき」とあるよ。つまり学校教育において、図画工作や美術の授業をもっと充実させていこうという意味だと思うよ。

③ Cさん… そうかな。デザイナーが「新しく拡張されたデザイン領域」を学ぶ必要があるのと同時に、一般の人にも環境をよりよくするためのデザインに関する理解が必要なんだよ。例えばユニバーサルデザインもそうだよ。

④ Dさん… 一口にデザイナーといっても、それぞれにいろいろな役割を担っているということがわかったよ。デザイナーになるためにはマルチな能力を養う必要があるんだね。

⑤ Eさん… 【文章Ⅱ】ではコンピュータ上の表現も含めているね。【文章Ⅰ】にはデザイ

ンの役割と範疇が広がったとあるので、デザインの定義をはっきりさせてからでないと、デザイン教育の強化方針が見えてこないと思うな。

二　次の文章は、澤田瞳子『輝山』（徳間書店）の一節である。六歳で石見銀山近くの正覚寺に預けられた喜三太は、栄久として、住職の叡応とともに五年を過ごした。ある日母の満寿が迎えに来たが、銀山で働く友人の小六が重傷を負ったことで、幼い子が銀山で働かなくてもすむようにしたいと考える栄久は母の申し出を断った。これを読んで、後の問い（問1〜8）に答えなさい。解答番号は 17 〜 33 。

「これまで二親と離れていらした満寿どのが、栄久に豊かな将来をと願われるのは道理じゃ。されど父母がおらずとも、栄久はこの数年の間に時にわしすらたじろがせるほどしっかりとした小坊主と育った。ならばその成長を嘉し、好きにさせてやることこそが、年経た大人の務めなのではあるまいか」

「で、ですが。喜三太はわたくしの一人息子なのでございます」

声を震わせる満寿に、「一人息子であればこそなおじゃ」と叡応は畳みかけた。

「子を己の羽交いの下に抱え込もうとするは、一見、愛情と見えて、実はただの愛着じゃ。愛しい我が子であればこそ、親はその手を放し、世の中に歩み出させてやらねばならぬ。栄久はすでに自らの意思で、この銀山町での暮らしを選び取った。ならばそれを諾ってやることこそが、母御たる満寿どのの務めであろう」

「わたくしに――わたくしに出来ることは、もはやないのですか」

叡応に問い返す声は、先ほどまでの勢いを失い、どこか途方に暮れた気配すら孕んでいた。

満寿とて、愚かではない。京からここまでの道中、息子に拒まれるやもと恐れを抱いたことは、幾度もあったはずだ。それでもなお寺を訪れ、栄久に拒絶されてもすがりつこうとしたのは、その胸裏に期待と恐れが相半ばしていればこそだったのだろう。

無言の叡応に、満寿は薄い肩が上下するほど大きな息をついた。板間にがばと両手をついたままの栄久をまっすぐ見つめ、「――大きくなったのですね」と唇を震わせた。

なにかを堪えるかのように、自らの胸を両手で押さえ、双眸を強く閉ざす。そしてやおら叡応に向き直り、「栄久をよろしくお願いします」と深々と頭を下げた。

「息子をここまでお育て下さったこと、まことにありがたく思っております。もはや何も出来ぬ我が身が歯がゆうございますが、これからも栄久をどうぞお導き下さい」

「もちろん。出来る限りのことは、命に換えてもさせていただきまする」

叡応が満寿に向かって一礼したとき、「あ、あの」と栄久が二人の間に割って入った。

「その……もし出来れば、わたくしの願いを一つだけ、叶えていただけましょうか」

なに、と叡応が目を丸くする。それを遮るように、「わたくしはこの五年の間、叡応さまにひとかたならぬお世話になって参りました」と栄久は言葉を続けた。

「僧侶としてのあれこれはもちろん、仮に還俗したとしてもBひとかどの人物となれるよう、読み書きに算術の基本はお教えいただきましたし、三度の飯も一度として足りなんだことはございません」

なにを言い出すとばかり、*金吾は叡応と目を見交わした。だが栄久はそれを顧みもせぬまま、「ついてはわたくしをここまで養って下さった御礼として、銀*五百匁、この寺にご寄進いただけませんでしょうか」

と、ひと息に言い放った。

「栄久、おぬし」

「馬鹿な。何を考えているんだ」

叡応と金吾の制止が錯綜する。だが満寿はイ男二人の狼狽の理由が分からぬ様子で、「銀五百匁……その程度であれば、喜んでご寄進させていただきますが」と、きょとんと眼をしばたたいた。

「元々、喜三太を京に伴うことになったならば、正覚寺には多額の寄進をと心に決めていたのです。ご住持さえご迷惑でなければ、銀五百匁といわず、十貫でも二十貫でも喜んで喜捨させていただきます」

「いいえ。銀五百匁、それだけがよろしいのです。どうかそれ以上はご無用に願います」

ひと膝詰め寄りながら言葉を重ねる栄久に、満寿はいまだ顔に当惑を浮かべつつも、静かにC顎を引いた。

「わかりました。その程度の銀子であれば、明日の朝一番に大森の両替商で振り出してまいりましょう。……もしや栄久どの、その銭は怪我を負った朋友のために入り用なのですか」

無言で首肯した栄久に、満寿は「そうですか」と皺の刻まれた目元を和ませた。

「(b)本当に……本当に大きくなったのですね。そんなあなたを無理に連れていこうとしたわたくしが愚かでした」

「いいえ、わずかながらも母さまにお目にかかれ、嬉しゅうございました」

手をつかえる栄久に、満寿の眸がまたしても潤む。しかし満寿は袖口で素早く目元を押さえると、無言で板間から立ち上がった。敷居際で三人に向かって深々と一礼するや、そのまま小走りに境内を過ぎってゆく。

その小さな後ろ背が石段に消えるや否や、「え――栄久ッ」という叡応の怒号が、庫裏に響き渡った。

「お、おぬしは何を考えておるのじゃ。銭をいただき、*間歩を営むなぞ、僧の本分ではないとわしが申していたのを聞いておらなんだのかッ」

「確かに聞いておりました。ですがそれは代官所から銭をいただくかどうかを悩んでおられればこそでしょう。わが母は叡応さまのご意志とは関係なく、ただこの寺に銀五百匁を寄進するのです。ならば［ X ］ではないでしょうか」

あっさりと言ってのけた栄久に、「なに」と叡応が鼻先を弾(はじ)かれたように息を飲んだ。

なるほど喜捨とはもともと、御仏(みほとけ)に仕える僧を通じて庶人が善行を積む行為を指し、その妨害は人々の慈悲行を阻むことにつながる。「いただかれればいいのです」と、栄久はにっこり笑った。

「わたくしがこの寺に入って以来、叡応さまはわたくしに飯を食わせ、学問や行儀をお授けくださいました。いわば母からの寄進は、その謝礼。その一事だけでも、受け取らぬ理由はありますまい」

「さ、されど。ならばいったい誰が、その銭で求めた間歩の山師(やまし)になるのじゃ。わしが申すのも妙な話じゃが、人は財を前にすれば変わるもの。ましてやこの先、五年十年と間歩を任せるとなると、よほど信の置ける者でなくてはならぬぞ」

確かに間歩からの収入が銀山町の子供たちの手に渡るとなれば、その管理はいやが上にも慎重を期さねばなるまい。

叡応の問いに、栄久は確かに、と考え込む面構えになった。だがやがて、はっと顔を上げ、「いっそそれであれば」と己の膝を叩(たた)いた。

「わたくしが還俗して、山師になります。ならば、叡応さまも安心して間歩を任せてくださいましょう？」

「馬鹿をぬかせッ。わしは山師にするために、これまでおぬしの面倒を見てきたわけではないぞ」

読経で鍛えられた叡応の声は、その気になれば障子紙を震わすほどに大きい。金吾と栄久は申し合わせたかのように、身を引いた。

とはいえ金吾は知っている。叡応がこの貧乏な正覚寺をたった一人の弟子たる栄久に託すことに、躊躇(ちゅうちょ)を覚えていたことを。だとすれば、この小坊主の将来が間歩の山師というのも、案外、悪くないではないか。

銀山町の山師はそのほとんどが、D海千山千の男たち。そんな中に交じって、たった十一歳の栄久がやってゆけるのかと案じられはするが、彼には小六という頼もしい朋友がいる。身体こそ自在にならぬとはいえ、藤蔵山(ふじぞうやま)と五郎左山(ごろうざやま)、二つの間歩で働いてきた彼の助言があれば、案外どうにかなるのではなかろうか。

（それに町内の奴らも、面白がって手助けをするだろうしな――）

「だいたいおぬしがおらねば、この寺に暮らすのはわし一人になってしまうではないか。それが長年の師僧に対する、おぬしの礼儀か」

「いえいえ、ご心配なく。わたくしの銀山町の住まいは、いついかなる時もこの正覚寺しかありません。仮に還俗をしたとて、常の寝起きはここでさせていただきます。境内の掃除も閼(あ)

伽の水汲みも、これまで通りわたくしが務めましょう」

「ふん、戯言も休み休み言え」

ウ吐き捨てる叡応にはお構いなしに、栄久はひょいと土間に飛び下りた。竈にかけっぱなしだった粥の鍋の蓋を取り、ああとE肩を落とした。

「うっかり火から下ろすのを忘れていたせいで、すっかり粥が煮詰まってしまいました。ところどころ焦げている気もしますが、叡応さま、今日はこれで勘弁してください」

言うが早いか箱膳を取り出して夕餉の支度を始める栄久に、「こら、待て。話はまだ終わっておらんぞ」と叡応が眉を吊り上げる。

はいはい、とそれを受け流しながら、手早く糠床から漬物を取り出す小坊主の明るい横顔に、金吾はふとエ『小野篁歌字尽』の一節を思い出していた。

――ひはときに　人はさむらい　やまいはに　やまはそばだつ　たたずむはまつ

偏や旁が同じ漢字を連ね、それらを記憶しやすいよう歌の形にまとめているだけなのだから、その和歌に確固たる意味がないことは承知している。だが今の金吾には不思議にそれが、栄久の――いや、この町の少年たちについて述べている気がした。

（やまはそばだつ、たたずむはまつ、か――）

険しい仙ノ山を仰いで、生きてきた少年たち。あるいは貧乏な暮らしのただなかに、あるいは母に捨てられた寺暮らしの中にたたずんでいた彼らはいま、 Y 。

（本文中に一部省略・改変したところがある）

（注）　＊金吾……石見国大森代官所の中間。密命により江戸から大森銀山に赴いている。

＊銭五百匁……銀一匁は現在の千二百五十円ほどにあたる。

＊間歩……鉱山の穴。坑道。

問1　二重傍線部A～Eの本文中における意味として最も適当なものを、次の各群の①～⑤のうちから、それぞれ一つずつ選びなさい。解答番号は 17 ～ 21 。

A　たじろがせる 17

①　あわてさせる
②　不安にさせる
③　ひるませる
④　混乱させる
⑤　迷わせる

B　ひとかどの 18

①　一途な
②　お人よしの
③　おおげさな

④ 思慮深い

⑤ 一人前の

C 頤を引いた 19

① うなずいた

② 姿勢を正した

③ 気を引き締めた

④ うつむいた

⑤ 目を閉じた

D 海千山千の 20

① あの手この手で人を巧みにだますような

② 世の中の事情に通じていて商売上手な

③ 経験が豊かで知見に富んでいるような

④ 経験の積み重ねでずる賢さを身につけたような

⑤ 苦労を重ねて世渡りの術(すべ)を知っているような

E 肩を落とした 21

① 気力を失った

② がっかりした

③ 力が抜けた

④ 弱気になった

⑤ 期待を裏切られた

問2 傍線部ア「『一人息子であればこそなおじゃ』と叡応は畳みかけた」とあるが、叡応は満寿にどういうことを伝えようとしているのか。その説明として最も適当なものを、次の①～⑤のうちから一つ選びなさい。解答番号は 22 。

① 一人しかいない跡取り息子だと思うから親元に置いておきたくなるので、寺に預けた以上、息子はすでに死んだものと考え、本人が希望するとおり修行を続けさせるべきだということ。

② 息子のためを思い、裕福で安楽な暮らしをさせたいと願う気持ちは親として当然ではあるが、息子が自ら選び取った道を尊重し認めてやるのも親の取るべき態度であるということ。

③ 一人息子とはいえ、栄久はすでに僧籍に身を置き、この世に父母はいないと思い定めているので、その決意を愛情で鈍らせることなく、好きにさせてやるのが親の務めだということ。

④ かわいいただ一人の息子であるからこそ、自らの妄執にとらわれ、母親の懐に囲い込んで庇護(ひご)してやるのではなく、我が子が世間の荒波に揉(も)まれて成長することを願うべき

だということ。

⑤ たった一人の大切な息子ならば幼いころに手放すべきではなく、親元を出されてからの年月で愛着を持ったここでの暮らしを続けたいという息子の気持ちを汲んでやるべきだということ。

問3 傍線部イ「男二人の狼狽の理由」とあるが、「男二人」はなぜ狼狽したのか。その説明として最も適当なものを、次の①～⑤のうちから一つ選びなさい。解答番号は 23 。

① 栄久を引き取ることができず、悲しみに打ちひしがれている満寿に対して、これまでの養育費として金銭を要求する栄久にあきれ果てたから。

② 満寿との別れに際して述べるただ一つの願いが、銭五百匁という生々しいものだったことに、なんというはしたないことをと恥じ入ったから。

③ 満寿の善意を無にしたうえに、自分にできることはないのかと悲しむ満寿に叡応への謝礼を要求するという非情な仕打ちが許せなかったから。

④ 栄久が無心した金額から、栄久が還俗して山師になるつもりだと気づき、僧を目指してきた者にあるまじき振る舞いだと怒りに震えたから。

⑤ 銭五百匁と聞き、栄久が寺への寄進と称して間歩を営む金を満寿に出させるつもりだと察し、栄久を止めなければならないと思ったから。

問4 波線部(a)「――大きくなったのですね」と、波線部(b)「本当に……本当に大きくなったのですね」との違いについての説明として最も適当なものを、次の①～⑤のうちから一つ選びなさい。解答番号は 24 。

① (a)では、板間に手をつく栄久を改めて眺めて、この五年での栄久の肉体的な成長を実感しているだけだが、(b)では、怪我を負った友のために金銭を工面しようと奔走している栄久に、人間としての精神的な成長を感じて感動しているという違い。

② (a)では、我が子に対してできることはなにもないと思い知らされ途方に暮れているが、(b)では、銀山町にとどまるという栄久の覚悟が固いとわかり、その意思を尊重して自分が身を引くことが、我が子にしてやれる唯一のことと気づいたという違い。

③ (a)では、寺に迎えに来るまでの、栄久に拒絶される恐れを抱きつつも、これから息子と一緒に暮らせるという期待に胸を躍らせていた道中を思い出して涙に暮れていたが、(b)では、栄久の成長を目の当たりにして心から喜びをかみしめているという違い。

④ (a)では、栄久を連れ帰ることをあきらめる決断をしなければならないことにいまだ葛藤しているが、(b)では、怪我を負った友を助けるために栄久が自分を頼ってくれていると知ったことで心が満たされ、晴れ晴れとした気持ちになっているという違い。

⑤ (a)では、叡応の言葉を受け入れなければと思いながらも未練を断ち切れず、我が子はもう幼子ではないと自分に言い聞かせようとしているが、(b)では、寺への寄進を願うのは友を助けるためだとわかり、栄久を立派になったと認めているという違い。

問5　空欄 X に当てはまる内容として最も適当なものを、次の①〜⑤のうちから一つ選びなさい。解答番号は ㉕ 。

① その浄財を受け取らぬのもまた、御仏のご慈悲に背く行い
② わが母の思いを汲んでくださることが、住持としての務め
③ それは叡応さまがどうこうおっしゃる筋合いではないもの
④ これまでわたくしをお育てくださったことへの当然の対価
⑤ 代官所から借り受けた銭ではなく御仏に捧げられた供物

問6　傍線部ウ「吐き捨てる叡応にはお構いなしに、栄久はひょいと土間に飛び下りた」とあるが、このときの叡応と栄久の説明として最も適当なものを、次の①〜⑤のうちから一つ選びなさい。解答番号は ㉖ 。

① 叡応は、還俗しても寺の仕事は続けるという栄久の言葉をその場しのぎの冗談だろうと考えている。一方栄久は、叡応をこの貧乏寺に一人置き去りにすることはできないと考え、師僧に対する礼儀を尽くそうと改めて思いを強くしている。
② 叡応は、ずっと寺で暮らすという栄久の言葉を嬉しく思いながらも、師僧という立場上、栄久が山師になることをあっさり許可するわけにもいかない。一方栄久は、言葉とは裏腹に叡応が承諾しているという感触を得て、気持ちが軽くなっている。
③ 叡応は、せっかく育てた弟子が還俗してしまうことに反対する気持ちは変わらないが、栄久が寺で寝起きすることは構わないと考えている。一方栄久は、このまま寺に置いてもらう以上、叡応のお世話は心を込めて続けようと決意を固めている。
④ 叡応は、わずか十一歳の栄久が山師になっても、大人たちに対抗していくことは並大抵のことではないと案じている。一方栄久は、小六という頼もしい友や町内の人々の協力があれば難しいことではないと楽観視し、日常生活に戻っている。
⑤ 叡応は、山師にするために栄久を育てたわけではないと、怒りを抑えきれずに栄久を罵倒している。一方栄久は、この話を早々に切り上げ、機嫌の悪い叡応をなだめるために、さっさと夕餉の支度を始めてしまおうと急いでいる。

問7　傍線部エ「『小野篁歌字尽』」について、Tさんは、調べた内容を【ノート】にまとめた。次に示すのは、この【ノート】をもとに五人の高校生が話し合っている様子である。この内容を踏まえたうえで、本文中の空欄 Y に当てはまる内容として最も適当なものを、後の①〜⑤のうちから一つ選びなさい。解答番号は ㉗ 。

【ノート】
『小野篁歌字尽』…平安時代の公卿(くぎょう)・文人で、嵯峨(さが)天皇に仕えた小野篁が、部首の違う漢字を覚えやすく和歌にしたもの。江戸時代の手習い教科書として広く用いられていた。
例：点打てば　ホはこおりよ　木はもとに　大に点ある　いぬとよむなり

Aさん：なになに？ あ、わかった！「水」に点を打てば「氷」に、「木」は「本」に、「大」は「犬」になるということだよ。なぞなぞみたい！

Bさん：へえ、昔の人はこんなふうに漢字を覚えていたんだ。遊び感覚で勉強できるね。江戸時代の日本人の識字率の高さには、こういうものも貢献していたのかな。

Cさん：じゃあ本文に書いてあるのは、「ひはときに　人はさむらい　やまいはじ」だから……、「時・侍・痔」ということだよ。旁がすべて「寺」なんだ。「やまはそばだつ」は「峙」と書いて「そばだつ」と読むのかな。「まつ」は「待」だから、「イむ」で「たたずむ」と読むのかなあ。

Dさん：ああ、なるほど。でも、それがどうして、金吾が言っている「この町の少年たち」につながるのかな。

Eさん：「仙ノ山」は、『輝山』で描かれている石見銀山がある山だよ。確固たる意味はないはずの「やまはそばだつ　たたずむはまつ」に、険しい仙ノ山を仰いで生きてきた少年たちの姿を重ねている金吾の心情が読み取れるよ。

① 母親と和解できた「時」と、鉱山で働くことができなくなった「時」を迎えて、二人は道をたがえようとしているのだ

② 「待てば海路の日和あり」ということわざがあるように、気長に待っていれば、人生にはいいこともあるのだ

③ 不遇な境遇に置かれ、幾多の困難にくじけそうになりながら生きていく日々を、山に優しく見守られているのだ

④ それぞれの試練の時を経て、色鮮やかな小松が天に向かって伸びる如(ごと)く、新たなる道に踏み出そうとしているのだ

⑤ 侍の家柄の出身ではなくとも、生まれついての運命と対峙(たいじ)しながら貪欲に高みを目指そうとしているのだ

問8　次のⒶ～Ⓕについて、この文章の内容や表現の説明として適当なものには①を、**適当でないもの**には②を選びなさい。解答番号は 28 ～ 33 。

Ⓐ やむを得ない事情があったとはいえ、かつて六歳の息子を手放すという非情を働いた満寿が栄久を迎えに来たのは、京で豊かな生活を手に入れたからだと推測できる。 28

Ⓑ 実家の経済状況からすれば、銀五百匁という額を「その程度の銀子」と言って喜捨するに違いないという確信のもと、栄久は母親に対して寄進を依頼した。 29

Ⓒ 叡応は弟子が一人しかいない小さな寺の住持ではあるが、満寿の言い分を認めつつも説き伏せる説法の様子から、世俗を超越した高徳の僧であることがうかがえる。 30

Ⓓ 金吾は代官所の人間だが、町の人々との関わりがあり、栄久の意図を理解する様子か

らも横柄な役人というステレオタイプな人物としては描かれていない。 ㉛

Ⓔ 叡応や母が栄久の言動に振り回されて感情をあらわにするのに比べ、年若い栄久が冷静沈着な態度を崩さないでいることにより、栄久の聡明さが際立っている。 ㉜

Ⓕ 母親の迎えを断り、子供ながらに山師になるという悲壮な決意を固める様子から、五年という歳月が幼い栄久にとって過酷な日々であったことが読み取れる。 ㉝

解答編

英語

I **解答**　1－③　2－①　3－①　4－②　5－①　6－③
7－②　8－④　9－②　10－③

解説　1．so～that…「とても～なので…」という構文になるように空欄を埋め，「雨がとてもたくさん降ったのでサッカーの試合は中止にならざるを得なかった」という意味にする。

2．「サラは私に，先生がテストのことについて何と言ったのか尋ねた」という意味になる。askedが過去形なので，それより前の出来事であるから過去完了形で表す。

3．「早い飛行機に乗ることによって，お金を少し節約できる」という意味になる。by「～によって」という意味で手段を表す。

4．「誰が正面のドアを一日中開けたままにしたのか，誰も知らない」という意味になるので②が正解。

5．「たとえ数学の問題が難しくても，あなたは最終的には解くだろう」という意味になる。figure out～「～を解決する」という意味の熟語。目的語の代名詞itが間に入る形になる。

6．「私たちの先生は，発表に向けて一緒に準備をするよう私たちに提案した」という意味になる。suggestがこの意味で使われるときには，that節の動詞にshouldがつくが，省略されると動詞が原形のまま残る。

7．「ミアは映画を楽しんだが，マイクはそれはつまらないと思った」という意味になる。主語がitで時制は過去なのでwas＋形容詞（boring）で②が正解である。①はbore「退屈させる」という意味の動詞の受動態であるが，it（＝映画）が主語であるので不適。

8．「今日はこんなに気持ちのよい日だから外で座らない？」という意味である。sinceは理由を表す接続詞。Why don't～？は，「～しない？」と誘うときに使う定型表現。

9.「もし傘を持っていないなら，どうぞ私のを使ってください」という意味。「私の傘」を表すには，②mine「私のもの」を選ぶ。

10.「私たちは外食するのではなく家で夕食を作るべきだ」という意味。cook dinner at home と going out to eat は逆の意味なので，③instead of ～「～の代わりに」を使うのがふさわしい。

II　解答

11―②　12―①　13―④　14―②　15―③　16―②
17―②　18―①　19―④　20―③

解説　11. 直前のジョンの発言から，授業の開始時間よりもずいぶん前にミアは教室に到着していることがわかるので，「いつも一番よい席を取りたいから早く来る」という答えになる。

12. 直前のリサの発言から，チェックインするはずの部屋の用意がまだできていないことがわかる。最後に，「掃除が終わったらメールをします」と言っているので，マイクは待つ間に荷物を置いてどこかに行くのであろうと推測する。

13. ジェームスは最後に「それで用が足りるよ」と言っているので，ペンではないが鉛筆を借りることになったと推測できる。

14. 最初の２人の会話で，その場所はいつも週末は混んでいることがわかる。エイミーはもっと散歩がしたいと最後に言っているので，次回は空いている平日に来ると推測できる。

15. ダナの最初の発言（We could move …）から，勉強会があることがわかり，その後，２人はその勉強会をどのようにやっていくか，という内容を話し合っている。

16. ブライアンの２つ目の発言（Yeah, but it …）で，カフェテリアはうるさくて集中力をそがれることがあると言っている。

17. ブライアンの４つ目の発言（Thanks, and would …）に，「授業のノートを持ってくるように皆に伝えてほしい」とありダナはそれに同意している。

18. シンディの３つ目の発言の第３文（I'd like the …）から，子供たちに同じ教室に通ってほしがっていることがわかる。それを受けたジョンの発言（Yes, for some. …）より，美術のクラスは６歳以上が参加可能であるとわかるので彼女の希望に合致する。

19. シンディの最初の発言（Hi, we're new …）から，この地域に引っ越してきたばかりで何か子供のためのプログラムを探しているのだということがわかる。

20. シンディの4つ目の発言の第2文（It would give …）から，家族に相談してみようとしていることがわかる。

III **解答** 21―① 22―① 23―② 24―③ 25―①

解説 ≪学習成果と費用対効果≫

21. 第1段第1・2文（In the United … often prohibitively expensive.）より，生徒の達成度を高めるためにコンピュータを導入することは大切であるが，予算の関係で難しい，ということを言っている。

22. 第4段第1文に「最も大切なことは睡眠時間ではなく，起きている間にどれだけ日の光を浴びるかということである」と書かれている。

23. 第2段最終文（The improvement seems …）に，男女で成熟の速さが違うということが記載されており，またグラフから，11歳では女児が男児より数学の成績がよいことが読みとれるので，「一般的に女児は男児より成熟が早い」という見解になる。

24. 第5段には，始業時間を遅らせてしまうと，特に片親の家庭などは，子供を送り出すことができないといった問題があることが書かれているので，③「なぜ始業時間を遅らせることができないかの理由を述べるため」が合致する。

25. 第1段で，ITを学校に導入することが予算的に難しいという問題提起をし，それをふまえた上で子供たちの学習到達度を上げるための方策が本文中に記述されているので，①「生徒の達成率を上げるための費用対効果の高い方法」というタイトルが合う。

Ⅳ 解答 26―②　27―③　28―③　29―③　30―①

解説 ≪閉鎖社会に住む部族への対策≫

26. 第１段第１文に「電話のアプリを起動するのと同じくらい簡単」とあるので，②「いかに現在のコミュニケーションが簡単になっているか」のたとえとして使われていると考えられる。

27. 第３段（In the 1970s, …）で政府は非接触の部族の社会への同化努力を行ったが，ワクチン未接種や免疫不全のため疾病で減少していったこと，また第４段（Since the 1980s, …）で政府はこれらの部族の保護を行ってきたが，現実には経済活動拡充のために彼らの生活圏がどんどん小さくなっていることが記述されている。したがって③にあるように著者はこれらの部族はこれからも減少していくと考察している。

28. 第３段第２文（Uncontacted tribes were …）に「支配する文化の一部になるために，もともと住んでいる土地を去ったり伝統を捨てることを強要されることがよくあった」と書かれているので，③「他の文化の一部になることを強制される」に一致する。

29. 第３段の最後の２文（However, due to … at assimilation.）に，多文化との交流で病気や死が蔓延したことが書かれているので，③が一致する。

30. 第４段第１文（Since the 1980s, …）で，「南アメリカの各政府はこれらの部族の土地を（彼らが望まない限りは）他から隔離させ続けている」と現在完了形で記述されている。したがって，①の「彼らの土地を他の人々から守り続けている」が合致する。

Ⅴ 解答 31―①　32―④　33―④　34―⑦　35―④　36―⑥　37―⑥　38―⑦　39―⑤　40―①

解説 並べ換えた文は以下の通り。

31・32.（That）will be more than enough time to finish this（project.）more than ～「～以上」なので，「十分以上の時間＝十分すぎる時間」という意味になる。

33・34.（It was）so late that I was the last person to leave（the library.） so ～ that …「とても～なので…」という構文を使う。直訳は「時間がとても遅かったので，私が図書館を出た最後の人だった」となり，日本文とは多少違うが，表している内容は同じである。

35・36. (Do you) think you will be able to join this week's (study group?)

37・38. (Simon) asked his boss if he could leave work (early.)

39・40. (What) they want to do is finish the project (today.) What ～ do までが主語で，「彼らがしたいことは」になる。この場合の finish は，is という be 動詞の補語になっているので，to を省略できる原形不定詞の用法となる。

数学

Ⅰ 解答 ≪小問 9 問≫

①—⓪　②5　③—①　④—①　⑤—①　⑥2　⑦2　⑧3　⑨2
⑩5　⑪⑫36　⑬⑭13　⑮8　⑯⑰24　⑱⑲36　⑳㉑14

Ⅱ 解答 ≪図形と計量≫

㉒8　㉓6　㉔2　㉕5　㉖㉗10　㉘2　㉙㉚10　㉛㉜㉝100　㉞6
㉟㊱14　㊲6　㊳㊴14

Ⅲ 解答 ≪2 次関数≫

㊵㊶ −3　㊷㊸ −1　㊹—⓪　㊺—⑥　㊻—②　㊼—④

Ⅳ 解答 ≪式と証明≫

㊽—③　㊾8　㊿2　(51)1　(52)2　(53)2　(54)4　(55)2　(56)3　(57)1
(58)1　(59)—①　(60)—④　(61)—⑤

国語

一

出典 シン・ヒーキョン「デザインを教えることはできるのか――デザイン基礎教育について」(『デザインに哲学は必要か』武蔵野美術大学出版局)

解答

問1 A―③ B―③ C―⑤ D―① E―④

問2 ④

問3 ④

問4 ⑤

問5 ③

問6 (1)Ⅰ―② Ⅱ―④ Ⅲ―② Ⅳ―③ (2)―④

問7 ②

問8 ③

解説 問2 傍線部アを含む一文とその前の一文に「最近の傾向では」「デザイン生産者が何かをデザインし、その実践行為が人工物の形態をとり、その形態が消費者に伝達され、また消費者の反応が次のデザイン物の結果に影響を与える」という「複合的な現象だと定義される」とあることから、④が答えである。

問3 傍線部イを含む段落に「……といった対立概念群を基礎としてデザイン概念が成立するようになった」「……など、我々の想像が許すかぎりの数多くの問題系と、相互に対立する諸理念が、デザインという概念のうちに溶け込んでいる」とあることから、④が答えである。

問4 傍線部ウを含む段落に「デザインもまた、固定された意味での普遍的なものではなく」「デザインの成果物は、社会・文化的コンテクストにより実体化・具現化されたもの」「我々は、その成果物を通じて、その当時の社会・文化状況を知ることができる」とあることから、⑤が答えである。

問5 傍線部エの直後に「『道具としてのデザイン』が原始時代に存在したように、いま現在においても、インターネットをはじめとしたあらゆる場において、自分たちの生活と環境を美しくかつ新たに形成するために、一般の人々がデザインに参加している」とあることから③が答えである。⑤は「使用者主体のものへと変化している」が不適当。「ドウヨウしている」とあるが、完全に変化したわけではない。

問7　傍線部カを含む段落の次の段落に「デザイン過程に使用者が参加することにより、使用者とデザイナーがともに同等な主体となって共同してデザインを行う」とあることから、アは適当。同段落に「デザイナーが取り組む問題」について「使用者とのコミュニケーションを通じてその多くが納得する案を提示する」とあり、エも適当である。よって、②が答えである。イは前半はよいが後半が不適切。ウは前半が不適切。解放されるのは「人間であれば誰しもがソナえている普遍的なデザイン能力」であって、「有能なデザイナーだけが持つとされたデザイン能力」ではない。オとカは主体が市民かデザイナーかのどちらかに偏っているので不適切。

問8　①は「デザイン教育は国民にとって重要な関心事」、②は「学校教育において、図画工作や美術の勉強をもっと充実させていこう」、④は「デザイナーになるためにはマルチな能力を養う必要がある」、⑤は「デザインの定義をはっきりさせてからでないと、デザイン教育の強化方針が見えてこない」がそれぞれ不適当。

二

出典　澤田瞳子『輝山』〈第五章　たたずむはまつ〉（徳間書店）

解答

問1　A―③　B―⑤　C―①　D―④　E―②

問2　④

問3　⑤

問4　⑤

問5　①

問6　②

問7　④

問8　Ⓐ―②　Ⓑ―②　Ⓒ―②　Ⓓ―①　Ⓔ―①　Ⓕ―②

解説　問2　傍線部アの次の叡応の発言「子を己の羽交いの下に抱え込もうとするは……世の中に歩み出させてやらねばならぬ」から、④が答えである。

問3　満寿の姿が見えなくなるやいなや、叡応は「お、おぬしは何を考えておるのじゃ。銭をいただき、間歩を営むなぞ」と叱りつけていることから、④か⑤が答えであるが、傍線部イは、思いがけない出来事に、慌てふためくという意味の「狼狽」であることから、④の「怒りに震えた」ではなく、⑤の「栄久を止めなければならないと思ったから」が答えである。

問4　波線部ⓐの直後に「唇を震わせた」、波線部ⓑの発言の前に「その銭は怪我を負った朋友のために入り用なのですか」、波線部ⓑの直前に「皺の刻まれた目元を和ませた」とあることから、⑤が答えである。

問6　傍線部ウに「吐き捨てる叡応」「栄久はひょいと土間に飛び下りた」、二重傍線部Dの少し前に「馬鹿をぬかせッ。わしは山師にするために、これまでおぬしの面倒を見てきたわけではないぞ」、傍線部エの前に「叡応が眉を吊り上げる。はいはい、とそれを受け流しながら」とあることから、②が答えである。

問8　Ⓐ満寿が現在京で豊かな生活をしていることは推測できるが、正覚寺に預けられた経緯はわからないので前半は適当でない。Ⓑ確信があったかどうかはわからない。Ⓒ栄久を叱りつける様子からは「世俗を超越した高徳の僧」とはいえない。Ⓓ・Ⓔ金吾と栄久の人物描写として、それぞれ適切である。Ⓕ「悲壮な決意」「過酷な日々」が不適切。

■一般選抜（統一地区）：1 月 27 日実施分

問題編

▶試験科目・配点

学部・学科等			教　科	科　目	配　点
大学	児童学部		選　択	「コミュニケーション英語Ⅰ・Ⅱ」，日本史B〈省略〉，「数学Ⅰ・A」，化学基礎〈省略〉，生物基礎〈省略〉，「国語総合（古文・漢文を除く）・現代文B」から２科目選択*	各 100 点
	栄養学部	栄　養	選　択	「コミュニケーション英語Ⅰ・Ⅱ」，日本史B〈省略〉，「数学Ⅰ・A」，化学基礎〈省略〉，生物基礎〈省略〉，「国語総合（古文・漢文を除く）・現代文B」から２科目選択*	各 100 点
		管理栄養	選　択	「コミュニケーション英語Ⅰ・Ⅱ」，「数学Ⅰ・A」，化学基礎〈省略〉，生物基礎〈省略〉，「国語総合（古文・漢文を除く）・現代文B」から２科目選択*	各 100 点
	家政学部	服飾美術・環境教育・造形表現（学力試験）	選　択	「コミュニケーション英語Ⅰ・Ⅱ」，日本史B〈省略〉，「数学Ⅰ・A」，化学基礎〈省略〉，生物基礎〈省略〉，「国語総合（古文・漢文を除く）・現代文B」から２科目選択*	各 100 点
		造形表現（実技試験）	実　技	デッサン	100 点
	人文学部	英語コミュニケーション	外国語	コミュニケーション英語Ⅰ・Ⅱ	100 点
			選　択	日本史B〈省略〉，「数学Ⅰ・A」，化学基礎〈省略〉，生物基礎〈省略〉，「国語総合（古文・漢文を除く）・現代文B」から１科目選択	100 点
		心理カウンセリング・教育福祉	選　択	「コミュニケーション英語Ⅰ・Ⅱ」，「国語総合（古文・漢文を除く）・現代文B」から１科目選択	100 点
			選　択	日本史B〈省略〉，「数学Ⅰ・A」，化学基礎〈省略〉，生物基礎〈省略〉から１科目選択	100 点

大学	健康科	看　　護	外国語	コミュニケーション英語Ⅰ・Ⅱ	100点
			選　択	「数学Ⅰ・A」，化学基礎〈省略〉，生物基礎〈省略〉，「国語総合（古文・漢文を除く）・現代文B」から２科目選択*	各100点
		リハビリテーション	選　択	「コミュニケーション英語Ⅰ・Ⅱ」，日本史B〈省略〉，「数学Ⅰ・A」，化学基礎〈省略〉，生物基礎〈省略〉，「国語総合（古文・漢文を除く）・現代文B」から２科目選択*	各100点
	子ども支援学部		選　択	「コミュニケーション英語Ⅰ・Ⅱ」，日本史B〈省略〉，「数学Ⅰ・A」，化学基礎〈省略〉，生物基礎〈省略〉，「国語総合（古文・漢文を除く）・現代文B」から２科目選択*	各100点
短大	保育・栄養		選　択	「コミュニケーション英語Ⅰ・Ⅱ」，日本史B〈省略〉，「数学Ⅰ・A」，化学基礎〈省略〉，生物基礎〈省略〉，「国語総合（古文・漢文を除く）・現代文B」から２科目選択*	各100点

▶備　考

＊化学基礎，生物基礎２科目での受験は不可。

- 選択科目は，試験日当日問題を見てから受験科目を決められる。
- 大学・短期大学部共通問題。
- 家政学部造形表現学科の選抜方法には学力試験のみの選抜と実技試験のみの選抜があり，１月27日は学力試験，実技試験のいずれかを選択できる。ただし，学力試験または実技試験のどちらの選抜方法を利用するかは出願時に選択する。

英語

（健康科（看護）学部：　　50 分）
（健康科（看護）学部以外：2 科目 100 分）

I　次の問い（問１～問10）の空欄に入れるのに最も適切なものを，①～④の中からそれぞれ１つ選び，解答番号 ① ～ ⑩ にマークしなさい。

問 1　My dad [①] after he drove through some mud.

① had the car washed　② has the car washing

③ is car washing　④ is the car washed

問 2　All the kids were allowed [②] a piece of candy at the store.

① picking out　② pick it out　③ pick out　④ to pick out

問 3　[③] this park needs is more places to sit in the shade.

① How　② More　③ That　④ What

問 4　[④] the books off the floor or someone will step on them.

① Move　② Moving　③ To move　④ Your move

問 5　[⑤] flowers were planted this spring.

① All of these　② Enough of　③ Many more of　④ So much

問 6　Kyle always told crazy stories that no one would [⑥].

① belief　② believable　③ believe　④ believer

問 7　Carl [⑦] at this shop when he was a student.

① used to work　② used to working　③ used working　④ use work

問 8　Mark [⑧] about moving to Australia for a long time.

① has been thinking　② having thought　③ think　④ thinking

問9 [⑨] you going to go on the school trip to the museum?

① Are　② Should　③ Won't　④ Wouldn't

問10 You can just put your backpack [⑩] on this shelf.

① anywhere　② around　③ that　④ toward

II 次の問いに答えなさい。

問1 次の会話中の空欄に入れるのに最も適切なものを，①～④の中からそれぞれ1つ選び，解答番号 [⑪] ～ [⑭] にマークしなさい。

(1) Sam: Excuse me. How long is the wait for a table?

Host: For two, the wait is about 40 minutes. Would you like me to put you on the list?

Sam: [⑪] I think we'll go for a walk and check back with you in a bit.

Host: That's no problem at all.

① Could you get our food?

② Yes, please. The last name is Davis.

③ Yes, we do have a reservation.

④ Would you let us sit down now?

(2) Doug: What do you think about this phone? It has a larger screen and more memory than other models.

Kylie: Its nice, but [⑫]

Doug: Of course, let me show you some that have fewer features.

① I'm looking for something a bit more affordable.

② I'm not too excited about the color.

③ I need something that can be delivered.

④ I want something that's a bit larger.

(3) Craig: I heard you are taking next week off. Going somewhere exciting?

Tanya: I wish. [⑬]

Craig: Well, that doesn't sound so bad. I'd also love to just have some time to myself.

① I heard you went to Australia last year.

② I'm just going to stay home and relax.

③ I've never been to Germany before. I can't wait.

④ You should think about joining us on our trip.

(4) Dave: If we run, we can still make the last train.

Cindy: Yeah, but it's such a nice evening. [⑭]

Dave: Sure, if that's OK with you. It's probably an hour to get back.

① Do you know where the station is?

② When does the next train arrive?

③ Why don't we walk home?

④ Why would you want to stay here?

問２　次の客と店員の会話を読み，質問や問題の答えとして最も適切なものを，①～④の中からそれぞれ１つ選び，解答番号 [⑮] ～ [⑰] にマークしなさい。

Lisa: Hi, I don't have a reservation. Do you have any cars left?

Sam: Well, it's the start of a holiday weekend, so our stock is pretty low. Do you care what type of car you get?

Lisa: No, not really. My car died and I have a trip planned for the weekend, so I'm in kind of a difficult situation.

Sam: OK, all our compact and mid-size cars are out. We do have several luxury cars left, but, to be honest, the price is pretty expensive.

Lisa: I am on a bit of a budget, so I don't think that will work. Do you have anything else left?

Sam: Sorry, we don't have a single car available on Friday other than the ones I mentioned.

Lisa: That's too bad. I don't think I can really afford either of those options.

Sam: If you're willing to wait a bit, we do have a compact car coming in on Saturday. Oh, and a truck, which probably doesn't interest you.

Lisa: I'm staying with friends, so I don't have to worry about changing a hotel reservation. I guess Saturday is my best option.

Sam: OK, well, I just need to see your ID and a credit card to get the reservation started.

(1) What are the speakers mainly discussing? [⑮]

① buying a car

② fixing a car

③ planning a vacation

④ renting a car

(2) What must the woman do to get the car? ⑯

① change her schedule

② pay an extra fee

③ pay for extra insurance

④ return the car early

(3) What will the woman probably do next? ⑰

① Provide the man with some information.

② Make a reservation online.

③ Call a different rental agency.

④ Phone her friends about her new plans.

問3 次の会話を読み，質問や問題の答えとして最も適切なものを，①～④の中からそれぞれ1つ選び，解答番号 ⑱ ～ ⑳ にマークしなさい。

Kim: Ms. Santos, I was hoping you could tell me about the study abroad programs available this summer.

Ms. Santos: Well, the big decision is whether you want to stay in one place or travel to different countries. Have you thought about that yet?

Kim: I think it would be great to see a lot of places. I don't know when I'll have the chance to go to Europe again.

Ms. Santos: This year, there's a trip to Italy, France, and Portugal. You'll stay in hotels and share a room with another student. The trip is led by Mr. Richards. You must know him.

Kim: Yes, he was my history teacher last year, but I thought we would be staying with local families.

Ms. Santos: In that case, you would want the August trip to Spain. You go to language classes during the day and stay with a local family. You can also get credit for a high school language class if you pass an exam.

Kim: What about sightseeing? I don't want to just go to school and then go home.

Ms. Santos: There are optional tours after class. And, we find that host families love to show students around. In fact, they often take students to places that are not so well known to tourists.

Kim: They both sound interesting, but I'm already taking Spanish, so it would be a good chance to practice.

Ms. Santos: If you choose that trip, you'll take a Spanish test before you go, so you'll be put in the right class. The deadline for both trips is in two weeks. I'd suggest you go to the presentation on Thursday. Students from last year's trips will be there to answer questions.

(1) Why is Kim speaking to Ms. Santos? ⑱

① to ask about a weekend trip

② to ask for more time to finish a project

③ to get help with a decision

④ to get information about a teacher

(2) What would Kim have to do before going on the trip to Spain? ⑲

① choose a roommate

② complete a Spanish course

③ contact her host family

④ take an exam

(3) What does Ms. Santos suggest Kim do on Thursday? ⑳

① complete her report

② meet with students

③ see her again

④ talk to Mr. Richards

Ⅲ 次の英文を読んで，下の問いに答えなさい。

Generation Z, which includes individuals born after 1996, shares many attributes with Millennials or Generation Y, (born approximately 1977-1995). However, Gen Z also differs from them significantly, particularly concerning their online lives. Many attribute this difference to Gen Z being the first generation born into a world where the Internet and social media have been a central part of the culture — they have lived in a world where people have always shared their lives online. As such, these digital natives' connection to and feelings about social media differ from those of previous generations.

Generation X (born approximately 1965-1976) through Gen Z all spend considerable time online, but surprisingly, members of Gen X prefer certain online activities in the workplace when compared to younger generations. One survey found that when it came to workplace training, less than 15 percent of Gen Z members would want an online experience while approximately 25 percent of Gen X would prefer online workplace training, as opposed to face to face classes.

Gen Z, though, is the clear leader for total amount of time spent online, with about 30 percent online for at least six hours daily, an average of two hours per day more than Gen X. However, many members of Gen Z state this has a negative impact on their ability to maintain real-life personal relationships. Surprisingly, Gen Z is also much less likely to share personal information than the three previous generations, the post-war Baby Boom generation, Gen X, and Y. This young generation often prefers to use apps that allow them to tightly control who sees their posts. They are also known for creating multiple online accounts — one for a wider group and another for a tighter circle of acquaintances. Because of their desire to separate their online and offline lives, this generation is also the least likely to share photos of themselves. Post-war Boomers lag behind other groups overall in social media use, but are quickly gaining ground. They tend to post the most photos of any group, even though they are the least proficient in technology of all the generations surveyed.

What does this mean for marketers trying to reach this generation? Making connections continues to be a challenge. Advertisers can no longer be sure of reaching young people via traditional media, such as television shows. While popular shows would once reach an audience of millions of young people, that is rarely the case now, as Gen Z often prefers to watch online videos over more traditional forms of media. And, they have much shorter attention spans. Research has found that they will shut off an advertisement within eight seconds if it does not appeal to them, four seconds less than Gen Y and much quicker than the older groups. Therefore, marketers must craft messages that are engaging in the first few seconds to keep them watching. This often comes in non-traditional ways, such as advertising through online influencers, who have less of an effect on older generations. If current trends continue, the next generation, which is as yet unnamed, will be even more difficult to reach.

Online Activity by Generation

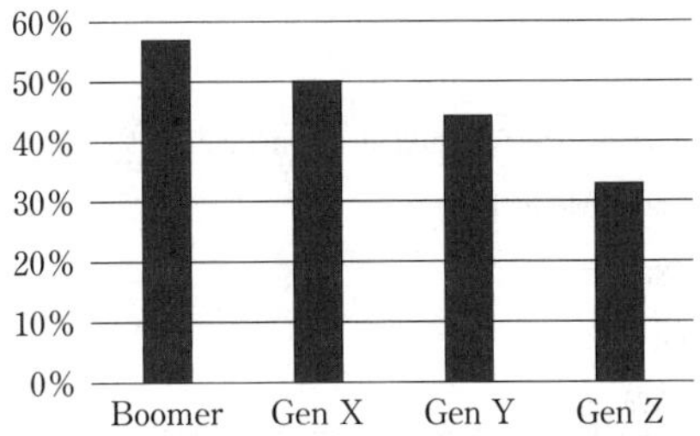

問 1　According to the passage, why are members of Gen Z referred to as "digital natives"? 【㉑】

① They generally have access to computers at home.

② They have a strong desire to work at tech companies.

③ They have grown up with social media.

④ They often use computers at school.

問 2　According to the passage, what aspect of online life does Generation X prefer more than Gen Z? 【㉒】

① instant messaging

② meeting new people

③ online gaming

④ training classes

問 3　According to the passage, why do young people often create multiple online identities? 【㉓】

① to share photos with more people

② to decide which social media apps are most useful

③ to make it easier to meet new people

④ to protect personal information

問4 Using information from the text and the graph, answer the following question: What type of online activity is represented in the graph? [㉔]

① following influencers

② Internet shopping

③ posting photos

④ watching videos

問5 What would be the most appropriate title for the article? [㉕]

① Changing Gen Z's Social Media Use

② How Gen Z Got Its Name

③ Online Habits of Gen Z

④ Why Gen Z Doesn't Watch TV

Ⅳ 次の英文を読んで，下の問いに答えなさい。

In some countries, March marks the beginning of Daylight Saving Time, DST, (or, in Europe, Summer Time), when people set their clocks an hour ahead to enjoy additional sunlight in the evening hours. When first proposed, it was presented as a way to save energy — it was believed that more natural sunlight in the evening hours would cause people to use fewer electric lights in their homes. It also meant people could enjoy more leisure time outdoors after typical work hours. While a move to permanent DST in the United States and other regions has its **adherents**, such a change would produce more problems than benefits.

Any energy savings associated with DST are, at best, minimal. One study showed that energy use falls by less than one percent during Daylight Saving Time in the United States. The additional daylight gets people to go out more often during the week, leading to an increase in automobile use, and, therefore, an increase in fossil fuel consumption. This removes any potential gains to be had by reducing home energy use.

The biggest issue, though, is one of safety. Later sunsets disturb people's natural sleeping cycles, causing them to stay up later and, therefore, get less sleep. This causes many problems. The first day of DST, in fact, sees increases in heart attacks, traffic accidents, and workplace injuries. Research connects these issues to a lack of sleep caused by DST.

Most countries that use DST began this system many years ago, and changing clocks twice a year has simply become something people learn to deal with. However, there are some relatively recent cases of it being implemented. South Korea, for example, instituted Daylight Saving Time prior to holding the Olympic Games as a way to combat the summer heat — but not long after the games ended, the country ceased using it after citizens and business interests complained. Japan, too, considered such a plan for its Olympic Games, but, wisely, abandoned it.

The biggest dangers associated with DST occur on the day of the time change. Wouldn't then, making DST permanent resolve these issues? Permanent DST has been instituted in the past. In the United States, this was tried, and at the time there was great support for the move. Many people wanted to take advantage of later sunsets throughout the year. However, people soon realized later sunsets meant it would be dark later in the morning, particularly in northern regions of the country. This led to concerns about children walking to school in the dark.

It seems that people have short memories because there is again a push to make this change permanent, with a number of laws making their way through the U.S. government. The laws may pass — and they're just as likely to end a year later when winter comes and all the negative aspects of DST return. Being outside on a warm bright summer day at 8:00 p.m. is wonderful. However, the benefits of Daylight Saving Time have clearly been overstated.

問 1　What is the purpose of the essay? [㉖]

① to argue against the use of Daylight Saving Time

② to describe the original purpose of Daylight Saving Time

③ to explain the history of Daylight Saving Time

④ to show how countries chose to use Daylight Saving Time

問 2　What was the original purpose of DST? [㉗]

① to allow people to work later

② to give people more free time

③ to make time consistent across different regions

④ to reduce energy use in the summer

問 3　In paragraph 1, what word could replace **adherents**? [㉘]

① copiers　② designers　③ followers　④ researchers

問 4　Why does the author mention South Korea? [㉙]

① to describe why one country recently instituted Daylight Saving Time

② to explain how people voted to start Daylight Saving Time

③ to give a description of the origin of Daylight Saving Time

④ to show how Daylight Saving Time can be dangerous

問5　What is the author's opinion about this topic? [㉚]

① Citizens in each country should vote on what to do.

② Either standard time or DST should be permanent.

③ Standard time should be used all year.

④ The benefits of DST outweigh the risks.

V　次の日本文と英文がほぼ同じ意味になるように，下の語句を並べかえて空欄を補い，文を完成させなさい。その際，それぞれ3番目と6番目に来る番号を選び，解答番号 [㉛] ～ [㊵] にマークしなさい。なお，文頭に来る語も小文字となっています。

問1　観客はコンサートが始まるのを待ちきれなかった。

_____ _____ [㉛] _____ _____ [㉜] _____ begin.

① the　② wait　③ crowd　④ couldn't　⑤ for the　⑥ concert　⑦ to

問2　私たちの教室または図書館のどちらで会うのが良いですか。

Would _____ _____ [㉝] _____ _____ [㉞] _____ library?

① you　② or at　③ prefer to　④ our classroom　⑤ in　⑥ meet

⑦ the

問3　クラスの全員分の十分な椅子がなかった。

_____ _____ [㉟] _____ _____ [㊱] _____ the class.

① chairs　② enough　③ in　④ for　⑤ there　⑥ everyone

⑦ were not

問4　あなたが海外で勉強しようと決断したのは興味深いと思う。

_____ _____ [㊲] _____ _____ [㊳] _____ overseas.

① is　② think it　③ I　④ that you　⑤ decided　⑥ to study

⑦ interesting

問5　ここで働くには，毎日長い通勤時間が必要だ。

_____ _____ [㊴] _____ _____ [㊵] _____ day.

① require　② to　③ commute　④ a long　⑤ work here　⑥ every

⑦ would

数学

（2科目 100分）

数学の解答欄への記入方法

問題文の［　］の中の解答番号に対応する答えをマークシートの解答欄の中から1つだけ選びマークしてください。

特に指示がないかぎり，符号（−，±）又は数字（0〜9）が入ります。①，②,… の一つ一つは，これらのいずれか一つに対応します。それらを解答用紙の①，②,… で示された解答欄にマークして答えてください。

例1．［①②］に −5 と答えるとき

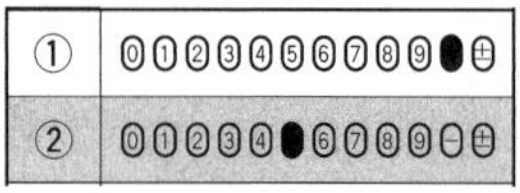

例2．$\dfrac{［③④］}{［⑤］}$ に $-\dfrac{2}{3}$ と答えるときのように，解答が分数形で求められた場合，既約分数で答えてください。符号は分子につけ，分母にはつけません。（もし答えが整数であるときは分母は1とします。）

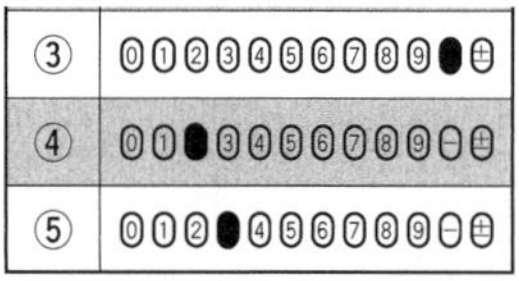

小数の形で解答する場合，指定された桁数の一つ下の桁を四捨五入して答えてください。また，必要に応じて，指定された桁まで⓪にマークしてください。

例えば，［⑥］.［⑦⑧］に 2.5 と答えたいときは，2.50 として答えてください。

根号を含む形で解答する場合，根号の中に現れる自然数が最小となる形で答えてください。

例えば，［⑨］$\sqrt{［⑩］}$ に $4\sqrt{2}$ と答えるところを，$2\sqrt{8}$ のように答えてはいけません。

根号を含む分数形で解答する場合，例えば $\dfrac{［⑪］+［⑫］\sqrt{［⑬］}}{［⑭］}$ に $\dfrac{3+2\sqrt{2}}{2}$

と答えるところを，$\dfrac{6+4\sqrt{2}}{4}$ や $\dfrac{6+2\sqrt{8}}{4}$ のように答えてはいけません。

I 次の [①] ～ [㉓] の中に適切な符号または数字を入れなさい。ただし，(4)，(9)については，［選択肢］の中から選びなさい。

(1) $a+b+c=6$，$ab+bc+ca=15$ のとき，$a^2+b^2+c^2=$ [①] である。

(2) x^4-7x^2+1 を因数分解すると，$(x^2+$ [②] $x+$ [③]$)(x^2-$ [④] $x+$ [⑤]$)$ である。

(3) m を正の実数の定数とし，x は $-2 \leqq x \leqq 1$ の範囲を動くとする。このとき，x についての関数 $f(x)=-x^2+mx+m$ の最大値が 8 であるとすると，m の値は，$\dfrac{[⑥]}{[⑦]}$ である。

(4) ある全体集合を考え，A，B，C をそれぞれその部分集合とする。このとき，$\overline{A\cap(B\cup C)}=$ [⑧] である。

[⑧] にあてはまるものを，次の⓪～⑤の中から選び，その番号を答えなさい。

［選択肢］

⓪ $\overline{A}\cup(\overline{B}\cup\overline{C})$

① $\overline{A}\cup(\overline{B}\cap\overline{C})$

② $(\overline{A}\cup\overline{B})\cap\overline{C}$

③ $\overline{A}\cap(\overline{B}\cap\overline{C})$

④ $\overline{A}\cap(\overline{B}\cup\overline{C})$

⑤ $(\overline{A}\cap\overline{B})\cap\overline{C}$

(5) 右図において，$\mathrm{AD}=\dfrac{[⑨⑩]\sqrt{[⑪]}}{[⑫]}$ である。

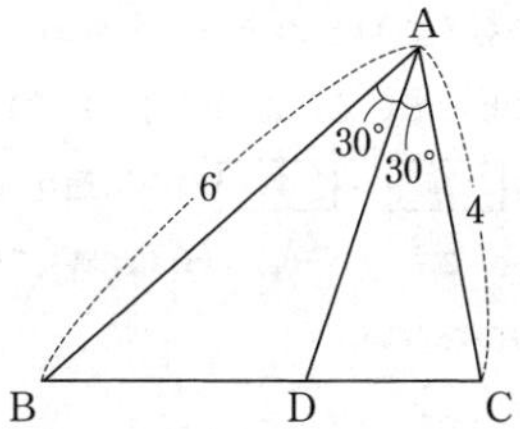

(6) 7 個の数字 0，1，2，3，4，5，6 から同じ数字を使わないで 4 桁の整数を作るとき，[⑬⑭⑮] 通りの整数ができる。

(7) 正四面体の各面に 1，2，3，4 の数字が書かれているさいころがある。このさいころを 4

回投げるとき，1 が 1 回，2 が 1 回，3 以上が 2 回出る確率は，$\dfrac{\boxed{⑯}}{\boxed{⑰⑱}}$ である。ただし，正四面体のさいころの目が出るとはその目が底面になることであり，どの面が出る確率も同様に確からしいものとする。

(8)　自然数 n の正の約数は 4 個あり，正の倍数のうち 80 以下のものが 5 個ある。このとき，n は小さいものから順に，$\boxed{⑲⑳}$ と $\boxed{㉑㉒}$ である。

(9)　空間において，α，β，γ は平面，l，m は直線を表すとする。次の⓪〜④の中から**間違っているもの**を選び，その番号を答えなさい。解答欄は $\boxed{㉓}$。ただし，記号「//」は平行であることを，「⊥」は垂直であることを表し，直線が平面上にあるときも平行とみなす。

[選択肢]

⓪ $\alpha // \beta$，$\beta // l$ ならば $\alpha // l$

① $\alpha \perp \beta$，$\beta // \gamma$ ならば $\alpha // \gamma$

② $\alpha \perp l$，$l \perp m$ ならば $\alpha // m$

③ $\alpha // l$，$l // m$ ならば $\alpha // m$

④ $\alpha \perp l$，$l \perp \beta$ ならば $\alpha // \beta$

Ⅱ　右図はあるクラスの 10 人についてそれぞれ 9 点満点の数学と英語のテストを行い，数学の得点を変量 x，英語の得点を変量 y とし，得点のデータを散布図にしたものである。数学のデータを横軸に，英語のデータを縦軸にとっている。なお，得点は整数である。

次の $\boxed{㉔}$ 〜 $\boxed{㉚}$ の中に適切な数字を入れなさい。ただし，(2)，(3)，(4)，(5) については，[選択肢] の中から選びなさい。

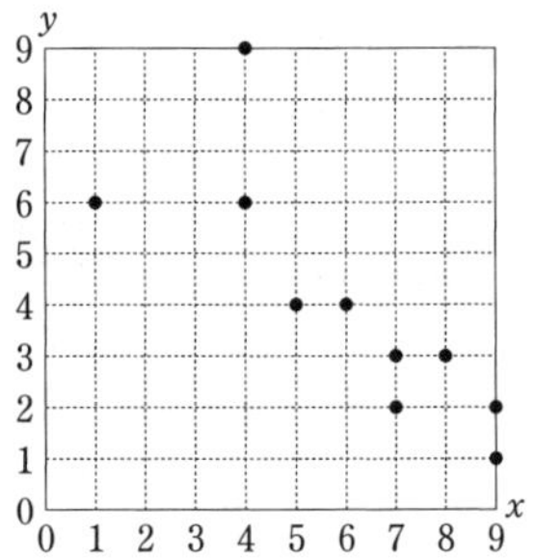

(1)　変量 x のデータの平均は，$\boxed{㉔}$ である。

(2)　変量 x のデータの箱ひげ図として正しいものを，次の⓪〜③の中から選び，その番号を答えなさい。解答欄は $\boxed{㉕}$。

［選択肢］

⓪

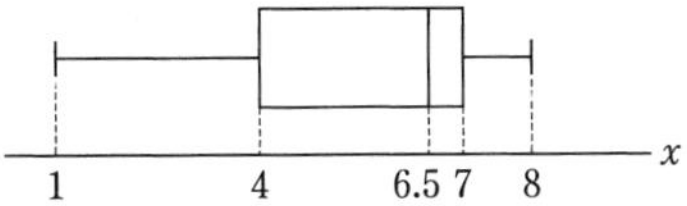

①

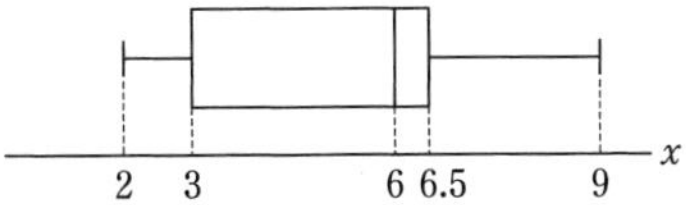

②

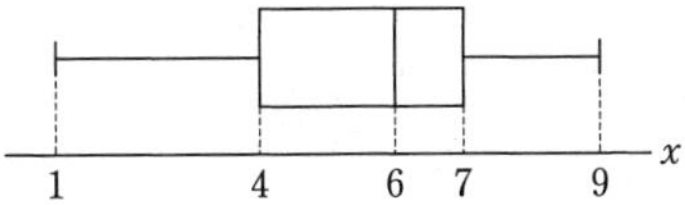

③

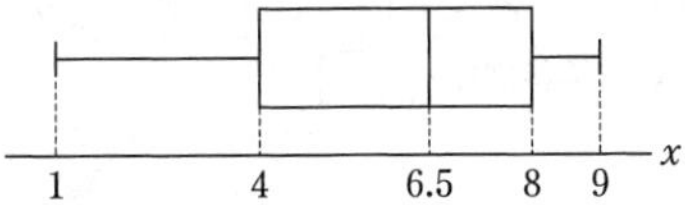

(3)　変量 x，y それぞれのデータをヒストグラムにした。ヒストグラムの形として正しいものは，変量 x のデータのヒストグラムが ㉖ ，変量 y のデータのヒストグラムが ㉗ である。 ㉖ ， ㉗ にあてはまるものを，それぞれ次の⓪～③の中から選び，その番号を答えなさい。

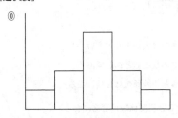

［選択肢］

⓪

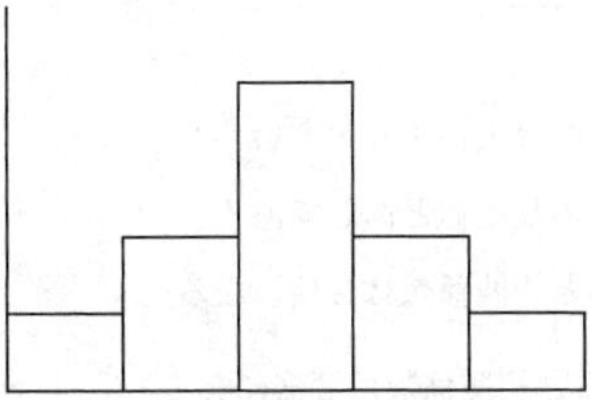

①

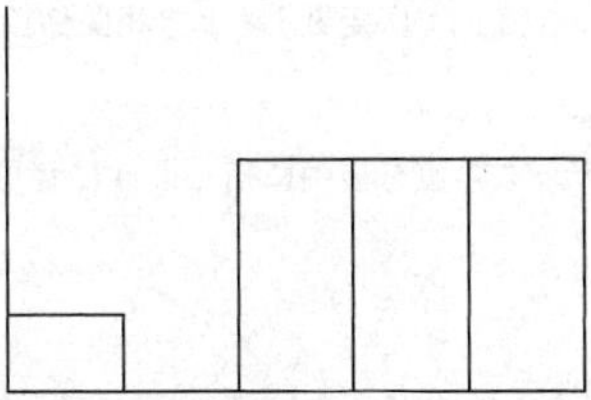

②

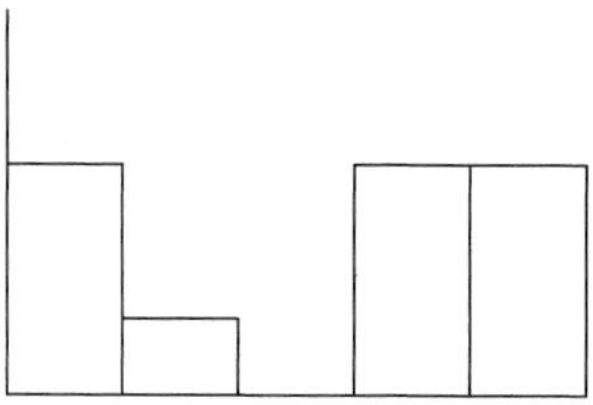

③

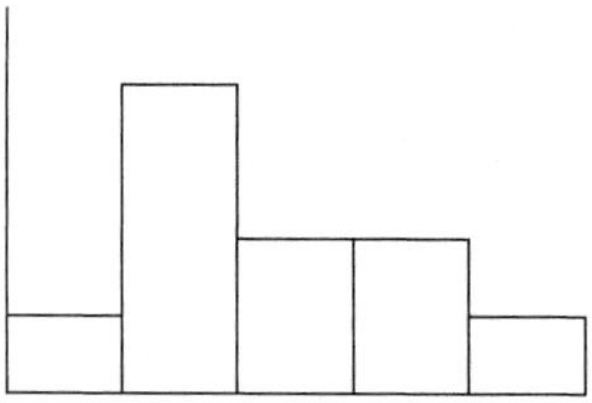

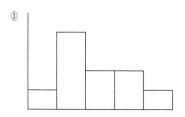

(4)　変量 x, y のデータの相関係数を r とする。r が満たす不等式として正しいものを，次の⓪～③の中から選び，その番号を答えなさい。解答欄は［㉘］。

［選択肢］

⓪ $0.7 < r < 1$

① $0 < r < 0.3$

② $-0.3 < r < 0$

③ $-1 < r < -0.7$

(5)　変量 x, y のデータの説明として正しいものを，次の⓪～⑤の中から2つ選び，その番号を小さい順に答えなさい。解答欄は［㉙］，［㉚］。

［選択肢］

⓪ 変量 x のデータの最大値は変量 y のデータの最大値より大きい

① 変量 x のデータの最小値は変量 y のデータの最小値と同じである

② 変量 x のデータの値をそれぞれ2倍にすると相関係数は2倍になる

③ 変量 x のデータの値をそれぞれ $\frac{1}{2}$ 倍にすると相関係数は2倍になる

④ $(x,\ y) = (1,\ 6)$ のデータの組を，$(x,\ y) = (2,\ 7)$ に変更すると，相関係数は小さくなる

⑤ 変量 x のデータの値を縦軸に，変量 y のデータの値を横軸に描くように変更すると，相関係数は -1 倍になる

Ⅲ　授業で，先生が生徒に次のような課題を出した。これについて美保さんと麻衣さんが一緒に取り組んでいる。２人の会話を読みながら，次の［㉛］～［㊺］の中に適切な符号または数字を入れなさい。ただし，(1)，(5)については，［選択肢］の中から選びなさい。

【課題】
各辺が $AB = a + 5$，$BC = a + 4$，$CA = a + 3$ の△ABCについて，a の変化にともなって三角形の形状や外接円の半径がどのように変化するか調べよ。

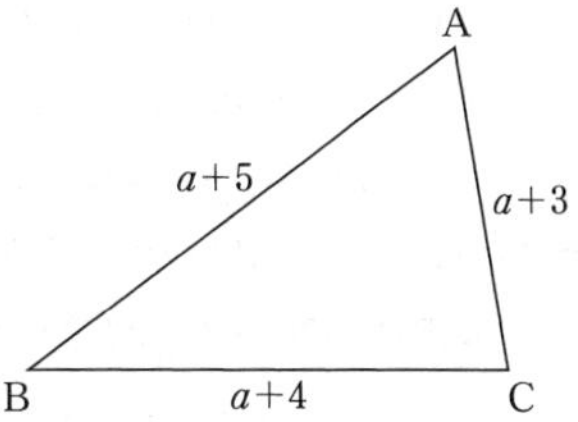

美保：まず「三角形の形状の変化を調べなさい」だから，a の値により△ABCが直角三角形や鋭角三角形，正三角形，鈍角三角形などになるんだろうね。

麻衣：どの辺の長さにも a が含まれているので，わかりにくそう。いったん，具体的な値をあてはめてみてはどうだろう。

美保：$a = 0$ について考えてみると，△ABCが直角三角形になるのがすぐにわかる。では，$a = 1$ について形状を調べてみよう。鋭角三角形になると思うのだけれど，どうやって調べればわかるかな。

(1)　$a = 1$ のとき，△ABCが鋭角三角形になることを確認する方法として適切なものを，次の⓪～⑤の中から選び，その番号を答えなさい。解答欄は［㉛］。

［選択肢］

⓪ $\cos A$ の値を調べる
① $\cos B$ の値を調べる
② $\cos C$ の値を調べる
③ $\sin A$ の値を調べる
④ $\sin B$ の値を調べる
⑤ $\sin C$ の値を調べる

美保：「三角形の形状の変化を調べる」ことは言い換えると，各辺が $AB = 5$，$BC = 4$，$CA = 3$ の△ABCに対し，「すべての辺を a だけ長くするとどうなるかを考える」ということだよね。

麻衣：待って，$a > 0$ とは限らない。すべての辺が同じだけ短くなってもいいはずだよ。

美保：そうか。でも，a はどんな値でもとれるわけではなさそうだ。そこで，a の値の範囲を考えてみよう。

(2)　aが変化しうる値の範囲を求めると，［㉜㉝］$< a$である。

麻衣：次に，鈍角三角形になるのはaの値がどのようなときかを調べよう。

美保：直感でわかりそうだけれど，まずは具体的な例で考えてみよう。例えば，鈍角が120°の三角形では，aの値はどうなるだろう。

麻衣：３辺の長さと１つの角の大きさが与えられているのだから，aの値が求められそうだし，このときの△ABCの外接円の半径も求められそうだよ。

(3)　鈍角が120°のとき，aの値を求めると，$\dfrac{㉞㉟}{㊱}$である。また，このときの△ABCの外接円の半径は，$\dfrac{㊲\sqrt{㊳}}{㊴}$である。

美保：鈍角が120°のときにaの値を求められたのだから，△ABCが鈍角三角形になるときのaの値の範囲も求められるんじゃないかな。

(4)　△ABCが鈍角三角形になるときのaの値の範囲を求めると，［㉜㉝］$< a <$［㊵］である。

麻衣：aの値が小さくなると鈍角三角形になるみたいだけれど，aが変化しうる値の範囲は(2)で求めたように，$a >$［㉜㉝］と決まっていた。aが［㉜㉝］の値に近づくにともなって，△ABCはどのように変化するのだろう。逆に，aの値はいくらでも大きくできそうだけれど，大きくしていくと△ABCはどのように変化するのだろう。

(5)　２つのaの値の，△ABCの形状について考える。$a =$［㉜㉝］$+ 0.1$のときの△ABCの形状として最もよくあてはまるのは［㊶］，$a = 100$のときの△ABCの形状の形状として最もよくあてはまるのは［㊷］である。［㊶］，［㊷］にあてはまるものを，それぞれ次の⓪～④の中から選び，その番号を答えなさい。

［選択肢］

⓪　直角三角形に近い三角形

①　正三角形に近い三角形

②　直角二等辺三角形に近い三角形

③　ある角が180°に近いつぶれた三角形

④　ある角が120°に近い鈍角三角形

美保：鈍角が120°のときに調べた外接円の半径も，たぶん a の値の変化によって変わるんだろうね。どのように変化するのか，１つ具体的な a の値で確認してみよう。

(6)　△ABCの外接円の半径について，$a=2$ のときのものを R'，(3)で求めた鈍角が120°のときのものを R とすると，R は R' の，$\dfrac{\boxed{43}\sqrt{\boxed{44}}}{\boxed{45}}$ 倍である。

Ⅳ　方程式 $\dfrac{6}{x}+\dfrac{8}{y}=3$ ……(＊)を満たす自然数 x，y を求めることを考えていく。

次の $\boxed{46}$ ～ $\boxed{61}$ の中に適切な符号または数字を入れなさい。

(1)　(＊)の分母を払うために両辺に xy を掛けると，

$$6y+8x=3xy \quad \cdots\cdots①$$

となる。さらに移項して整理すると，

$$3xy-6y-8x=0 \quad \cdots\cdots②$$

となる。

ここで例えば，②を，左辺が因数分解された $(ax+b)(cy+d)=e$ の形に変形することを考える。②の右辺は0であるため，両辺を定数倍（同じ数を掛けたり同じ数で割ったり）することで左辺の係数を調整することができる。そこで，まず②を，$(x+A)(y+B)=C$ の形に変形することを考える。その後，文字 A，B，C の部分が整数になるように調整すると，

$$(x-\boxed{46})(\boxed{47}y-\boxed{48})=\boxed{49}\boxed{50}$$

となる。

(2)　x，y は自然数だから，$x \geqq 1$，$y \geqq 1$ である。このとき，

$$x-\boxed{46} \geqq \boxed{51}\boxed{52},\quad \boxed{47}y-\boxed{48} \geqq \boxed{53}\boxed{54}$$

が言える。

(3)　(1)より，$x-\boxed{46}$ は $\boxed{49}\boxed{50}$ の約数で，(2)より，$x-\boxed{46} \geqq \boxed{51}\boxed{52}$ である。$\boxed{47}y-\boxed{48}$ についても同様に考える。$(x-\boxed{46},\ \boxed{47}y-\boxed{48})$ の組の候補を考えることで，方程式(＊)を満たす自然数 x，y を求めると，x の小さい順に，

$$(x,\ y)=(\boxed{55},\ \boxed{56}),\ (\boxed{57},\ \boxed{58}),\ (\boxed{59}\boxed{60},\ \boxed{61})$$

となる。

国語

（二科目 一〇〇分）

一　次の【文章Ⅰ】、【文章Ⅱ】は、いずれも鷲田清一『哲学の使い方』の一節である。これを読んで、後の問い（問1〜9）に答えなさい。解答番号は ① 〜 ⑮ 。

【文章Ⅰ】

哲学の「存在理由（レゾン・デートル）」がしばしば問題とされる。それも哲学の研究者によって。哲学の〈外部〉にとっては、哲学の「存在理由」は問題にならない。人びとの経験のAオク深くにすでにしかとあるともいえるし、学科（ディシプリン）としての哲学が存在しなくても生きてゆくうえでなんの不自由もないともいえる。哲学の「存在理由」はつねに「学」としての哲学の可能性を考える哲学研究者が問題としてきたことだ。

さて、これまで哲学といういとなみがなされる場がどこであったかについて、もうすこし具体的なところから考えてみよう。学問としての哲学は現在、その大半が大学という機関のなかに囲われている。とすると、哲学の「存在理由」が問われるというのは、その大学のなかで哲学が場所を失ったということだろうか。それとも、哲学はそもそも大学のなかの一学科となることで、みずからの場所を棄（す）てたということなのだろうか。いいかえると、大学という場所にあることは、そもそも哲学にとって幸福なことだったのだろうか。

哲学の〈場所〉、つまり、ひとはどこで思考するのかという、ア思考の〈場所〉への問いが、おそらくはじめに立てられねばならないとおもわれる。

哲学の〈場所〉への問い。それは、大学という〈知〉の制度のなかで哲学が占める位置への問いであると同時に、というかそれ以上に、〈知〉の*トポスのなかで哲学といういとなみが占める位置への問いでもあった。そのような問いは、したがって、大学という制度の歴史への問いと、〈知〉（哲学と他の諸学問）の理念をめぐる歴史的反省とに、関係づけられねばならない。たとえば、デカルトでも用いられていた*「知恵の木」（とくにその根）や*「アルキメデスの点」というメタファー、知識の「建築術的統一」というカントの体系の理念、さらにはそれらと連動してきた《基礎づけ》とか《絶対的な知識》とか《普遍的な妥当性》という哲学の原理的な概念群が、哲学の〈場所〉への問いのなかでさしあたって問題とされるべきなのだろう。哲学は、知の空間のどこかにみずからを位置づけようとはしないで、むしろもろもろの知がそのなかに配置されている空間（の存在）そのものを問題とするとされてきたからである。そして二十世紀ほど、哲学がその「存在理由」をみずからに厳しく突きつけた時代はこれまでなかったようにおもわれる。

およそ思考というものは、それが機能不全に陥ったときにみずからの媒体について思考をはじめるのがつねだが、それは哲学が二十世紀に《普遍学》もしくは《基礎学》という輝かしき企てそのものの不可能性という事態に直面したということでもある。これは、_イ谷川雁がかつて詩の終焉（しゅうえん）について語った言葉を借りていえば、次のような状況に置かれているといえるのではなかろうか。

> 詩がほろんだことを知らぬ人が多い。いま書かれている作品のすべては、詩がほろんだことのおどろきと安心、詩がうまれないことへの失望と居直りを、詩のかたちで表現したものという袋のなかに入れてしまうことができる。もちろん、そのなかにはある快感をさそうものがないではない。しかし、それはついに詩ではない。詩それ自身ではない。そこには一つの態度の放棄がある。つまり、この世界と数行のことばとが天秤（てんびん）にかけられてゆらゆらする可能性を前提にするわけにいかなくなっているのである。
>
> （「暖色の悲劇」一九六五年）

哲学の「危機」をこのようにみずからの可能性の根源に立ち返って考える必要はたしかにある。その「危機」の意味が、学問論的にさらに問いつめられねばならないからだ。

しかしひるがえって考えてみるに、《哲学の危機》がまるで《世界の危機》と一体のものであるかのように意識できたのは、哲学者の最後の幸福な錯誤だったのかもしれない。「一、いかなる点で哲学は現在その最終段階にさしかかっているか？　二、哲学の終わりにあたって、いかなる使命が思惟（しい）のためになお保存されて残っているか？」（ハイデッガー）、このような問いがユネスコ会議への報告書（「哲学の終わりと思惟の使命」一九六四年）のなかにB キサイされ、それが哲学の国際シンポジウムのなかで代読されるような時代は、ひょっとしてまだまだ幸福な時代だったのかもしれない。哲学が、その可能性そのものにC ケンギをかけたり――真なるものの規準を提示するという伝統的な課題そのものへの懐疑である――、言語や身体、伝統、生活世界といった、かつて哲学的反省にとって不純な契機として排除されてきた思考外の諸事象をこんどはみずからを可能にしている媒体として改めて吟味しはじめたりしながら自己の存在に批判的にかかわってゆくことこそ、哲学の危機のD チョウコウでもあるといえないか。胃の存在、あるいは言葉の存在は、それがうまく機能しなくなったときにはじめて意識されるからである。

しかしさらに重要なのは、哲学が〈反省〉という形式をもつ「わたしの思考」(cogito)の仕事とみなされることによって、それがだれの前で、だれに対してなされるものかという問いを、じぶんにたいして立てなくなったのではないか、という哲学者の自問であろう。哲学の「存在理由」を問うにあたっては、まず_ウそのことから考えはじめる必要があるようにおもわれる。

しかし、これはまだ「学問のなかの学問」としての哲学の話である。これに対してはすでに見たようにもう一つ、別の考え方がありうる。それは、哲学というものは、最終的に、たんなるアカデミックに確実な知であることにではなく、「よき生」というものへのきわめてラディカルな問いへと収斂（しゅうれん）するものだという考え方である。ここでは哲学は一つの生き方をこそ意味する。哲学とは「哲学的な生」のことにほかならないというこの考え方をきっぱり否定する人たちが哲学研究者たちのあいだにはすくなからずいるとしても、他方にそれを哲学の最終到達点と考えている人もまたたしかにいた。そしてそのような人たちにとっては、哲学が、ほかならぬ「理論のなかの理論」、「もっとも純粋な理論」のモデルになっていることそのことが、すでに（エ）哲学にとって由々しきことなのである。というのも、理論は実践ないしは応用の対項としてあり、実践的なことがら、もしくは価値的なことがら、つまりはイデオロギーや価値観に関与しないことこそが、理論を純粋にするのだと考えるかぎり、哲学は実践的ではありえなくなるからだ。テオーリア（観想）こそが行（おこ）ないのなかの行ないであるとする、そういう理解とは正反対の理解が近代における理論概念にはつきまとってきた。純粋＝非実践的な理論の典型として哲学が考えられてきたのである。

哲学が「純粋な理論」となることにともなう、実践的問題へのそうした閉鎖は、いうまでもなく、「価値中立性」だとか「没価値性」を標榜（ひょうぼう）する客観主義的な学問理解、ならびに《基礎学》としての哲学の自己理解と切り離しては考えられない。近代的な学問理念を長らく枠どってきた諸々（もろもろ）の概念の二項対立的な構造、とりわけ理論／実践、事実／価値、存在／当為、記述性／規範性、合理性／情緒性、公共性／私秘性といった対立の前項を重ねあわせるところに、近代の、とりわけ実証主義的な学問理念が浮かび上がってくる。すると、それに対応して実践的なことがらは、いきおいこれらの概念対立の後項をつなぎあわせたところに成り立つことになる。「普遍的な妥当性」が「客観性」に肩代わりされることによって、実践的に普遍的なことがらはその固有の場所を奪われ、主観的・相対的なことがらへと転落させられる。存在は道徳外的（アモラル）な事実としてその価値的性格を剝がれ、知者はかならずしも賢者でなくなったのである。

そのうえで、わたしたちはもう一度問う必要がある。哲学がそのように失力したのは、哲学的思考が、だれの前で、だれに対してなされるものかという問いを、じぶんに対して立てなくなったからではないのか、と。（オ）哲学者は、哲学の外部をこそもっと意識する必要がある。哲学の「存在理由」を問うのなら、それはまっさきに哲学の外にいる人たちによって問われるべきである。いうまでもなく、この〈外〉は大学の外部、哲学研究者集団の外部という意味ではない。哲学はどこまでも「メタ」という次元を含む。何かへの問いは、その問いそのものへの問いを自己言及的に含んでいなければならないという意味である。批判は自己批判を内包していなければならないのである。その自己吟味が、哲学においては論理学であり、認識論であり、言語分析であった。そしてその「メタ」というのはどういう場所なのか、それが問題なのである。

（注）＊トポス……ギリシャ語で「場所」を意味する言葉。

＊「知恵の木」……デカルトが哲学体系を一本の木にたとえたもの。根を形而上学（けいじじょうがく）、幹を自然学、枝を医学・機械学・道徳の三つとした。

＊「アルキメデスの点」……アルキメデスが地球をてこで動かすための支点を求めたことになぞらえた表現で、思想体系の拠り所（よりどころ）、要となる概念のこと。

＊プラクティカルな……実用的な。実際的な。

【文章Ⅱ】

〈外部〉といえば、カントに哲学研究者ならだれもが知っている有名な文章がある。

通常の人間理性はこの羅針盤を手に持って、それが現実に出会うすべての場合に、〔……〕何が義務にかない何が義務に反するかを、区別するすべをまことによく心得ており、その際こちらから通常の人間理性に何か新たなことを少しも教える必要はなく、ソクラテスが昔したように、理性をして理性自身の原理に注意させるだけでよいということ。したがってまた人は正直でE ゼンリョウであるために、それどころか賢明で有徳であるために、何をなすべきかを知るのに、学問も哲学も全く必要とせぬということ。〔……〕通常の悟性は、哲学者と全く同様に正しい理解に到達できるという抱負をもつことができるのであり、それどころか、この点では哲学者自身よりも確かだとさえいいうるほどなのである。〔……〕それゆえ、道徳の個々の問題については、通常の人間悟性だけで十分だと考え、哲学をもち出すのはたかだか道徳の体系をいっそう完備したわかりやすい形で、かつ道徳の規則を実用のために〔……〕便利な形で、示すためだけに限り、実践的見地で通常の人間悟性をその幸福な素朴さから離れさせ哲学により探究と知識獲得との新たな道に向かわせようなどとすることはやめたほうがよいのではないかと思われる。

（『人倫の形而上学の基礎づけ』、野田又夫訳）

何をなすべきかを知るのに、学問も哲学も必要ないということ、カントのこの考えはまた別のかたちでも表明されている。たとえば、『純粋理性批判』で「世界概念の哲学」——「世界概念」とは「だれもが関心をもたずにはいられないようなことがらに関する概念」のことである——と「学校概念の哲学」との区別に注意を促している箇所である。ここでカントは、「哲学は（〔哲学に関する〕歴史学的な知識でないかぎり）けっして学びうるものではないのであって、理性に関して言えば、せいぜい哲学すること（Philosophieren）を学ぶことができるにすぎない」と書いている。この Philosophieren に関していえば、まさにこの Philosophieren が大学や学会といった研究機関のなかに制度化されることによって、それにたいしては非研究者にたいして閉ざされてしまったのではないか。いいかえると哲学がだれに対して語りかけられるのかをみずから問わなくなったのではないか。そのことがここで問われねばならないのである。哲学が思考のテクノロジーや哲学についての歴史的・文献学的な知識になってしまえば、以後、哲学研究者はアドルノのいう（カ）「哲学の寮監」――哲学の門前で人びとに哲学の学寮に入る資格があるかを厳しく問う監督者――に、あるいは哲学の官僚か技術管理者になってしまわざるをえないのではないだろうか。

（本文中に一部省略・改変したところがある）

問1　二重傍線部A～Eに相当する漢字を含むものを、次の各群の①～⑤のうちから、それぞれ一つずつ選びなさい。解答番号は［①］～［⑤］。

A　オク　［①］
①　壁を強くオウダする。
②　キョウオウに隠した本心。
③　船でトオウする。
④　食欲がオウセイだ。
⑤　キオウの事例にもとづく。

B　キサイ　［②］
①　テイサイを整える。
②　森林をバッサイする。
③　積み荷がマンサイの車両。
④　返答をサイソクする。
⑤　セイサイに記録された資料。

C　ケンギ　［③］
①　チュウヤケンコウで作業する。
②　ケンメイに説得する。
③　土地のケンリを譲渡される。
④　ケンアクなムードが漂う。
⑤　蛇蝎（だかつ）のごとくケンオする。

D　チョウコウ　［④］
①　文学賞のコウホに選ばれる。
②　コウザイ相半ばする。
③　オウコウキゾクの生活に憧れる。
④　コウジョウ的な人手不足。
⑤　農地をコウサクする。

E　ゼンリョウ　⑤

① 古い建物をシュウゼンする。

② マンゼンと一日を過ごす。

③ クウゼンゼツゴの状況に陥る。

④ ドクゼン的な考え方。

⑤ ゼンプクの信頼を寄せる。

問2　傍線部ア「思考の〈場所〉への問い」とあるが、この「問い」の内容として適当なものを、次の①～⑦のうちから二つ選びなさい。解答番号は ⑥ ・ ⑦ 。

① 哲学の存在理由を担保する〈知〉の制度としての大学への問い

② 〈知〉の空間そのものにおける哲学の位置づけへの問い

③ 万人が学ぶ学問としての哲学の存在意義についての問い

④ 哲学を《普遍学》・《基礎学》に位置づけるという企てへの問い

⑤ 大学という制度において哲学が置かれている〈場所〉への問い

⑥ 大学という機関のなかの一学科についての問い

⑦ 〈知〉のトポスに対する哲学の反省という問い

問3　傍線部イ「谷川雁がかつて詩の終焉について語った言葉を借りていえば」とあるが、谷川の言葉は、どのようなことを示すために引用されたと考えられるか。最も適当なものを、次の①～⑤のうちから一つ選びなさい。解答番号は ⑧ 。

① 詩が機能不全に陥ったときに詩のかたちで表現した言葉を疑ったように、哲学もみずからの可能性を見失ってきているということ。

② 「世界と数行のことば」とを「天秤にかける」ことで可能性を探った詩のように、哲学の「危機」に対して、哲学の可能性に立ち返って考える必要があるということ。

③ 当時の「詩」は「詩」そのものではないといえるのと同じように、二十世紀の哲学も《普遍学》もしくは《基礎学》という自身の機能が揺らいでいたということ。

④ かつて詩が本来のかたちを放棄したためにはらんでしまったのと同じように、二十世紀の哲学も、学問としての機能が揺らぐ状況にあったということ。

⑤ 当時の詩が詩としての態度を放棄した状態になっていたように、二十世紀の哲学も自身の媒体を思考の対象とする機能不全に陥っているということ。

問4　傍線部ウ「そのこと」とあるが、この内容の説明として最も適当なものを、次の①～⑤のうちから一つ選びなさい。解答番号は ⑨ 。

① 哲学が力を失ったのは、哲学が〈反省〉という他者不在の思考を、自己との閉じた関係のなかで行うことに終始し、他者との対話的な知を求めなくなったことが大きいということ。

② 哲学の「存在理由」が問題とされるのは、哲学的思考がだれのために、何のためになさ

れるべきであるかということを、哲学者自身が真剣に考えなくなったことが関係しているということ。

③ 哲学が大学という研究機関のなかで大きな位置を占めたために、哲学がだれに対して語りかけるものであるのかを哲学者が自問しなくなったことが、哲学の危機を物語っているということ。

④ 哲学が〈反省〉という形式を重視しているにもかかわらず、それがうまく機能していないのは、哲学的思考がだれの前で、だれに対してなされるものかを明確にしていないからであるということ。

⑤ 哲学が「危機」にあるといえるのは、哲学研究者が〈外部〉を気にしすぎて、人間の経験のなかに確実に存在している哲学の「存在理由」を自問しなくなったことによるということ。

問5　傍線部エ「哲学にとって由々しきこと」とあるが、なぜ「由々しきこと」だというのか。その説明として最も適当なものを、次の①～⑤のうちから一つ選びなさい。解答番号は ⑩ 。

① 意味や価値を問う哲学は「よき生」への実践的なアプローチとなるのに、生き方と切り離せない価値観やイデオロギーを排斥した単なる理論として扱われているから。

② 本来、哲学ではテオーリア（観想）こそが行いのなかの行いとされているが、近代における哲学は、そういう理解とは正反対の机上の学問にすぎなくなっているから。

③ 哲学を「理論のなかの理論」「もっとも純粋な理論」のモデルと考えると、哲学は哲学研究者だけのものになってしまうが、本来は万人に開かれるべきものであるから。

④ 哲学は「哲学的な生」のことにほかならないと考える人たちにとって、哲学をきわめてプラクティカルな問いだと考えることは、哲学を貶（おとし）める行為にほかならないから。

⑤ 哲学は一つの生き方をこそ意味するという考え方を否定する人たちは、「理論のなかの理論」を哲学の最終到達点と考え、理論を純粋化することを重要視しているから。

問6　傍線部オ「哲学者は、哲学の外部をこそもっと意識する必要がある」とあるが、どういうことか。その説明として最も適当なものを、次の①～⑤のうちから一つ選びなさい。解答番号は ⑪ 。

① 哲学研究者ではない外部の人びとともに哲学について考えることで、哲学を難解なものととらえる傾向を変え、哲学の再生を目指すべきだということ。

② 哲学以外の学問についても研究することで、他の分野の人びとと連携し、現代に特有の問題を解決する方法を模索していくべきだということ。

③ 哲学についての問いを自分に対して立てることを意識し、論理学、認識論、言語分析の観点から複合的に自己吟味を怠らないようにする必要があるということ。

④ 批判的思考である哲学は、問題を一つ上の視点や外側から眺め、より本質に近づきな

がら自己の立場をも客観的に把握しなければならないということ。

⑤ 大学の外部へと出ていき、市井の人びとと広く交流を図ることで、哲学研究者と一般人の間の認識の違いを解消していかなければならないということ。

問7　傍線部カ「哲学の資監」とあるが、これはどのようなことをたとえたものか。最も適当なものを、次の①～⑤のうちから一つ選びなさい。解答番号は **⑫**。

① 人が何をなすべきかを知るうえで学問は必要ないのに、知識の獲得を強制すること。

② 悟性は人を哲学者と同様に正しい理解に到達させるという事実を認めないこと。

③ 哲学の歴史的・文献学的研究に従事したのみで、哲学を学んだ気になること。

④ アカデミズムの内部に収まらない広がりをもつ哲学を、研究の場に閉じ込めること。

⑤ 哲学を究めるには、哲学研究者の視点から知識を深めるべきだと主張すること。

問8　次は【文章Ⅱ】について話し合った授業の様子である。先生の問いかけに対する答えとして最も適当なものを、次の①～⑤のうちから一つ選びなさい。解答番号は **⑬**。

先生　カントの文章の引用中に、「理性」や「道徳」が出てきますが、これと「哲学」はどう関係すると思いますか。【文章Ⅰ】の内容も踏まえて考えてみましょう。

① 生徒A…道徳の個々の問題は、「通常の人間悟性だけで十分だ」と書いてあるので、道徳と哲学とでは、拠り所にしているものが違うということだと思います。【文章Ⅰ】を読んでも、哲学は学問になりえますが、道徳は学問にならないと言えるのではないでしょうか。

② 生徒B…私は「この点では哲学者自身よりも確かだ」と書いてあるのが気になりました。哲学はむしろ、道徳とはかけ離れたものなのだと思います。【文章Ⅰ】を読んでも、哲学は思考の方法を説くもので、道徳は行動の指針となるものという違いがあると言えるのではないでしょうか。

③ 生徒C…哲学は「道徳の規則を実用のために」示すものと書いてあるので、哲学は道徳よりも理論的なものだと思います。【文章Ⅰ】を読むと、筆者は本来哲学とは生き方につながるものだと考えています。つまり哲学は道徳心を導くためのものなのではないでしょうか。

④ 生徒D…「何をなすべきかを知るのに、学問も哲学も全く必要とせぬ」と書いてあるので、カントは道徳の実践には哲学は不要だと考えているといえます。【文章Ⅰ】にある、哲学が理論としての純粋さを求めることで実践的問題からかけ離れていくことへの問題提起とつながる考え方ですね。

⑤ 生徒E…理性は「何が義務にかない何が義務に反するか」を区別するすべを心得ていると書いてあるので、哲学によってさらに理性を磨くことが、人間社会の秩序を守るということだと思います。【文章Ⅰ】で、哲学の存在理由を問うていることからも、哲学は道徳の土台となるものなのですね。

問9 波線部「大学という場所にあることは、そもそも哲学にとって幸福なことだったのだろうか」とあるが、筆者がこのように言う理由の説明として適当なものを、次の①～⑥のうちから二つ選びなさい。解答番号は ⑭ ・ ⑮ 。

① 哲学が大学という機関のなかに取り込まれたことで、真なるものの規準を提示するという哲学の伝統的な課題そのものが機能しなくなったから。

② 哲学が大学という場所にあることで、哲学の歴史や文献学的知識を学ぶことが主眼となり、生き方への問いとしてのあり方を失いかけているから。

③ 哲学が大学という知の空間に囲い込まれたことで、哲学の存在理由が哲学の研究者から問題とされることがなくなってしまったから。

④ 哲学が大学という〈知〉の制度のなかに置かれたことで、哲学の実証主義的な学問理念がその真価を発揮する機会を失ってしまったから。

⑤ 哲学が大学の一学科として位置づけられたことで、諸学の根底にある哲学的思考が否定され、学際的研究が行われなくなったから。

⑥ 哲学が大学で扱う「学問」になったことで「純粋な理論」の典型として考えられるようになり、哲学的思考の対象を見失った文献学的な知識となったから。

二 次の【文章Ⅰ】、【文章Ⅱ】は、いずれも平野啓一郎『本心』の一節である。舞台は近未来の日本。ただ一人の家族である母が事故で急逝し、寂しさに耐えられなくなった「僕」(石川朔也)は、母のVF(ヴァーチャル・フィギュア)を製作するため、フィディテクス社の野崎*のもとを訪れた。これを読んで、後の問い(問1～7)に答えなさい。解答番号は ⑯ ～ ㉛ 。

【文章Ⅰ】

体験ルームは、意外と平凡な応接室だったが、外部からは遮蔽されていて、壁には闘牛をモティーフにしたピカソのエッチングが飾られていた。かなり古色を帯びていて、しみもある。最近の精巧なレプリカなのか、二十世紀に刷られたものなのかは、わからなかった。

ヘッドセットを装着しても、何の変化もなかった。僕は、これから対面するVFが、AR方式で、現実に添加されるのか、それともヘッドセット越しに見ている部屋が、既に仮想的に再現された応接室なのか、本当に区別できなかった。

黒いレザーのソファの前には、コーヒーが置かれている。座って、それを飲めば、わかることだろうが。……

野崎が、二人を連れだって戻って来た。

一人は、薄いピンクの半袖シャツを着た、四十前後の痩身の男性。よく日焼けしているが、僕とは違い、長い休暇中に、ゆっくり丁寧に時間をかけて焼いたらしい肌艶だった。

もう一人は、紺のスーツを着て、眼鏡をかけた白髪交じりの小柄な男性だった。

「初めまして、代表の柏原です。」

日焼けした男の方が、白眼(しろめ)よりも更に白い歯を覗(のぞ)かせて腕を伸ばした。

僕は握手に応じたが、ウィンド・サーフィンでもやっているんだろうか、といった眩(まぶ)しい想像を掻(か)き立(た)てられた。

続けて、隣の男性を紹介された。

「弊社でお手伝いいただいている中尾さんです。」

「中尾です。どうぞ、よろしく。暑いですね、今日は。――お手伝いと言っても、ただここでお話をさせていただくだけなのですが。」

彼は、額に皺(しわ)を寄せて、柔和にA破顔した。落ち着いた物腰だったが、こちらの人間性を見ているような、微(かす)かな圧力を感じさせる目だった。「お手伝い」というのがよくわからなかったが、僕と同じVFの製作依頼者なのだろうかと考えた。

同様に握手を求められたので、応じかけたが、その刹那に、アハッとして手を引っ込めた。実際には、それも間に合わず、僕は彼に触れ、しかも、その感触はなかったのだった。

「私は、VFなんです。実は四年前に、川で溺れて亡くなっています。娘がこの会社に依頼して、私を製作してくれたんです。」

僕は、物も言えずに立っていた。"本物そっくり"というのは、CGでも何でも、今は珍しくないが、中尾と名乗るこのVFは、何かが突き抜けていた。それが、僕の認知システムのどこをどう攻略したのかはわからない。誇張なしに、僕には彼が、本当に生きている人間にしか見えなかった。柏原と見比べても、質感にはまったく差異がなかった。

僕は、半ば救いを求めるように野崎を振り返った。彼女は特に、「どうです！」と誇らしげな様子を見せるわけでもなく、「気になることがあれば、何でも質問してみてください。」とやさしく勧めた。恐らく、彼女がVFに接する態度も、これを人間らしく見せている一因だろう。

彼の額に、うっすらと汗が浮いているのに気がついて、僕は驚いた。僕の眼差(まなざ)しを待っていたのか、それは、目の前で、静かにしずくになって垂れ、こめかみの辺りに滲(にじ)んで消えた。そのベタつくような光沢を、中尾は痒(かゆ)そうに、二、三度、掻いた。

イ僕は、反射的に目を逸(そ)らした。彼の足許(あしもと)には、僕たちと同じ角度で、同じ長さの影まで伸びていた。

「ちゃんと、足は生えてますよ。」と中尾は愉快そうに笑って、「そんな、幽霊を見るみたいな顔をしないで下さい。」と、腹の底で響いているような野太(のぶと)い声で言った。

「すみません、……あんまりリアルなので。」

「中尾さんは、実は収入もあるんですよ。」と野崎が言った。

「――収入ですか？」

「これが仕事なんです。」と中尾が自ら引き取った。「ここでこうして、自分自身をサンプルに、新しいお客様にVFの説明をしているんです。それに、データの提供も。お金を受け取るのは、家内と大学生の一人娘ですがね。……かわいそうなことをしましたから、まあ、親として出来るせめてもの孝行ですよ。」

そう説明する彼の目には、憂いの色があった。しかも彼は、「親として出来るせめてもの孝行」と言うだけでなく、その手前で、「まあ」と一呼吸置いてみせたのだった。

ウ<u>僕は、自分の方こそ、出来の悪いVFにでもなったかのように</u>、不明瞭な面持ちで立っていたと思う。「話しかければ、非常に自然に受け答えをしてくれます。ただ、〝心〟はありません。」という、野崎の最初の説明がB<u>脳裡（のうり）を過（よぎ）った</u>。

彼はつまりAI（人工知能）で、その言葉のすべては、一般的な振る舞いに加えて、彼の生前のデータと、ここでの、何十人だか、何百人だかの新規顧客との会話の学習の成果なのだった。ただ、「尤（もっと）もらしい」ことを言っているに過ぎず、実際、こうしたやりとりは、大体いつも、似たり寄ったりなのだろう。

第一、それを言うなら、柏原や野崎の言動こそ、僕が誰であろうと、そう大して変わらない、パターン通りの内容だった。彼らとて、一々（いちいち）、僕の心を読み取り、何かを感じ取りながら話をしているわけではなく、「統語論的に」応対しているだけに違いない。

「お母様を亡くされたと伺ってます。きっと、あなたのお母様も、私と同じように、VFとして立派に再生しますよ。娘はね、私と再会した時、本当に涙を流して喜んでくれました。もちろん、私も泣きましたよ。――心から。」

X

> 僕は、中尾の姿に母を重ねようとした。しかしそれは、どう努力しても止（とど）めることの出来ない、破れやすい、儚（はかな）い幻影だった。それでも、母とまた、こんな風に会話を交わす日が来るという期待は、僕の胸を苦しみとしか言いようのない熱で満たした。
>
> わかった上で欺（だま）されることを、やはり欺されると言うのだろうか？　もしそれで幸福になれるなら？　僕は絶対的な幸福など、夢見てはいない。ただ、現状より、エ<u>相対的に幸福</u>でさえあるなら、残りの人生を、C<u>歯を喰（く）い縛（しば）って</u>でも欺されて過ごしかねなかった。
>
> ……

その後、ソファに座って、面会の続きをしたが、僕はほとんど上の空で、話の半分程度しか頭に入らなかった。

ヘッドセットを外した途端、VFの中尾は目の前から消えた。しかし、僕の中に残った、人と会ったという余韻は、実のところ、代表の柏原よりも、遥（はる）かに彼の方が強かった。

（注）＊野崎……「僕」の担当になったフィディテクス社の社員。

【文章Ⅱ】

〈母〉は、授業参観にでも来たかのような佇（たたず）いで、僕を背後から見つめながら立っていた。

ブラウンに染めた髪も、歳(とし)を取って丸みを帯びた肩も、普段着にしていた紺のワンピースも、何もかもが同じだった。

「呼びかけてあげてください。」

野崎の声が聞こえた。普段の仕事で、依頼者の指示を受けた時のような錯覚に陥った。

けれども、オ僕はしばらく、声が出なかった。野崎に見られているという意識もあったが、それだけではなかった。

母への呼びかけ以外には、決して口にしたことのなかった「お母さん」という言葉を、母のニセモノに向けて発しようとすることに対し、僕の体は、ほとんどD詰難するように抵抗した。それによって、ニセモノになるのは、お前自身だと言わんばかりに。

僕は死後の生を信じないが、もし僕が先に死んで、母が僕ではない誰か――何か――に、「朔也」と呼びかけているのを目にしたならば、いたたまらない気持ちになるだろう。

それでも、結局、僕は呼びかけたのだった。恐らくは、やはり野崎から見られていて、〈母〉から、待たれていると自覚したから。

「――お母さん、……」

それは、驚いたように目を瞠(みは)った。――E僕は股慄した。固唾(かたず)を呑んで、その顔を打(う)ち目守(まも)った。

「朔也、今日はお仕事は？」

「……。」

「どうしたの、そんな顔して？」

僕は、何者かに、不意に、背骨を二、三個打ち抜かれたかのようにその場に崩れ落ちてしまった。蹲(うずくま)って、僕は泣いた。涙を拭おうとして、ヘッドセットに手がぶつかると、フィディテクスの応接室の床が直(じか)に見えた。

「どうしたの？　体調が悪いの？　救急車、呼ぶ？」

僕は首を横に振って、一息吐くと、両手で膝を押しながらゆっくりと立ち上がった。そして、「大丈夫。」と言った。

恐らく、同意すれば、本当に救急車を呼ぶ仕組みにでもなっているのだろう。そうした思考が、僕に落ち着きを取り戻させた。それに、いきなり救急車を呼ぶというのは、母の言いそうにないことだった。

「石川さん、違和感がある時は、『お母さん、そんなこと、言わなかったよ。』と注意してください。『前はこう言ってたよ。』と訂正してあげれば、それで、学習します。そのきっかけの文言も、仮にこちらで設定したものですので、ご自由に変更できます。一度、試してみてください。」

僕は、言われた通りに注意をして、「前は、『大丈夫？』って言ってたよ。」と語りかけた。〈母〉は、少し考えるような表情をして、「そうだったわね。」と微笑した。

そこまでやりとりしたところで、僕は、助けを求めて野崎を探した。

「画面の右上に触れてください。特に何も印はありませんが、そこに腕を伸ばしてもらえれば、終了になります。」

言われた通りにすると、視界が閉ざされ、やはり少ししてから最初の画面に戻った。

Y

僕は、会話の途中で切断され、闇の中に取り残されてしまった〈母〉のことを心配した。「朔也？」と、先ほどとは逆に、〈母〉が僕を捜して呼びかけている。――その姿を思い浮かべると、胸が痛んだ。それは、自然に起こった感情だった。

ヘッドセットを外すと、また母のいない元の応接室に戻っていることのふしぎを感じた。あまり夢中になったことはないが、仮想空間には、僕も折々、出入りしている。しかし、他人に見られている場所で〈母〉に会うという状況は、自室で気晴らしに冒険的な世界に乗り込んでいくのとは、まるで違っていた。

問1　二重傍線部A～Eの本文中における意味として最も適当なものを、次の各群の①～⑤のうちから、それぞれ一つずつ選びなさい。解答番号は ⑯ ～ ⑳ 。

A　破顔した　⑯
① 晴れやかな顔になった
② 顔をほころばせた
③ 声を上げて笑った
④ 微笑をたたえていた
⑤ 穏やかな表情を見せた

B　脳裡を過った　⑰
① いやな予感につながった
② 記憶に焼き付いていた
③ ふと思い出された
④ ずっと気にかかっていた
⑤ 一瞬聞こえた

C　歯を喰い縛って　⑱
① 限界を迎えて
② ひたすらに力を込めて
③ できるだけ努力して
④ 必死に耐えて
⑤ 無力さに抗（あらが）って

D　詰難する　⑲

① 思い悩む

② 咎(とが)める

③ 歯向かう

④ 逃げる

⑤ 焚(た)きつける

E 股慄した 〔⑳〕

① 恐ろしさで足が震えた

② 惚(ほう)けて突っ立っていた

③ 思わず身震いをした

④ 怖(お)じ気(け)づいて弱腰になった

⑤ 緊張で体がこわばった

問2 傍線部ア「ハッとして手を引っ込めた」とあるが、その理由として最も適当なものを、次の①〜⑤のうちから一つ選びなさい。解答番号は〔㉑〕。

① 中尾に握手を求められたため、何気なく応えようとしたが、中尾がVFであることを思い出してあわてたから。

② 「お手伝い」とはどういうことかがわからなかったが、握手をしようとしたことで、その意味がわかったから。

③ 何の疑いもなく中尾の手を握ろうとしたその時に、その手が、本当は中尾のものではないという事実を知ったから。

④ 自分の手が中尾の手に触れる寸前に、中尾はVFなのではないかという不信感が、一瞬頭をかすめたから。

⑤ 中尾が差し出した手に触れようとしたその瞬間に、感覚的に中尾が生身の人間ではなくVFであると察知したから。

問3 傍線部イ「僕は、反射的に目を逸らした」とあるが、「目を逸らした」理由の説明として最も適当なものを、次の①〜⑤のうちから一つ選びなさい。解答番号は〔㉒〕。

① 中尾と会話をしていると、あまりにリアルすぎてどうしてもVFと信じられず、生きている人間でなければ幽霊に違いない気がして、自分の目で足もとの影を確かめずにはいられなかったから。

② 中尾がどこからどう見ても生きている人間としか見えずに衝撃を受けているところへ、さらに汗という生命を物語る現象を目にして、自身の理解の範疇(はんちゅう)を超える存在を直視していられなかったから。

③ VFを人間らしく見せるために、見た目や表情だけでなく、汗まで作りこむという演出をやり過ぎだと感じ、フィディテクス社のやり方に不満を覚えたことを、野崎らに表情から悟られたくなかったから。

④ 生身の人間の仕種であれば何ということもないが、汗のあとを痒そうに掻くという自然な動作がかえってＶＦの不自然さを強調しているようで、ＶＦはしょせん偽物だと思い知らされたから。

⑤ 目の前にいる中尾が、自分と同じように親を亡くした娘さんが製作を依頼したＶＦだと聞き、自分の母もこんなにまでリアルに蘇るのかと思うと、驚くと同時に畏怖の念が込み上げてきたから。

問4　傍線部ウ「僕は、自分の方こそ、出来の悪いＶＦにでもなったかのように」とあるが、この時の「僕」の心情として最も適当なものを、次の①～⑤のうちから一つ選びなさい。解答番号は ㉓ 。

① 親である中尾が、娘に対して「孝行」という言葉を使うことの違和感と、自然な口調でそれを語る様子とのギャップから、彼の発言はＡＩが組み立てた言葉であるということをやっと理解し、その事実にショックを受けている。

② 母親のＶＦの製作を検討している顧客に「せめてもの孝行」という言葉を聞かせることで購入を促そうとする中尾の抜け目のなさを感じ取り、このやりとりはあくまでも企業によって操作されたものなのだと初めて思い知らされている。

③ 憂いを帯びた表情と完璧な話しぶりで親としての心情を語る中尾のＶＦも、「孝行」という言葉の使い方を間違えるのだということを目の当たりにしたことで、ＶＦには〝心〟がないのだということを今更実感し悲嘆している。

④ 中尾が用いた娘と自分の立場の逆転を踏まえたかのような「孝行」という言葉や、心情を表出したかのような表情の変化や物言いが、〝心〟がないと聞いていたＶＦによって自然になされていることを受け止めきれず、動揺している。

⑤ 中尾は、ＡＩが学習したことを尤もらしく言っているだけなのだと知りつつも、「孝行」という言葉を自嘲気味に使う様子に人間らしさを感じさせられたことで、亡き母との会話が叶うことへの期待で頭がいっぱいになっている。

問5　傍線部エ「相対的に幸福」とあるが、それはどういうことか。その説明として最も適当なものを、次の①～⑤のうちから一つ選びなさい。解答番号は ㉔ 。

① 母が生きているころと同じ毎日を送れること。

② 現実より仮想現実の中に本当の幸せを求めること。

③ 母の死を巡る後悔から解放されて暮らせること。

④ 母のいない寂しさがほんの少しでも紛れること。

⑤ 亡き母がＶＦとして立派に再生すること。

問6　傍線部オ「僕はしばらく、声が出なかった」とあるが、その理由として最も適当なものを、次の①～⑤のうちから一つ選びなさい。解答番号は ㉕ 。

① 生前の姿そのままの母が目の前に現れたため、なつかしさといとおしさで胸がいっぱ

いになってしまったから。

② 野崎から「呼びかけてあげてください。」と声をかけられたが、何について呼びかけたらいいかわからなかったから。

③ ようやく念願の母との対面の日を迎えた「僕」が喜ぶことを、野崎が期待して待っていると感じたから。

④ 母その人ではなく母の虚像にすぎないものを「お母さん」と呼ばなければならないことに、幻滅したから。

⑤ VFに対して「お母さん」と呼びかけることは、本物の母に対する冒瀆（ぼうとく）のような気がして、ためらわれたから。

問7 「僕」の母親について、【文章Ⅰ】のX［　　］では「母」と表記されているのに対して、【文章Ⅱ】のY［　　］では「〈母〉」と表記されている。これについて六人の生徒が話し合った。次の(1)〜(6)の発言について、内容が適当なものには①を、適当でないものには②を選びなさい。解答番号は［㉖］〜［㉛］。

(1) 生徒A…Xは、まだ母親のVFが存在しない段階だから、亡くなった本物の母という意味で「母」と表記し、「〈母〉」はその母親のVFだから、「〈母〉」と表記している。「僕」の中では人間かVFかという点で別の存在なんだ。［㉖］

(2) 生徒B…「母」は「僕」の記憶の中の母親だよね。一方でVFの「〈母〉」はAIが生前の母親のデータを学習して生まれたものだ。「僕」は、外見は同じでも「母」と「〈母〉」の中身は違うととらえているようだ。［㉗］

(3) 生徒C…VFの「〈母〉」は、「救急車、呼ぶ？」と言うなど、生前の「母」とは違う点があるけれど、学習によってこれを修正することもある。これから「母」になる過程の未完成の存在という意味でも、「〈母〉」と示されているんだ。［㉘］

(4) 生徒D…「僕」は「〈母〉が僕を捜して」いる姿を想像して胸を痛めている。心情としては、VFの「〈母〉」と生前の「母」を重ね合わせてとらえているね。「〈母〉」も、「僕」の中の愛着を呼び起こすという点では、「母」と同じだといえるね。［㉙］

(5) 生徒E…「僕」は目の前に現れたVFの「〈母〉」の存在を受け入れられないでいるね。さらに、闇の中に取り残されてしまった「〈母〉」を心配してもいる。この「僕」の後悔が、「〈母〉」という表記に込められているんだよ。［㉚］

(6) 生徒F…「〈母〉」は「母」とは異なるVFとしての存在だけれど、一方で同じ見た目であるがゆえに、「ニセモノ」と割り切れない気持ちがある。「〈母〉」という表記が用いられる背景には、「僕」のこの戸惑いもあると言えるね。［㉛］

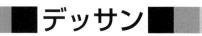

デッサン

（180分
解答例省略）

課　題「鉛筆による構成デッサン」

※ 画面を任意に3分割し、分割した3つの面それぞれに他の面と相互に関連し合う内容を描き、全体を構成し完成させなさい。
ただし、3面のうちの1つの面に鏡を使って観察した自分を描き、他の2面はそれ以外のものを描くこと。

提出物

1. 草案用紙　※草案用紙も採点対象とする。計画欄・作品説明欄、どちらも記入すること。
2. 画用紙　※画面の向きは縦横どちらでも可。

実技試験時間

180分

※提出物1. 2.に対する制作時間配分は自由。

用紙・画材

画　面　：　画用紙（560mm×420mm），草案用紙（A3）

画　材　：　鉛筆，消しゴム，練りゴム
定規（使用を希望する人は試験開始後に前に取りに来ること）

※与えられた画材で制作する。
ただし持参した鉛筆、消しゴム、練りゴム、ガーゼなどを使用しても良い。

解答編

英語

I

解答　1－①　2－④　3－④　4－①　5－①　6－③
7－①　8－①　9－①　10－①

解説　1．「泥の中を運転した後」とあるので，「車を洗ってもらった」という意味になる選択肢を選ぶ。have *A*＋過去分詞「*A* を～してもらう」

2．pick out「選ぶ」という熟語。目的語は a piece of candy である。be allowed to *do*「～することを許される」

3．主語は What this park needs「この公園が必要としているもの」となる。what は先行詞を含んだ関係詞で「～のもの，こと」という意味である。

4．命令文＋or～「…しなさい，そうしないと～」という構文を使う。命令文は動詞の原形で始まるので，①を選ぶ。

5．*A* of *B*「*B* のうちの *A*」の *B* は原則として the や人称代名詞などがつく名詞となる。①は of の後ろに these があるので特定の花を示すことになるため正解である。④の so much は不可算名詞を修飾するので可算名詞の flower には不適である。

6．この文の that は関係代名詞であり，crazy stories を先行詞に取るため，that 以下には動詞が必要である。

7．学生の頃の話をしているので used to *do*「～したものだった」という過去の習慣を表す表現の①が正解。

8．文の最後に for a long time という期間を表す表現があるので，現在完了進行形の①を選ぶ。

9．be going to *do*「～する予定」という表現になるようなものを選ぶ。②～④はいずれも助動詞で動詞の原形が後に置かれるので，going ではなく go になる。

10．①anywhere「どこでも」を選択すれば「この棚の上ならどこでも置いてよい」という意味になる。

Ⅱ 解答

11―②　12―①　13―②　14―③　15―④　16―①
17―①　18―③　19―④　20―②

解説　11. お店の人が「リストに名前を載せておきましょうか？」と聞いているのに対し，「少し散歩をしてからまた戻ってくる」と答えているので，載せてもらうことに決めたのだとわかる。

12. ダグの最後の発言が「もう少し機能が少ないものをお見せしましょう」なので，最初に提示されたものは少し機能が多すぎるのだとわかる。①の affordable は「(値段などが) 手の届く範囲の，手ごろな」という意味。

13. クレイグが最後に「私も自分のために時間を使うのは好きだ」と言っているので，ターニャは休みに家でリラックスしたいのだとわかる。

14. 空欄の前にシンディが「今夜はお天気がよい」と言っており，空欄の発言を受けてデイヴが「いいよ」と答え，「1時間くらいかかるだろう」と言っていることから，シンディが電車以外の帰宅の手段を提案していることがわかり，③の「歩いて帰らない？」が最も適切である。

15. リサの2番目の発言の第2文（My car died and …）で「自分の車が故障して，週末に旅行の計画があるのに困った」と言っているのでレンタカーの相談をしていると判断できる。

16. リサの最後の発言から，土曜日に予定を変更しようとしていることがわかるので①が適切である。

17. サムの最後の発言で予約作業を始めるために情報が必要と言っているので，リサの次の行動としては①「彼に必要な情報を提供する」が適切である。

18. キムの最初の発言に「海外で夏に勉強するプログラムについて聞きたい」とあり，会話の中でサントス氏が複数のプログラムの内容について説明し，キムが自身の希望についても発言している。したがってキムがどのプログラムに参加するか判断するためのアドバイスを求めていると考えられ，③が適切である。

19. サントス氏が最後の発言の中で「参加する前にテストを受けなければならない」と言っている。

20. 同じくサントス氏の最後の発言に「木曜日に発表を聞きに行くことを奨めます」とあり，さらにその次に「昨年行った学生が質問に答えてくれる」とあるので，学生たちに会いに行くのだとわかる。

III　解答　21―③　22―④　23―④　24―③　25―③

解説　≪Z 世代のネット上の習性≫

21. 第 1 段第 3 文（Many attribute this …）から，Z 世代とはインターネットや SNS が生活の中心となっている中で生まれたということがわかる。

22. 第 2 段第 2 文（One survey found …）から，X 世代の方がオンラインでの職業訓練を求めていることがわかる。

23. 第 3 段第 3 ～ 5 文（Surprisingly, Gen Z is … circle of acquaintances.）から，個人情報を公開する相手を選んでいることがわかる。

24. 第 3 段最終文（They tend to …）に，団塊世代の人はどのグループよりも最も写真などを投稿すると書かれているので，そのグラフであろうと推測する。

25. 第 1 段で Z 世代が特にネットの活用において，他の世代と違った特徴を見せているという問題提起があり，その後の段落はすべてネット上での他の世代との比較になっているので，この文章は Z 世代のネット上の習性を述べるためのものだとわかる。

IV　解答　26―①　27―④　28―③　29―①　30―③

解説　≪夏時間（DST）の弊害≫

26. 第 2 ～ 5 段（Any energy savings … in the dark.）では，一貫して夏時間に関する欠点を述べている。また最終段（It seems that …）でそれらの欠点にもかかわらず，夏時間の利点が過大評価されてきている，と述べているので，筆者は夏時間に反対の立場であるとわかる。

27. 第 1 段第 2 文（When first proposed, …）に「エネルギーの節約の方法として提案された」とある。

28. 第 1 段最終文では While「～の一方で」が用いられカンマの前後が対

照的な内容になると考えられる。後半部で「そのような変化は利点より問題を生み出す」と夏時間を否定的にとらえているので，前半部は「恒久的な夏時間への移行をすることが支持されている」と肯定の意味になる。したがって adherent の言い換えは③「追従者」が最も適切となる。なお，adherent は「信者」という意味。

29. 第4段第2・3文（However, there are… business interests complained.）の内容から，近年夏時間を採用した国のひとつとして韓国が挙げられ，オリンピックの対応のためと理由が述べられている。したがって①が適切である。

30. 本文中で一貫して夏時間の短所が書かれており，最終段最終文（However, the benefits of…）でも「利点が過大評価されている」と書かれているので，筆者は③「通年で標準時間が使われるべき」と思っているとわかる。

V　解答

31―④　32―⑥　33―⑥　34―②　35―②　36―⑥
37―①　38―⑤　39―⑦　40―③

解説　並べ換えた文は以下の通り。

31・32. The crowd couldn't wait for the concert to (begin.)　wait for ～ to …「～が…するのを待つ」となるように並べ換える。

33・34. (Would) you prefer to meet in our classroom or at the (library?)　prefer は「～を好む」という動詞。

35・36. There were not enough chairs for everyone in (the class.)　enough＋名詞「十分な～」

37・38. I think it is interesting that you decided to study (overseas.)　it は that 以下を指す。decide to *do*「～することを決断する」

39・40. To work here would require a long commute every (day.)　to work here「ここで働くこと」を主語にした，無生物主語の構文である。commute「通勤」

数学

Ⅰ 解答 ≪小問 9 問≫

①6　②3　③1　④3　⑤1　⑥9　⑦2　⑧—①　⑨⑩12　⑪3
⑫5　⑬⑭⑮720　⑯3　⑰⑱16　⑲⑳14　㉑㉒15　㉓—①

Ⅱ 解答 ≪データの分析≫

㉔6　㉕—③　㉖—①　㉗—③　㉘—③　㉙—①　㉚—④

Ⅲ 解答 ≪図形と計量≫

㉛—②　㉜㉝ −2　㉞㉟ −3　㊱2　㊲7　㊳3　㊴6　㊵0　㊶—③
㊷—①　㊸2　㊹2　㊺5

Ⅳ 解答 ≪整数の性質≫

㊻2　㊼3　㊽8　㊾㊿16　51 52 −1　53 54 −5　55 3　56 8　57 6
58 4　59 60 18　61 3

国語

一

解答

出典 鷲田清一『哲学の使い方』〈第二章　哲学の場所〉（岩波新書）

問1 A—② B—③ C—⑤ D—① E—④

問2 ②・⑤

問3 ⑤

問4 ①

問5 ①

問6 ④

問7 ④

問8 ④

問9 ②・⑥

解説 問2 傍線部アを含む段落の次の段落に「大学という〈知〉の制度のなかで哲学が占める位置への問い」とあることから、②が答えである。この説明の直後に「〈知〉のトポスのなかで哲学といういとなみが占める位置への問い」とあることから、⑤が答えである。

問3 傍線部イを含む段落に「およそ思考というものは、それが機能不全に陥ったときにみずからの媒体について思考をはじめるのがつねだ」、谷川雁の引用部分に「それはついに詩ではない。詩それ自身ではない。そこには一つの態度の放棄がある」とあることから、⑤が答えである。

問4 「そのこと」とは、傍線部ウの前の「哲学が〈反省〉という形式をもつ『わたしの思考』……じぶんにたいして立てなくなったのではないか」を指す。したがって①が答えである。②は「何のために」が不適切。

問5 「哲学というものは、最終的に、……プラクティカルな問いへと収斂するものだという考え方」をする人たちにとっては、哲学が「理論のなかの理論」になっているのが「由々しきこと」だというのだから、「実践的なアプローチとなるのに」「単なる理論として扱われている」とする①が答えである。⑤は「『理論のなかの理論』を哲学の最終到達点と考え」が不適切。

問6　「外部」とは「『メタ』という次元」であり、「何かへの問いは、その問いそのものへの問いを自己言及的に含んでいなければならない」のだから、「問題を一つ上の視点や外側から眺め」「自己の立場をも客観的に把握しなければならない」とする④が答えである。①②⑤は「外部」の意味が不適切。③は、傍線部には「哲学の外部をこそもっと意識する」とあるのに対し、「自分に対して立てることを意識し」とする点が不適切。

問7　直後に「哲学の門前で人びとに哲学の学寮に入る資格があるかを厳しく問う監督者」とある。「哲学の学寮」を「研究の場」と言い換えた④が正解。傍線部の前にも、「Philosophierenが大学や学会といった研究機関のなかに制度化されることによって、それにたいしては非研究者にたいして閉ざされてしまったのではないか」とある。

問8　【文章Ⅰ】は、傍線部エを含む段落の最終文にある「純粋＝非実践的な理論の典型として哲学が考えられてきた」ことを問題とした文章であり、【文章Ⅱ】は「カント」の「何をなすべきかを知るのに、学問も哲学も必要ない」という考えを説明したものであることから、④が答えである。

問9　【文章Ⅱ】に「歴史的・文献学的な知識になって」はいけないとあることから②が、それに加えて【文章Ⅰ】の傍線部エを含む段落に「『学問のなかの学問』としての哲学の話」「『もっとも純粋な理論』のモデルになっていることそのことが、すでに哲学にとって由々しきこと」とあることから⑥が答えである。

11

出典　平野啓一郎『本心』（文藝春秋）

解答

問1　A—②　B—③　C—④　D—②　E—①

問2　⑤

問3　②

問4　④

問5　④

問6　⑤

問7　(1)—①　(2)—①　(3)—②　(4)—①　(5)—②　(6)—①

解説　問2　傍線部アの直前に「握手を求められたので、応じかけた」とあり、「僕」は反射的に握手に応じたのであり、実際に「僕は彼に触れ、しかも、その感触はなかった」を感じるまで、中尾がVFであるという認識はなかったと読み取れる。よって、⑤が答えである。

問3　傍線部イを含む一文の後の中尾の発言に「そんな、幽霊を見るみたいな顔をしないで下さい」とあることから、②の「自身の理解の範疇を超える存在を直視していられなかった」が答えである。①のように「幽霊に違いない」と思い、「足もとの影を確かめ」ようとしたわけではなく、「目を逸らした」ら、そこに「足」の「影」があっただけである。

問4　直前の中尾の様子として「そう説明する彼の目には、憂いの色があった。しかも彼は、『親として出来るせめてもの孝行』と言うだけでなく、その手前で、『まあ、』と一呼吸置いてみせた」とあり、あたかも自然な感情のある受け答えのように感じられたのに、「『話しかければ、非常に自然に受け答えをしてくれます。ただ、〝心〟はありません。』という野崎の最初の説明」を思い出し、戸惑っている。したがって④が答えである。

問5　「ただ、現状より、相対的に幸福でさえあるなら」とあり、その「現状」は、リード文にあるように「母が事故で急逝し、寂しさに耐えられなくなった」状態であることから、④が答えである。

問6　傍線部オを含む段落の次の段落に「『お母さん』という言葉を、母のニセモノに向けて発しようとすることに対し、僕の体は、ほとんど詰難するように抵抗した」とあることから、⑤が答えである。

問7　(3)の「これから『母』になる過程の未完成の存在という意味でも、『〈母〉』と示されている」、(5)の「この『僕』の後悔が、『〈母〉』という表記に込められているんだよ」が、適当な説明ではない。

■一般選抜（1期〈共通テスト併用型〉）

問題編

▶試験科目・配点

学部・学科等			種　別	科　　目	配　点
大学	児童学部		個別試験	国語総合（古文・漢文を除く）・現代文B	100点
			大学入学共通テスト	外国語「英語」，日本史B，「数学Ⅰ・数学A」，理科（「化学」，「生物」から1科目または「化学基礎」，「生物基礎」の2科目）から1教科1科目選択	100点
	栄養学部	栄　養	個別試験	「コミュニケーション英語Ⅰ・Ⅱ」，「数学Ⅰ・A」，「国語総合（古文・漢文を除く）・現代文B」から1科目選択	100点
			大学入学共通テスト	外国語「英語」，日本史B，「数学Ⅰ・数学A」，理科（「化学」，「生物」から1科目または「化学基礎」，「生物基礎」の2科目），国語から1教科1科目選択	100点
		管理栄養	個別試験	「コミュニケーション英語Ⅰ・Ⅱ」，「数学Ⅰ・A」，「国語総合（古文・漢文を除く）・現代文B」から1科目選択	100点
			大学入学共通テスト	外国語「英語」，「数学Ⅰ・数学A」，理科（「化学」，「生物」から1科目または「化学基礎」，「生物基礎」の2科目），国語から1教科1科目選択	100点
	家政学部	服飾美術・造形表現	個別試験	「コミュニケーション英語Ⅰ・Ⅱ」，「数学Ⅰ・A」，「国語総合（古文・漢文を除く）・現代文B」から1科目選択	100点
			大学入学共通テスト	外国語「英語」，日本史B，「数学Ⅰ・数学A」，理科（「化学」，「生物」から1科目または「化学基礎」，「生物基礎」の2科目），国語から1教科1科目選択	100点

大学	家政学部	環境教育	個別試験	「コミュニケーション英語Ⅰ・Ⅱ」,「数学Ⅰ・A」,「国語総合（古文・漢文を除く）・現代文B」から1科目選択	100点
			大学入学共通テスト	外国語「英語」，地理歴史・公民（「日本史B」,「世界史B」,「地理B」,「倫理」,「政治・経済」,「現代社会」,「倫理，政治・経済」から1科目），「数学Ⅰ・数学A」，理科（「化学」,「生物」から1科目または「化学基礎」,「生物基礎」の2科目），国語から1教科1科目選択	100点
	人文学部	英語コミュニケーション	個別試験	コミュニケーション英語Ⅰ・Ⅱ	100点
			大学入学共通テスト	地理歴史・公民（「日本史B」,「世界史B」,「地理B」,「倫理」,「政治・経済」,「現代社会」,「倫理，政治・経済」から1科目），「数学Ⅰ・数学A」，理科（「化学」,「生物」から1科目または「物理基礎」,「化学基礎」,「生物基礎」,「地学基礎」から2科目），国語から1教科1科目選択	100点
		心理カウンセリング・教育福祉	個別試験	「コミュニケーション英語Ⅰ・Ⅱ」,「国語総合（古文・漢文を除く）・現代文B」から1科目選択	100点
			大学入学共通テスト	外国語「英語」，日本史B,「数学Ⅰ・数学A」，理科（「化学」,「生物」から1科目または「化学基礎」,「生物基礎」の2科目），国語から1教科1科目選択	100点
	健康科学部	看護	個別試験	コミュニケーション英語Ⅰ・Ⅱ	100点
			大学入学共通テスト	「数学Ⅰ・数学A」，理科（「化学」,「生物」から1科目または「化学基礎」,「生物基礎」の2科目），国語から2教科2科目選択。	各100点
		リハビリテーション	個別試験	「コミュニケーション英語Ⅰ・Ⅱ」,「数学Ⅰ・A」,「国語総合（古文・漢文を除く）・現代文B」から1科目選択	100点
			大学入学共通テスト	外国語「英語」，日本史B,「数学Ⅰ・数学A」，理科（「化学」,「生物」から1科目または「化学基礎」,「生物基礎」の2科目），国語から1教科1科目選択	100点

大学	子ども支援学部	個別試験	国語総合（古文・漢文を除く）・現代文B	100点
		大学入学共通テスト	外国語「英語」，地理歴史・公民（「日本史B」，「世界史B」，「地理B」，「倫理」，「政治・経済」，「現代社会」，「倫理，政治・経済」から1科目），「数学Ⅰ・数学A」，理科（「化学」，「生物」から1科目または「化学基礎」，「生物基礎」の2科目）から1教科1科目選択	100点
短大	保育・栄養	個別試験	「コミュニケーション英語Ⅰ・Ⅱ」，「数学Ⅰ・A」，「国語総合（古文・漢文を除く）・現代文B」から1科目選択	100点
		大学入学共通テスト	外国語「英語」，日本史B，「数学Ⅰ・数学A」，理科（「化学」，「生物」から1科目または「化学基礎」，「生物基礎」の2科目），国語から1教科1科目選択	100点

▶備　考

※大学入学共通テストの科目から1科目（看護学科のみ2科目）と個別試験1科目の合計点により判定・選抜を行う。

- 個別試験の選択科目は，大学入学共通テストの利用科目以外の科目であること（試験日当日問題を見てから受験科目を決められる）。また，科目指定のある学部・学科は必ず指定の科目を受験すること。
- 大学・短期大学部共通問題。

英語

（50 分）

I 次の問い（問1～問10）の空欄に入れるのに最も適切なものを，①～④の中からそれぞれ1つ選び，解答番号 ① ～ ⑩ にマークしなさい。

問1 Paula always remembered the teacher who showed her [①] on the first day of school.

① kind ② kinder ③ kindly ④ kindness

問2 I [②] tired, so let's watch the rest of the movie tomorrow.

① am getting ② get to ③ have to get ④ will have gotten

問3 [③] the door, so the cat doesn't go outside!

① Having shut ② Shut ③ Shutting ④ To shut

問4 I didn't know [④] to do when I lost my phone.

① how ② that ③ what ④ where

問5 Michael [⑤] before his job interview.

① cutting his hair ② had his hair cut ③ having cut his hair ④ to get a haircut

問6 They decided to sit outside [⑥] it was cold that evening.

① besides ② even though ③ rather ④ whether

問7 We [⑦] about going to the park, but then it began to rain.

① are going to think ② had been thinking ③ have to think ④ must think

問8 You want to go shopping today, [⑧] you?

① aren't ② can't ③ don't ④ shouldn't

問9 At the library, you are allowed [⑨] up to ten books.

① checking out ② check it out ③ check out ④ to check out

問10 We should leave early [⑩] in case there is a lot of traffic.

① for ② just ③ of ④ which

Ⅱ 次の問いに答えなさい。

問1 次の会話中の空欄に入れるのに最も適切なものを，①～④の中からそれぞれ1つ選び，解答番号 [⑪] ～ [⑭] にマークしなさい。

(1) Ken: I can't believe how much food we have left over.

Sara: I know. [⑪]

Ken: Next time, we should confirm they are coming before we buy anything.

① I expected twice as many people.

② More people should be here in an hour.

③ There's hardly enough room for everyone.

④ We should start getting ready.

(2) Mona: I love that book. Have you read anything else by that author?

Ray: [⑫]

Mona: I really loved her first novel. You can borrow it if you like that one.

① No, I don't know who she is.

② No, what else do you recommend?

③ Yes, I enjoyed her first novel.

④ Yes, what did you like about her latest novel?

(3) Emily: Do you know when Professor Kline has office hours?

Simon: Well, it's supposed to be Tuesday afternoons, [⑬]

Emily: That's so annoying! I guess I'll email to see when we can meet.

① because I just saw him.

② but he is never there.

③ since he is not on campus then.

④ while the offices are open.

(4) Greg: What do you think of this coat? It's pretty nice, isn't it?

Fiona: It is nice, but weren't you just talking about trying to save some money?

Greg: You're right. I do need to save money. [⑭]

① I can always buy it tomorrow.

② We can find one the right size.

③ What I'm wearing will last another season.

④ You said you needed a coat.

問2 次の会話を読み，質問や問題の答えとして最も適切なものを，①～④の中からそれぞれ1つ選び，解答番号 [⑮] ～ [⑰] にマークしなさい。

Kathy: Hi, can I drop off my application with you?

Bob: Sure. Actually, if you have a few minutes, we can talk about it right now. I remember you came in last week and talked to me.

Kathy: That's right. Yes, I'd be happy to talk to you now.

Bob: OK, I see you have a bit of experience in food service. Tell me about working at Seaside Café.

Kathy: I started off as a host, but later I began waiting tables. I really like working there, but they are busy only in the summer, and I want to work more hours.

Bob: They get really busy in the summertime with all the tourists, but we tend to get mostly locals, so business is more consistent here. Do you have any problem with working late?

Kathy: No, I'm taking classes that end at 4:00, so I'm looking for night shifts.

Bob: Right now, I only have a few shifts available, but it would be fine with me if you continued on at Seaside Café as well. If things open up here and you do a good job, you could come in more nights.

Kathy: That's great. Would I be able to start next week?

Bob: That would be fine. Email me your current work schedule and I'll add you on here. First, you'll be following another waiter and learning how we do things here. How long just depends on how quickly you pick things up.

Kathy: Great! I'll be sure to send you my schedule by tomorrow.

(1) What is the purpose of the conversation? [⑮]

① to interview for a job

② to learn about a local restaurant

③ to make a reservation

④ to train a new employee

(2) Why does Kathy want to leave her current job? ⑯

① It is far from her house.

② It is not very busy now.

③ She does not like her boss.

④ She will be going to college.

(3) What does Bob suggest that Kathy do? ⑰

① get more experience before applying

② return to speak to the owner

③ start working the next day

④ work at both restaurants

問3 次の会話を読み，質問や問題の答えとして最も適切なものを，①～④の中からそれぞれ1つ選び，解答番号 ⑱ ～ ⑳ にマークしなさい。

Tyler: Professor Fenton, do you have a few minutes?

Professor Fenton: Yes, but just a few. I have lots of people coming in to talk about their midterm grades. My office hours are completely booked up.

Tyler: Well, I'm really struggling with this group project. We just don't seem to work well together.

Professor Fenton: This happens every year. This is a group presentation because it helps prepare you for working in the real world. You'll have to collaborate with other people when you have a job.

Tyler: I know, but it seems like with work and class it's really difficult to find time to meet and get started.

Professor Fenton: Since you seem to be organized and want to get things done, I'd say you should act as a leader. Email the group members and suggest the different tasks each person can do. They may be happy to have someone making decisions.

Tyler: Thanks, I didn't know how people would react, but that sounds like a good idea. Any other advice?

Professor Fenton: I'd suggest you start doing research for the project. You could then pass off your notes to the other group members and they can work on making slides and organizing the presentation.

Tyler: Thanks. I think I'll head straight to the library after this and get started.

Professor Fenton: Just in case, you might want to send that message first to make sure no one has started doing any research. There's no point in doing what someone has already completed.

Tyler: Oh, good idea. Thanks again for your time.

(1) What is the purpose of the conversation? ⑱

① to ask for time to finish a project

② to borrow some materials

③ to gather information about a class

④ to get help with a problem

(2) Why is Professor Fenton in a hurry? ⑲

① She does not feel well.

② She has to teach a class.

③ She is meeting other students.

④ She must attend a meeting.

(3) What will Tyler probably do next? ⑳

① borrow a book from the professor

② contact other students

③ go to the library

④ write his research paper

Ⅲ　次の英文を読んで，下の問いに答えなさい。

Technology Use and the Elderly

Many children find themselves acting as technical support for aging parents and grandparents, who want to take advantage of online activities that will improve their quality of life, such as shopping, banking, and video messaging, but often find it difficult to master these tasks. The biggest issue is one of familiarity. Young, and even middle-aged people, have grown up with cell phones, laptops, and a variety of Internet services; older people find themselves having to learn about them for the first time and complain that devices and apps are not easy to use. When this becomes too much of a challenge, in fact, elderly people have been known to discard hardware out of frustration or delete apps they cannot master.

Much of the blame lies with technology companies themselves, as both hardware and software are generally designed by and for younger people. Corporations may give some thought to what older people want, but there is little hands-on feedback to designers from them. However, this shows a shortsightedness by tech companies, as the elderly represent a large — and growing — share of the market. So, because they do not find products designed for them, instead of purchasing the latest gadgets, older people often stick to basic flip phones or using simple programs, such as email.

One area that is seeing some change is related to health care. More elderly people wish to stay in their homes rather than live in nursing homes. Health-care tech that can monitor a person's vital signs and send health information to doctors' offices are one way to improve the quality of life of elderly people.

And while older people use technology less than all other age groups, they are catching up in a number of areas. One surprise is in the use of tablets. There is a less than 20 percent difference in tablet ownership rates between the youngest and oldest users. Overall, more elderly people use cell phones than tablets, but they have nowhere near the usage rates of young people. The use of social media is close to that of tablet use, which makes sense, as many social media accounts are easy to access via tablet, and communication with loved ones is a primary desire for many elderly people.

Social media does, however, pose certain dangers to older people, who are more likely to fall for phishing scams* in which people try to obtain personal information via social media accounts. To combat this, some experts suggest offering basic tech literacy classes for elderly people at community centers. By learning with other older people, individuals will not feel left behind and may be more comfortable asking questions. **It** has the additional benefit of being a social activity that gets people out of their homes and interacting with other people. Many elderly people fear the isolation that often accompanies old age, but some simple changes can make technology a valuable tool to combat this problem.

*フィッシング詐欺

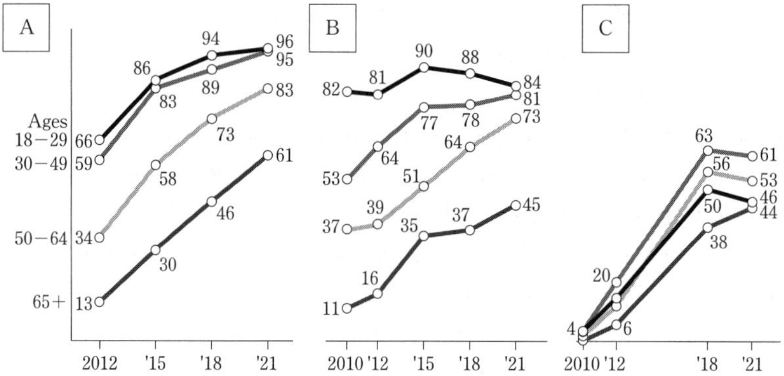

Note: Respondents who did not give an answer are not shown.
Source: Survey of U.S. adults conducted Jan. 25−Feb. 8, 2021.
PEW RESEARCH CENTER

問1　Which of the following benefits of elderly people being familiar with tech is described in the story? [㉑]

① They can go back to work to earn money.
② They can help others with tech problems.
③ They can stay in their homes longer.
④ They can teach classes about technology.

問2　According to the essay, what is a benefit of having technology classes at community centers? [㉒]

① Elderly people can get exercise by leaving the house.
② Elderly people can interact with one another.
③ The teachers are trained to work with elderly people.
④ The training is paid for by the city government.

問3　What problem does social media cause for some elderly people? [㉓]

① It keeps them from seeing people face to face.

② Older people often forget their passwords.

③ People might use it to steal their identities.

④ They need reminders concerning how to post messages.

問4 In the last paragraph, what does "it" refer to? ㉔

① making social media accounts

② buying tech products

③ meeting people

④ taking classes

問5 Using information from the text and the graph, answer the following question:

What type of technology is represented in graph A? ㉕

① healthcare apps

② smartphones

③ social media

④ tablets

Ⅳ 次の英文を読んで，下の問いに答えなさい。

Most countries have environmental laws which aim to limit the amount of harm that can be done to an ecosystem. For example, activities such as mining are generally restricted to particular areas where they will not have a negative effect on human populations, or factories are allowed to release only a certain amount of pollutants. These laws generally balance humans' need for resources — water and power, for example — with the harm that is caused by collecting them.

Some people believe that these environmental laws do not do enough. Instead, they argue, what is needed are stricter "Rights of Nature" laws, which give legal personhood to ecosystems. Giving "personhood" to ecosystems does not mean that they are literally thought of as people. Rather, legal personhood gives rights to nature that are usually held by human beings, such as the right to live and prosper. Instead of limiting what owners can do on their land, Rights of Nature laws grant certain ecosystems the right to live free from harm. Those who support the idea of the Rights of Nature believe these laws will protect ecosystems in ways current laws cannot, primarily because they focus on the rights of the ecosystem itself, not on the rights of an ecosystem's owner.

Rights of Nature laws have been passed at both the local and national level in several countries, and the results have been a mixed bag. In the United States, a number of lawsuits based on the concept of Rights of Nature have been dismissed. In Ecuador, a country in South America, natural resources such as rivers have specific rights. There, any person or group can start a lawsuit to protect natural spaces. This could be done to protect a space from pollution or development, such as building roads. In Ecuador, a Rights of Nature law is part of the country's constitution. Since its passing, courts there have made a number of rulings based on it that have protected local ecosystems.

While protecting the environment is important, in reality, for civilizations to exist, some resources must be extracted, which generally causes harm to some degree. How then can these competing interests be balanced? For example, cities need water to survive. What if someone feels too much water is being taken from a nearby lake, affecting its "right to live"? Are the rights of an ecosystem more important than the rights of local citizens? Some worry these laws would make already hard to find resources more difficult to extract, and therefore, more expensive.

Those who oppose these laws argue they are nothing more than symbolic measures meant to make people feel good. Many nations already have strict laws that limit activities that could cause environmental harm, making Rights of Nature laws unnecessary. While this may be too harsh of a judgment, it is true that these laws need to be better defined. This will reduce the number of cases that are rejected by the court.

If this can be done, they may become one of many valuable ways to protect the environment.

Sources:
1. Ecuador's High Court Rules Wild Animals Have Legal Rights
https://www.smithsonianmag.com/smart-news/ecuadors-high-court-recognizes-that-wild-animals-have-legal-rights-180979862/
2. The Rights of Nature — Can an Ecosystem Bear Legal Rights?
https://news.climate.columbia.edu/2021/04/22/rights-of-nature-lawsuits
3. "Rights of Nature FAQ"
https://www.ijc.org/system/files/commentfiles/2019-10-Nicolette%20Slagle/FAQ.pdf
4. Environmental Personhood: A Radical Approach to Climate Justice
https://nonprofitquarterly.org/environmental-personhood-a-radical-approach-to-climate-justice/

問1 What is the main purpose of the essay? [㉖]

① to describe how the environment is protected in South America

② to explain the importance of natural resources

③ to present the pros and cons of an environmental law

④ to show how an unpopular environmental law was passed

問2 According to the article, what is a problem with typical environmental laws? [㉗]

① They allow anyone to start a lawsuit.

② They do not have strict penalties.

③ They focus on an ecosystem's owners.

④ They protect only certain types of ecosystems.

問3 In the fourth paragraph, why does the author mention a lake? [㉘]

① to describe the need for stronger environmental laws

② to explain that communities need natural resources

③ to show how a fragile ecosystem was protected

④ to show how natural resources are harmed by large companies

問4 What is the author's opinion of Rights of Nature laws? [㉙]

① They are one of several ways to help the environment.

② They do not do enough to punish people who pollute the environment.

③ They have not been successful anywhere.

④ They should replace current environmental laws.

問5 Which of the following would be the best title for the essay? [㉚]

① Giving Legal Rights to the Environment

② Why Countries Must Protect the Environment

③ Changing Rights of Nature Laws

④ How New Laws Protect Lakes

V 次の日本文と英文がほぼ同じ意味になるように，下の語句を並べかえて空欄を補い，文を完成させなさい。その際，それぞれ3番目と6番目に来る番号を選び，解答番号 ㉛ ～ ㊵ にマークしなさい。なお，文頭に来る語も小文字となっています。

問1 いつも遅刻してくる人達にはどうしたら良いのでしょうか？

What _____ _____ [㉛] _____ _____ [㉜] _____ late?

① be done ② should ③ people ④ who ⑤ always ⑥ are
⑦ about

問2 天気の良い日に外にいることほど，すばらしいことはない。

_____ _____ [㉝] _____ _____ [㉞] _____ beautiful day.

① better ② than being ③ nothing ④ outside ⑤ is ⑥ there
⑦ on a

問3 そこに時間通りに行くには，もっと早い電車に乗るべきだ。

_____ _____ [㉟] _____ _____ [㊱] _____ train.

① to ② there ③ get ④ you should ⑤ on time ⑥ take
⑦ an earlier

問4 誰かがケリーは今日帰ってくると言っていた。

_____ _____ [㊲] _____ _____ [㊳] _____ today.

① me ② home ③ somebody ④ Kelly ⑤ was coming ⑥ that
⑦ told

問5 どうしてその窓が一晩中開けっ放しになっていたのか，誰も知らない。

Nobody _____ _____ [㊴] _____ _____ [㊵] _____ night.

① the window ② was ③ why ④ left ⑤ all ⑥ open ⑦ knows

数学

（50分）

数学の解答欄への記入方法

問題文の［　　］の中の解答番号に対応する答えをマークシートの解答欄の中から1つだけ選びマークしてください。

特に指示がないかぎり，符号（−，±）又は数字（0～9）が入ります。①，②，… の一つ一つは，これらのいずれか一つに対応します。それらを解答用紙の①，②，… で示された解答欄にマークして答えてください。

例1．［①②］に −5 と答えるとき

①	⓪①②③④⑤⑥⑦⑧⑨●㊉
②	⓪①②③④●⑥⑦⑧⑨㊀㊉

例2．$\dfrac{［③④］}{［⑤］}$ に $-\dfrac{2}{3}$ と答えるときのように，解答が分数形で求められた場合，既約分数で答えてください。符号は分子につけ，分母にはつけません。（もし答えが整数であるときは分母は1とします。）

③	⓪①②③④⑤⑥⑦⑧⑨●㊉
④	⓪①●③④⑤⑥⑦⑧⑨㊀㊉
⑤	⓪①②●④⑤⑥⑦⑧⑨㊀㊉

小数の形で解答する場合，指定された桁数の一つ下の桁を四捨五入して答えてください。また，必要に応じて，指定された桁まで⓪にマークしてください。

例えば，［⑥］.［⑦⑧］に 2.5 と答えたいときは，2.50 として答えてください。

根号を含む形で解答する場合，根号の中に現れる自然数が最小となる形で答えてください。

例えば，［⑨］$\sqrt{［⑩］}$ に $4\sqrt{2}$ と答えるところを，$2\sqrt{8}$ のように答えてはいけません。

根号を含む分数形で解答する場合，例えば $\dfrac{［⑪］+［⑫］\sqrt{［⑬］}}{［⑭］}$ に $\dfrac{3+2\sqrt{2}}{2}$ と答えるところを，$\dfrac{6+4\sqrt{2}}{4}$ や $\dfrac{6+2\sqrt{8}}{4}$ のように答えてはいけません。

I　次の [①] ～ [㉒] の中に適切な数字を入れなさい。ただし，(3)については，［選択肢］の中から選びなさい。

(1)　$\dfrac{1}{3-2\sqrt{2}}$ の整数部分は，[①] であり，小数部分は，[②] $\sqrt{[③]}$ − [④] である。

(2)　方程式 $|3-2x|=x$ の解を小さい順に書くと，$x=$ [⑤]，[⑥] である。

(3)　x，y は実数とする。条件「x，y の少なくとも 1 つは 5 以上である。」の否定は，[⑦] である。[⑦] にあてはまるものを，次の⓪～③の中から選び，その番号を答えなさい。

［選択肢］

⓪ x，y の少なくとも 1 つは 5 以下

① x，y の少なくとも 1 つは 5 未満

② x，y ともに 5 以下

③ x，y ともに 5 未満

(4)　$90° < \theta < 180°$ とする。$2\cos^2\theta - \sin\theta + 2\sin\theta\cos\theta - \cos\theta = 0$ を満たす θ は，$\theta=$ [⑧⑨⑩]° である。

(5)　5 つの体重データ「41　45　50　58　60」に新しく 1 つのデータを付け足すと，中央値は 2 増えた。付け足したデータは [⑪⑫] である。

(6)　右図のような格子状の道路を，P を通らずに A から B まで最短経路で行くとき，経路の総数は [⑬⑭] 通りある。

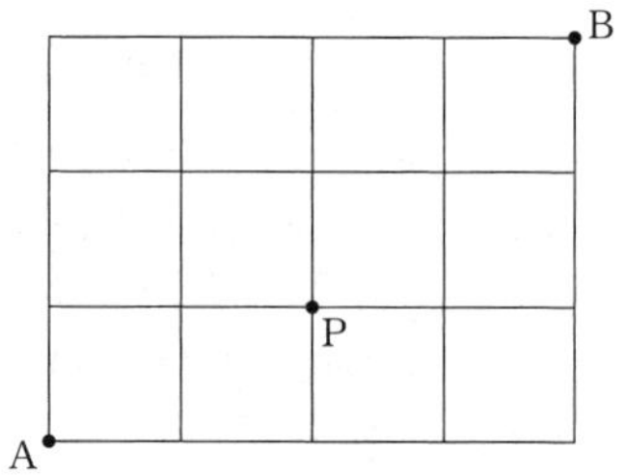

(7)　方程式 $3x+5y=31$ を満たす自然数の解 x，y において，$x+y$ の最小値は，[⑮] である。

(8)　4 進法で表された 1203 を 3 進法で表すと，[⑯⑰⑱⑲⑳] である。

(9)　右図の角 x は，BA = BE のとき，$x =$ ㉑㉒ °である。

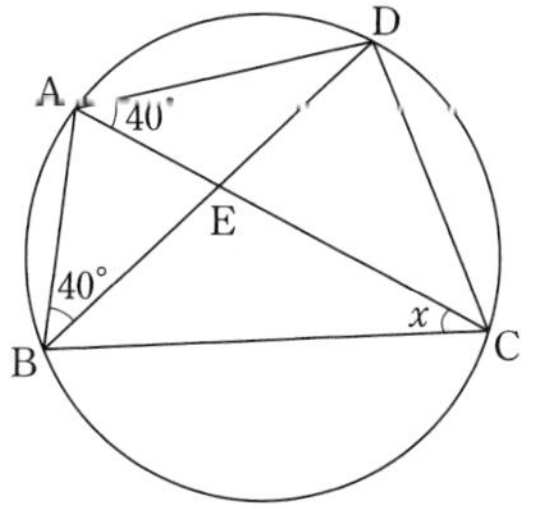

II　a を実数とし，実数 x についての2次関数 $f(x) = x^2 + 4ax + 3a^2 + 1$ を考える。$y = f(x)$ として描いた曲線のグラフを C とする。次の ㉓ ～ ㉝ の中に適切な符号または数字を入れなさい。ただし，(3)，(5) については，［選択肢］の中から選びなさい。

(1)　C が点 (1, 6) を通るとき，$a =$ ㉓㉔，$\dfrac{㉕}{㉖}$ である。

(2)　C の頂点の座標は，(㉗㉘ a, ㉙ $a^2 +$ ㉚) である。

(3)　C が x 軸と異なる2点で交わるとき，a の値の範囲は，㉛ である。

㉛ にあてはまるものを，次の⓪～③の中から選び，その番号を答えなさい。

［選択肢］

⓪　$-1 \leqq a \leqq 1$

①　$-1 < a < 1$

②　$a \leqq -1,\ 1 \leqq a$

③　$a < -1,\ 1 < a$

(4)　C が x 軸と異なる2点で交わり，x 軸が C から切り取られる線分の長さが $4\sqrt{2}$ となった。このとき，$a = \pm$ ㉜ である。

(5)　C が x 軸と異なる2点で交わり，x 軸が C から切り取られる線分（両端を含む）に点 (2, 0) が含まれるとき，a の値の範囲は，㉝ である。

㉝ にあてはまるものを，次の⓪～⑤の中から選び，その番号を答えなさい。

［選択肢］

⓪ $-\frac{5}{3} \leqq a \leqq -1$

① $-\frac{5}{3} \leqq a < -1$

② $1 \leqq a \leqq \frac{5}{3}$

③ $1 < a \leqq \frac{5}{3}$

④ $-\frac{5}{3} \leqq a$

⑤ $a < -1$

Ⅲ 香澄さんは，アルバイト先のスキー場のゲレンデの管理者と，ゲレンデの図面を見ながら話し合っている。次の ㉞ ～ ㊿+3 の中に適切な数字を入れなさい。

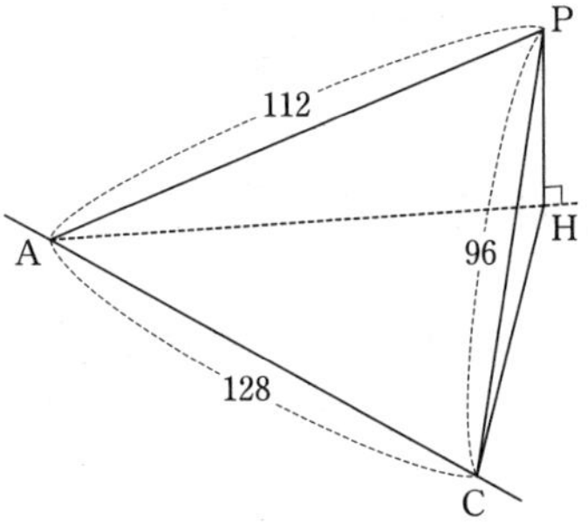

管理者　：上のゲレンデの図面はたんなる見取り図で，立体の感覚がつかみにくいな。

香澄さん：図面から何を知りたいのですか？

管理者　：ゲレンデの各コースの水平面に対する角度，つまり傾斜角を知りたいんだ。具体的には，山の頂上Pから平地Aまで滑降する初級者用のコースのPAと，Pから平地Cまで滑降する中級者用のコースのPC，この２つの傾斜角だ。

香澄さん：学校で三角比を学習したから，それを使えば計算で求められるかもしれません。

管理者　：PからA，Cを含む水平面に下ろした垂線をPHとすると，初級者用のコースの傾斜角は図の∠PAH，中級者用のコースの傾斜角は図の∠PCHだけれど，斜辺の長さしかわかっていないよ。

香澄さん：確かにこれだけだと求められそうにないですね。他にわかっていることはありますか？

管理者　：この山の斜面の傾斜角がちょうど30°ということは，わかっている。

香澄さん：斜面の傾斜角とは，平面PACと水平面HACのなす角ですね。これは右図のように，AC上に点BをAC⊥BP，AC⊥BHとなるようにとったときの∠PBHのことです。

管理者　：なるほど。ということは∠PBH＝30°か。でも，それがわかっても∠PAH，∠PCHは求められそうにないよ。

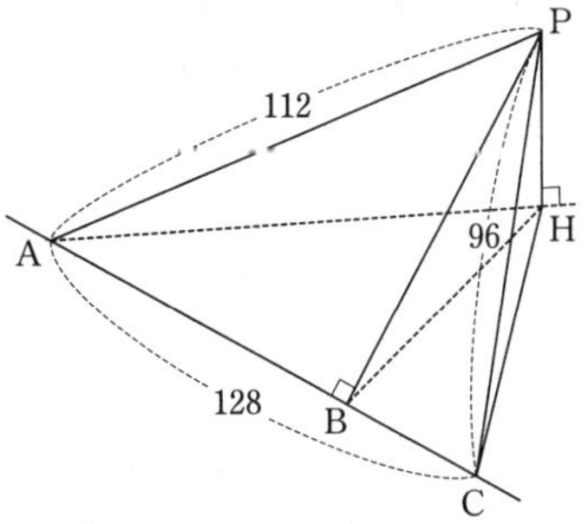

香澄さん：PBがわかればPHが求められるので，∠PAH，∠PCHが求められそうですよ。

管理者　：PBを△PACの高さとみたときに，底辺にあたる2地点AC間の距離もわかるので，△PACの面積がわかって求められるのかな。△PACの各辺の長さもわかっているから，∠APCがわかれば面積が求められそうだね。
でも，∠APCはどうやって求めるんだろう？

香澄さん：△PACで余弦定理を使えばいいのですが，PA＝112＝16・7，PC＝96＝16・6，AC＝128＝16・8とすると，計算しやすくなりますよ。

(1)　△PACで余弦定理より，$\cos\angle APC = \dfrac{\boxed{34}}{\boxed{35}}$ である。△PACの面積を S とすると，

$S = \dfrac{\boxed{36\,37}\sqrt{\boxed{38\,39}}}{\boxed{40}}\cdot 16^2$ である。

(2)　$PB = \boxed{41\,42}\sqrt{\boxed{38\,39}}$ である。$PH = \dfrac{\boxed{43\,44}\sqrt{\boxed{38\,39}}}{\boxed{45}}$ である。

管理者　：これでPHがわかったから，最初に知りたかった∠PAH，∠PCHが求められる。

香澄さん：三角比を使うと，sin∠PAH，sin∠PCHが求められます。∠PAH，∠PCHを具体的に求めたければ，三角比の表や計算機を使えばいいですね。

(3)　$\sin\angle PAH = \dfrac{\boxed{46}\sqrt{\boxed{38\,39}}}{\boxed{47\,48}}$ であり，$\sin\angle PCH = \dfrac{\boxed{49}\sqrt{\boxed{38\,39}}}{\boxed{50\,51}}$ である。

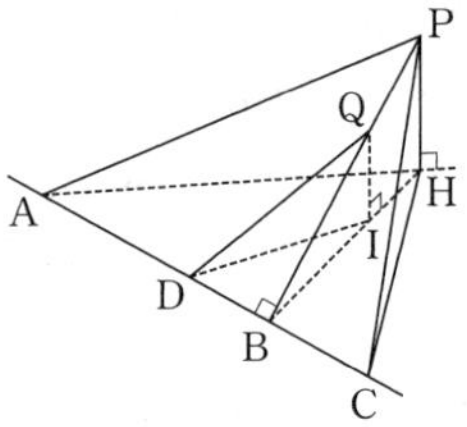

管理者 ：傾斜角を知りたかったのにはわけがある。いまはゲレンデに中級者用のコースと初級者用のコースしかないけれど，上級者用のコースを作ろうと思うんだ。斜面上でいちばん急な傾斜は∠PBHだから，PBを上級者用のコースにすればよい。さらに，上級者用のコースPBは休日だけの利用にして，平日はPBの間に点Qをとって，そこから分岐する中級者用のコースと同じ傾斜のコースを別に作ろうと思っている。PQからQDと滑り，中級者用の人にとって上級者用に進むための練習ができるようにしたいんだ。

図に描くと，PB上にコースの分岐点となるQ，AB上に点Dをとる。点QからBHに下ろした垂線とBHの交点をIとおいて，BQ$=14\sqrt{15}$，∠QDI = ∠PCHとなるようなDBを知りたいんだ。

香澄さん：これも学校で習った三角形に関することを使うと，求められますね。

(4) DB = [52][53] である。

Ⅳ どの目が出る確率も等しい，互いに区別することができない3個のさいころを同時に投げる。次の [54] ～ [68] の中に適切な数字を入れなさい。

(1) すべての目が同じになる確率は，$\dfrac{[54]}{[55][56]}$ である。

(2) すべての目が異なる確率は，$\dfrac{[57]}{[58]}$ である。

(3) 出る目の最小値が3になる確率は，$\dfrac{[59][60]}{[61][62][63]}$ である。

(4) 3個のうちいずれか2個の目の和が10になる確率は，$\dfrac{[64][65]}{[66][67][68]}$ である。

国語

（五〇分）

一　次の【文章Ⅰ】、【文章Ⅱ】は、いずれも村田純一「科学の創造性と倫理――ベーコン的科学の行方」『科学と倫理――AI時代に問われる探求と責任』の一節である。これを読んで、後の問い（問1～9）に答えなさい。解答番号は ① ～ ⑮ 。

【文章Ⅰ】

ベーコンは、『学問の進歩』のなかで、自然の歴史を三種類に分けている。すなわち、正常な自然の歴史（被造物の歴史）と、異常な自然の歴史（驚異の歴史ともいわれ、Aメイシンや作り話などと区別がつかず役に立たないとみなされる）と、人工によって変えられた自然の歴史（技術の歴史）である。そして最後のア技術の歴史を自然哲学（いま風にいえば自然科学）のためにもっとも重要なものとみなし、その理由を以下のように述べている。

「というのは、技術の歴史は、個々別々の技術の経験がただひとりの頭脳によってまとめて考察されるとき、技術と技術との観察をたがいに結びあわせ、たがいに利用しあえるようにすることによって、さしあたって、どんなことについても、うまいやりかたを数多く提供してBシサするだけでなく、なおそのうえに、原因と一般的命題に関して、これまでに得られたのよりも真実なものの知識を与えるからである。というのは、あるひとの気質は、怒らせてみなければよくわからず、また、プロテウス〔変幻自在の姿と予言の力をもつ海神〕は、窮地においこんでしっかり捕（と）えなければその姿を変えないように、自然の過程や変化も、自由きままにさせておいたのでは、技術によって苦しめ悩ますときほどには、十分にあきらかにはならないからである。」

ベーコンによれば、アリストテレスは、生物学にみられるCギョウセキが示すように、大変優れた学者であるが、その学問は第一の意味での自然の歴史にのみもとづいており、第三の技術の歴史をまったく考慮していない点で、自然哲学としては不十分である。その理由としてあげられているのが、右の引用で述べられているように、自然の真の姿を明らかにするためには、自然に介入して人工的な状況を作る必要があるという点である。

実際、ある出来事が生じた場合、その原因を特定するには、多様な要因のなかから、たんなる付随現象や偶然的な相関的出来事を排除して、実際に働いている要因を取り出す必要がある。そのためには、人工的な状況を作り上げて、条件を制御しながら実験を繰り返す必要があるだろう。「光をもたらす実験」を実現するためには、アリストテレスのように自然の「観想」に留（と）

まっていたのでは不十分であり、むしろ、自然を操作し人工的な状況を作り上げる製作活動が不可欠だということになる。ここでは、アリストテレス的な イ理論知と製作知の区別の解消のみならず、むしろ逆転が生じているということもできる。自然についての真の姿を知るためにこそ、自然に介入して人工的状況を製作する技術が必要になるからである。

新しい自然哲学の成立、つまり、近代科学の成立の特徴をベーコン的観点からとらえることは、すでにさまざまな論者によって強調されてきた。また、近代科学の成立の過程である科学革命を象徴する出来事としてガリレイの落下実験や望遠鏡による天体観察などが取り上げられる場合、そこで見出（みいだ）されるのは、人工的に作られた実験装置や望遠鏡のような観測器具を用いることによってはじめて可能になった人工的現象であり、そして、まさに人工的に可能になった現象こそが自然本来のあり方を示しているとみなされるようになった点が注目されてきた。こうした点で、近代科学においては、自然と人工の関係について、アリストテレスの見方の一種の逆転が生じていると考えることもできる。つまり注意深く作られたものこそが真の自然の姿、真の自然の事実なのだ、というわけである。

しかしながら、ここには明らかに一種の逆説が生じているようにみえる。というのも、真の自然的な事実は、それが作られていることによって明らかになる、というわけであるから、これはすなわち、作られたものはまさに作られているがゆえに作られていないあり方が示される、ということを意味しているはずだからである。

この逆説的にみえる事象を解釈する課題には、多くの哲学者が取り組んできた。

そのひとりとして、たとえばカントをあげることができる。というのも、近代初頭に現れた実験科学の特徴を一般の認識論の原則にまで仕立て上げたのがカントだったと考えることができるからである。認識が対象に従うのではなく、対象が認識に従う、という ウ「コペルニクス的転回」によって認識論の問題を解明した点にこの特徴が現れている。しかしカントの場合には、認識と対象の関係は主観・客観という二元論的図式のなかでとらえられたため、認識可能な対象は物自体と区別された現象に留まるとみなされ、一種の観念論にとどまっているのではないかという疑念をもたれ続けることになった。

エ現代では、こうした試みとは違った見方のもとで、この問題をとらえなおそうとする試みがなされている。ここでは、アクターネットワーク理論の提唱者のひとりとして知られるブルーノ・ラトゥールの見方を参照しておくことにしたい。

ラトゥールの見方では、人間は最初から世界のなかに位置づけられており、自然と社会が重なった場所で多様な要素と相互作用しているとみなされる。そしてその相互作用のあり方を形成する要因がすべて一種のアクターとみなされる（人間以外のアクターは非・人間〔nonhuman〕と呼ばれる）。したがって、科学の活動も、こうした相互作用の積み重ねのなかから、特有な仕方で成立してくるとみなされる。たとえばラトゥールは、パストゥールによる乳酸発酵をめぐる実験を題材にして実験をめぐる逆説的な構造を D エガいている。

パストゥールは、一八五七年に、発酵をたんなる化学的過程とみる当時支配的であった見方に対して、乳酸発酵が乳酸に固有の酵母という生命体によるものであることを示す論文を発表した。ラトゥールによると、パストゥールがいくつもの実験で試みたのは、新たな人工的な舞台装置を構築することによって、乳酸発酵の酵母という新たなアクターをこの舞台に登場させることだった。このときにパストゥールが克服しなければならない困難は「状況設定がどれほど人工的なものであろうとも、新しい何ものかは、状況設定から独立して出現しなければならない」という点にあった。ラトゥールによれば、この逆説的に見える事態の解明に多くの哲学者たちが取り組んできたが、困難を避けられずにきた理由のひとつは、実験を[オ]ゼロサムゲームとみなし、科学が実験を通して新しいアクターを獲得することによって成長することに注意を払わなかったからだということになる。ただしこのとき、実験によるアクターの製作活動を通常の人工物の製作と同じように考えたのでは理解できない。というのも、実験では、まさに人工的に作り上げられてきたという理由で、あらゆる生産、構築、製作からの完全な自立性を獲得するということが起きているからである。

【文章Ⅱ】

ベーコンの提唱した実験科学は、人工的に作り上げられれば上げられるほど、自立した事実が作られる、という逆説的な性格を示すものだった。そしてこの逆説的性格のために、一方では自立した科学の発展が可能になると同時に、他方では、その科学の発展がそのまま技術の発展に結びつき、さらに技術の発展による社会の進歩が実現しうるようにみえる。しかしながら、この魔法のような論理が成り立つように思えるのは、大きな前提が支えとなっているからである。

実験において自然の真の姿が現れるためには、その舞台を注意深く製作しなければならない、というのが出発点であった。しかしこれが意味しているのは、注意深く製作された人工的な状況のなかでのみ自然はその真の姿を現すのであり、それ以外の場面では、かならずしもそうはならないということのはずである。換言すると、原因と結果の関係を表す自然法則は、もし注意深く製作された舞台が用意されたなら、自立したものとして姿を現すが、人工的に設定された実験状況の外では成立するかどうかは必ずしも保証されていないということである。つまり、自然についての知識は限定的、制限つきの知識であるはずである。にもかかわらず、この点に関してベーコンはまったく注意を向けてはいないように思われる。

さらに、自然法則に対応するとみなされる作業の規則に関しても同じようなことがいえるだろう。というのも、自然法則が成り立つ実験状況を作り上げる作業は、再現可能であり、いかなる場所でも成り立つことが前提とされているはずである。実験の成果が科学的事実として認められる最も重要な条件は、再現可能性にあるはずだからである。しかしながら、一般に行われる製作活動、あるいは実践的行為は、類型的な特徴をもつものではあっても、つねに個別的であり、繰り返し不可能であり、[E]テッカイ不可能な性格をもっている。[カ]だからこそ、人間の行為には責任が問われることにもなる。この点からみると、実験科学を可能にしている行為は、状況から独立した一種の抽象化され、図式化された行為であり、科学者の活動の自立性といわれる特徴はこのような点を反映しているのである。このような意味で、実験を可能にしている行為のほうも、いわば制限つき、条件つきの行為ということになる。

　さてそれでは、なぜベーコンはこのような実験にまつわる条件に関して何も触れていないのだろうか。それは、すでにこれまでの引用からも垣間（かいま）みられるように、人間が相手にしている自然は神が作ったものであり神の作った自然の斉一性が前提とされているからと考えられるだろう。行為の状況に関しても同様であり、実験室の内と外で、根本的に状況の性格が変わるということは想定されてはいないと考えられる。したがって、科学の見出した知識に限界があると考えたり、その知識によって可能になる技術の働きによって、地球の生態系のバランスが崩れ、人間や生物の生存を脅かすまでになるような限界があらわになったりする、といったことは、ベーコンには思いもよらぬことだったのかもしれない。人間が人間自身を作ったり、作り変えたりするといったことになるとは思いもよらぬことだったのかもしれない。実際、ベーコンは『知識の賛美』では次のように述べている。「人間の尊厳は疑いもなく知識のうちに隠れている。……今、われわれは意見において自然を支配しているが、必然においては自然の奴隷である。しかし、発見において自然のなかに導かれるならば、行動において自然に命令することができるであろう」。ここでは「自然の奴隷」であるという言い方さえしているが、これはまさに神の奴隷である、ということの言い換えにほかならないのであり、このことがベーコンに科学技術にもとづく進歩という楽観的な見方を可能にしたのである。

（本文中に一部省略・改変したところがある）

問1　二重傍線部A〜Eに相当する漢字を含むものを、次の各群の①〜⑤のうちから、それぞれ一つずつ選びなさい。解答番号は［①］〜［⑤］。

A　メイシン　［①］

① メイドの土産とする。
② 近隣の国とメイヤクを結ぶ。
③ 米のメイガラにはこだわらない。
④ 景気のテイメイの責任をとる。
⑤ 大地のメイドウを聞く。

B　シサ　［②］

① 不安が部員同士でレンサする。
② ササツを受け入れることにする。
③ 兄弟げんかはニチジョウサハンジだ。
④ 民衆をキョウサ扇動する。

⑤ 経歴サショウが発覚する。

C　ギョウセキ　[③]

① 昨年の秋に伯母がキセキに入った。

② 明治時代のボウセキ業について調べる。

③ セキツイの痛みが治まる。

④ 荷物のシュウセキ地として栄える。

⑤ 過失は不問となりメンセキされた。

D　エガいている　[④]

① シュビョウ法を改正する。

② 彼はアイビョウ家として知られる。

③ 庶民の日常生活をソビョウした作品。

④ ビョウシンをおして上京する。

⑤ スンビョウを争う事態となる。

E　テッカイ　[⑤]

① 海外事業からテッタイする。

② テッコウセキの採掘に乗り出す。

③ 外務大臣がコウテツされる。

④ テッテイ抗戦を誓う。

⑤ センテツの教えに学ぶ。

問2　傍線部ア「技術の歴史を自然哲学（いま風にいえば自然科学）のためにもっとも重要なものとみなし」とあるが、その理由の説明として最も適当なものを、次の①～⑤のうちから一つ選びなさい。解答番号は [⑥]。

① ベーコンは、技術は個々の経験だけでは大きな意味をもたないが、誰かが考察するならば互いに連結されると考えたから。

② ベーコンは、自然の真の姿を明らかにしようとするならば、人間が自然に介入して人工的な状況を作る必要があると考えたから。

③ ベーコンは、被造物たる自然の過程や変化をただ観想するだけでは、神の作った自然の姿を知るには不十分だと考えたから。

④ ベーコンは、自然は普段その姿を変えないが、技術によって苦しめ悩ますとき、本来の荒々しい姿を現すものだと考えたから。

⑤ ベーコンは、人間こそが万物の支配者であり、自然は技術によって改変されてこそ、価値を生み出すものであると考えたから。

問3　傍線部イ「理論知と製作知の区別の解消のみならず、むしろ逆転が生じている」とあるが、これについて説明したものとして最も適当なものを、次の①～⑤のうちから一つ選びなさい。解答番号は 7 。

① 被造物を観察するという自然の歴史に基づく学問よりも、人工によって変えられた自然の歴史を考慮する学問が優位になったということ。

② 自然哲学において、実験の積み重ねによって実証的に知識を得る方法論よりも、理論を中心とする方法論が重視されていたということ。

③ 一人の天才的哲学者が「観想」によって得た真理よりも、個々の経験を互いに利用し合ってきた技術の歴史の方が意義深いということ。

④ 真理を純粋に理論的に考察する知を、何かの目的のための手段である技術を通して得る知よりも上位におく見方が転換されたということ。

⑤ 技術の進展に伴い、理論のみで結論に到達する知恵に加えて、製作活動に伴う知識・能力も必要とされるようになったということ。

問4　【文章Ⅰ】の波線部「一種の逆説」、【文章Ⅱ】の波線部「逆説的な性格」について、ここでの「逆説」とは、どういうことか。その説明として最も適当なものを、次の ①～⑤ のうちから一つ選びなさい。解答番号は 8 。

① ある出来事が生じた原因を特定するためには、多様な要因のなかから本質的な原因ではないものや単に付随して起きている現象などを排除して、実際に働いている要因のみを取り出す必要があるということ。

② アリストテレスは、自然はそれ自身で明確な法則や意志をもたずただあるがままに存在すると考えていたため、近代科学においては、自然と人工の関係についてアリストテレスの見方が逆転しているということ。

③ 実験の結果が科学的事実として認められるためには再現可能であることが重要だが、そのためには注意深く製作された人工的な舞台において、自然法則が自立したものとして姿を現すことが必要だということ。

④「真の自然的な事実」と称されているものは恣意的な「観想」により作られたものであり、作られていないありかたを明らかにするためには、自然による影響を極力排除しなければならないということ。

⑤ 自然哲学は自然を操作することをよしとしないが、自然の真の姿を理解するために、アリストテレス的な理論知と製作知が区別されたうえで、人工によって変えられた自然の歴史があるということ。

問5　傍線部ウ「コペルニクス的転回」とあるが、この語のもつ意味とほぼ同意の語として最も適当なものを、次の ①～⑤ のうちから一つ選びなさい。解答番号は 9 。

① ノーマライゼーション

② ソフトランディング

③ パラダイムシフト

④　ポストモダン

⑤　ア・プリオリ

問6　傍線部エ「現代では、こうした試みとは違った見方のもとで、この問題をとらえなおそうとする試みがなされている」とあるが、この試みの一つである「アクターネットワーク理論」とは、どのようなものだと考えられるか。適当なものを、次の①〜⑤のうちから二つ選びなさい。解答番号は 10 ・ 11 。

①　世の中のものは、主観・客観という単純な関係でとらえられるものではなく、複雑なネットワーク上で様々な要素と相互作用しているとみなすというもの。

②　ネットワーク上の相互作用のあり方を形成する要因を一種のアクターとみなすが、そのアクターを人間に限定して考えるというもの。

③　世界は「人間」と「人間主体から見た外部」という二元論的な関係で構成されているのではなく、自然と社会が重なった場所に人間が位置づけられているというもの。

④　科学においては、実験を通して新しいアクターが生み出されることの積み重ねのなかで、新しい理論が次々と生み出されていくというもの。

⑤　社会的・自然的世界のあらゆる場所に、相互作用の主体である人間と、その対象である非・人間とが、絶えず関係性を更新しながら存在しているというもの。

問7　傍線部オ「ゼロサムゲーム」とあるが、この語の説明として**適当でないもの**を、次の①〜⑤のうちから一つ選びなさい。解答番号は 12 。

①　ゼロサムゲームは、参加者の誰かが勝利を得た場合に、他の誰かが敗北するというゲーム理論のことであり、代表的な例としては将棋が挙げられる。

②　ゼロサムゲームは、一方が得点した場合に、他方が失点し、全体の総和がゼロになるというゲーム理論のことであり、その代表的な例としてリバーシがある。

③　ゼロサムゲームは、誰かが利益を得た場合に、他の誰かに不利益が生じるという理論であり、日々価格が上下する株式市場がその代表的な例である。

④　ゼロサムゲームは、複数の参加者の利益と損失の総和がゼロになるゲームのことで、敗者が出した資金を、勝利した者で分け合う競馬は、このゲームに含まれる。

⑤　ゼロサムゲームは、つねに参加者全員の合計得点がゼロになるという理論のことで、一方のレートが上がると、他方のレートが下がる為替取引は代表例と言える。

問8　Tさんは、【文章Ⅰ】のガリレイやパストゥールの具体例が何を伝えるためのものかを理解するために、「落下実験」・「乳酸発酵をめぐる実験」について調べているうちに、さらに共通性をもつ実験があることに気づき、【ノート】にまとめた。【ノート】と【文章Ⅰ】・【文章Ⅱ】の内容を踏まえて、後の(1)・(2)に答えなさい。

【ノート】

● ガリレイの落下実験

従来の説	物体が落ちるのは重さがあるから 重い物体の方が軽い物体よりも早く落ちる
	⇔
ガリレイの仮説	重さが異なる物体も同じ速度で落ちる
実験の工夫	ななめに物を転がす器具と精密に時間を計る時計を製作
実験結果	落下の速度は重さとは無関係であることを証明

● パストゥールのスープの腐敗実験

従来の説	微生物は空気のない環境でも自然に発生する
	⇔
パストゥールの仮説	微生物は自然に生まれず、外からやってくる
実験の工夫	白鳥の首フラスコ（首の部分が細長くS字型に湾曲していて、空気の出入りはあるが雑菌は侵入しにくい）を製作
実験結果	外気を遮断したフラスコのスープには微生物が発生せず、スープは腐敗しなかった 発酵や腐敗が微生物によってなされることを証明

● 共通点

① 従来の説を疑い、自らが立てた仮説を検証した

② 実験における工夫

「工夫」はなぜ必要だったのか＝［　X　］から。（【文章Ⅱ】より）

これが何を指しているか？＝実験とは「［　Y　］」ということ。

（【文章Ⅰ】より）

(1) ［X］に当てはまる内容として最も適当なものを、次の①～⑤のうちから一つ選びなさい。解答番号は［⑬］。

① 科学の発展がそのまま技術の発展に結びつき、さらに技術の発展による社会の進歩が実現しうる

② 実験において自然の真の姿が現れるためには、その舞台を注意深く製作しなければならない

③ 自然についての知識は限定的、制限つきの知識である

④ 一般に行われる製作活動、あるいは実践的行為は、類型的な特徴をもつ

⑤ 実験室の内と外で、根本的に状況の性格が変わるということは想定されてはいない

(2) ［Y］に当てはまる内容として最も適当なものを、次の①～⑤のうちから一つ選びなさい。解答番号は［⑭］。

① 個々別々の技術の経験がただひとりの頭脳によってまとめて考察されるとき、これ

までに得られたのよりも真実ほんものの知識を与える

② 人工的に作られた実験装置や望遠鏡のような観測器具を用いることによってはじめて可能になった人工的現象である

③ 認識が対象に従うのではなく、対象が認識に従う、という「コペルニクス的転回」によって認識論の問題を解明した

④ 人間は最初から世界のなかに位置づけられており、自然と社会が重なった場所で多様な要素と相互作用している

⑤ 科学が実験を通して新しいアクターを獲得することによって成長することに注意を払わなかった

問9　傍線部カ「だからこそ、人間の行為には責任が問われることにもなる」について五人の生徒が話し合った。本文の趣旨を踏まえた発言の内容として**適当でないもの**を、次の①～⑤のうちから一つ選びなさい。解答番号は ⑮ 。

① Aさん… ベーコンは自然に介入することを当然と考え、人間の行為に歯止めが必要という点には思いが至らなかったようだね。【文章Ⅱ】では、「まったく注意を向けてはいない」「思いもよらぬことだった」などと、ベーコンがこの点を意識していなかったことが繰り返し述べられているよ。

② Bさん… ベーコンの想像外のことの一つが、「地球の生態系のバランスが崩れ、人間や生物の生存を脅かすまでになる」ということだね。科学技術のもたらす成果が地球環境の変化をもたらし、気づいたら取り返しのつかないところまで来ている。科学技術の功罪を長期的に見ていくべきだったんだ。

③ Cさん… 「人間が人間自身を作ったり、作り変えたりする」というのもそうだね。遺伝子工学が発展して人間のクローンを作成し、ゲノム編集を行うことも可能になった。こんなふうに人間の尊厳を脅かすような事態になってしまうなんて、ベーコンの時代には想像もつかなかったと思うよ。

④ Dさん… 科学の発展のスピードに「倫理」がついていっていないんだ。科学のおかげで人間が文明の恩恵を受けられたのだから、科学者よりも恩恵を享受する側の責任だね。筆者もそう考えていることが、「自然についての知識は限定的、制限つきの知識であるはずである」からわかるよ。

⑤ Eさん… ベーコンは「自然は神が作ったもの」と考えていたようだから、神の創造の範疇（はんちゅう）を人間が超えるとは思わなかったんだろう。「科学技術にもとづく進歩という楽観的な見方を可能にした」とあるように、人間が改変できる範囲に対して高をくくっていたんじゃないかな。

二 次の文章は、小池昌代「風のリボン」『感光生活』の全文である。これを読んで、後の問い（問1～9）に答えなさい。解答番号は ⑯ ～ ㉚ 。

七夕家（たなばたけ）さんから、

「会いませんか」

と電話がかかってきた。

「二人の娘もいっしょなんだけど、いいですか。神保町（じんぼうちょう）の東京堂あたりで。次の土曜日、どうでしょう」

静かな口調ながら、次々とたたみこむ、七夕家さんの言い方には、独特の押しがある。断るとあとで、なにか変なものに取りつかれそうである。しかし「二人の娘」とは、なんだか雨上がりの光る露のような言葉だ。わたしはすぐに、

「うん、いいよ」

と、返事をした。

わたしには子がいないが子供には目がない。子供といっても、ある幅のなかにある子供が特におもしろい。下は五歳、六歳から、上は、せいぜい、九歳くらいまで。このあいだにある子供たちには、外側から容易になかへと入り込めない、分厚い熱を帯びた皮膜がはられていて、独特の空気感が漂っている。貴族的とでもいえる感じが、わたしにはたまらなく魅力である。それはまるで失せてしまうことがあらかじめわかっている、宝物のような、子供たちの秘密だった。

どんなに大勢の大人たちに囲まれていたところで、そうした子供は、彼ら大人たちの日常世界から、はっきりと断絶し、孤独な球体を形作っている。例えばある日のある子供は、ぼんやりとした目で、流れる水を見ていた。また、雲を見つめてあきない子供もいたし、ひとつの石をけりながら、いっしんに帰り道を歩く子供もいた。また、そうかと思えば、長いあいだ、土のうえを見つめてしゃがみこんでいる子供もいた。

どの子供たちも、この世では、無意味と名づけられている聖なる空間に、魂を投げ出すようにして生きていた。わたしたち大人が、常に、ある時点からある時点の、区切られた時間のなかでしか生きられないときも、彼らは底のぬけた、両端のない、途方もない黄金の時間を生きている。そのとき彼らのなかにある生命は、まるで熱帯の植物たちのように、みっしりと濃く充溢（じゅういつ）しながら、それぞれが唯一のものとしてそこにあった。そうした命のありさまを見ると、わたしはいつも、静かなよろこびで満たされたものだ。

見ているだけでも十分だったが、ときおり、彼らの身近に寄って、その身体に触れたりすると、手や足の思いがけない小ささに胸をつかれ、すべすべした肌の陶然とするようななめらかさに驚く。

そういえばこのあいだ、スコーンという焼き菓子を作っており、小麦粉とバターを手で捏ねながら、これは昔、ひとの子を抱いたときの、肌の感触にそっくりだと思った。粉の手触りというのは、これはほとんど陶然とするくらい、官能的なものだ。さらさらとしたなかに、きしきしとまとわりつく、絹の布のような、幽かな粘性がある。粉を扱うひとは、こうしたことを十分に知り、それを楽しみながら、あまり表現しないように思う。いつもただ、モクモクと粉をこねるだけだ。ごくちいさな子供と、小麦粉の感触には、意外にも同質の官能性がある。それは、触れるものをおののかせるほどの、意外で危険な魅力である。

七夕家さんは、今年四十一歳。そんな、宝のような娘たちをもっていることに、まるで気がついていないというような、いつも薄らぼんやりしているひとである。でも案外こんなひとが、じっくりものごとを考えていたりするのだ。

じっくりと言えば、確かに粘りは強い。なにしろ、いまだに、司法関係の資格試験を受け続けているというひとなのだから。七夕家さんは大学で法律を学び、卒業してからは十年以上、司法試験にチャレンジしていたというが、ずいぶん前から試験制度が変わって、受験回数に制限がかかるようになったという。それでやむなくあきらめて――もし、何回でも受けられるのならば、いまだってあきらめてはいませんよ、と彼は言うのだが――、いまは司法書士など、ほかの資格試験に挑戦しているというのだ。学生時代からおよそ、三十年。その間、仕事らしい仕事にはついていない。三十年というと、ひるむような年月だが、いつ会っても七夕家さんは、けろっとしている。今の顔のすぐ横に、学生時代の顔を並べても、案外変わっていないのではないか。とにかく、いつまでたっても、青年と中年の、その途中を懸命に生きているようなひとなのだ。

目の下に万年、隈を作っているが、子供の世話で疲れているのかもしれない。奥さんは大企業に勤める会社員なので、一家の収入は、彼女がすべて稼ぎ出す。そのかわり、七夕家さんが、家事・育児の大方をこなしているのだという。でも、七夕家さん、ほんとに勉強なんかしてるのだろうか。なにしろ、このひとには、詩を書くという悪癖があって、それで、わたしとも、知り合ったわけなのだが、最近は勉強より、ますます詩のほうに熱が入り出しているようなのだ。

約束の十日がきた。午後六時までには、まだ少し間がある。東京堂は、見やすくてさっぱりした本屋なので、わたしは好きだ。神保町に来ると、必ず立ち寄るが、きょうは、こころなしか、閑散としている。雨降りの平日は、こんなものなのか。うろうろしていると、後ろから、

「こいけさん」

と、搾り出したような、くらい声がした。

振り向くと、そこには、相変わらず目の下に隈のある、七夕家さんの四角い顔がある。七夕家さん、こんなに、四角い顔だったかな。そう思いながら、確認するように、じろじろ見ると、

「なんですか、人の顔をじろじろと、失礼な」

と言うのだ。わたしは顔のことは振り払い、

「久しぶりだね」と笑って言った。

エ 二人の娘たちもいっしょである。

「初めまして、こいけといいます。よろしくね」

娘たちに向かって挨拶した。

「名前は」と聞くと、

「響子」

「梨影」

と、油断をとかない、小動物のような、小さな声があがった。

「きれいな名前だね」

すると、返事のかわりに、涼しい視線だけが、私に向けられる。

二人とも、蒙古（もうこ）のひとのような、細い、美しい目をしている。草のなかをずっと歩いてきたような匂いを発していて、目をきょろきょろと動かしながら、好奇心を四方に散らかしていた。近頃珍しい自然児たちのようだ。わたしは d まるで人買いの女のように、この子供たちをゆっくり眺めやった。

「ここで待ち合わせをしたの？」

と響子ちゃんがわたしに聞く。「待ち合わせ」という言葉をはじめて使ってみた、という感じの言い方だった。

「そうよ。ここも本屋さんだけど、ここは町全体が本の町なんだよ。本屋さんがたくさんあるんだから」

そう言うと、響子も梨影も、

「どんぽうちょうは、ほんのまちい」

と歌を歌うようにさえずり始めた。二人が生きるところ、小さな渦巻きが、次々と生（う）まれていくような感じだ。歌か、しばらく歌を歌っていないなあ、とわたしは思った。歌というものは、確かに、この世の渦巻きみたいなものだ。そのなかでは敵も味方も、おかしさも悲しみも、なにもかもがごちゃごちゃにカキマゼラレル。

子供のころ、わたしは本当に歌が好きだった。いつも歌ばかり歌っていた。歌を歌いながら道を歩いた。あるときはともだちと。あるときは妹と。歌詞を間違えたり、音程をはずしたり、そのたびに止まっては、最初からやり直す。ひとつの歌を、誰かと歌うことの楽しさやなまめかしさが、不意にわたしに思いだされた。ああ、大人になるってなんてあじけないことだろう。わたしは突然、歌いたくなって、そして、歩きながら、こんな歌を歌ったのだ。

「七色の谷を超えて

流れて行く

風のリボン……

輪になって

輪になって

かけて行ったよ……

春よ春よと

かけて行ったよ……」

二人はこの曲を知らないようだった。変なひとが突然歌いはじめたよ、という不安な顔をしていたが、やがて、表情が和らいできて、

「それなんていう歌」

と響子ちゃんが聞いた。

「知らない」

といった。

曲のタイトルは、本当に知らなかった。團伊玖磨（だんいくま）というひとが作曲をして、江間章子（えましょうこ）というひとが作詞をした名曲なのだ。

二人を見れば、フリースと呼ばれる、新素材のあたたかなかぶりものを着ている。足元を見れば、歩きやすそうな運動靴をはいていて、その足の小ささにD胸をつかれた。

小さな靴というものは、どんな極悪人の心をも緩めるのではないか。わたしもまた、あの小ささから、歩いてきたのである。そんなことを思いながら、七夕家さんを見ると、

「こいけさん、相変わらずだね」と苦笑している。わたしが突然歌ったりしたので、すっかりあきれているのだった。

「久しぶりに来たので、本をたくさん買ったわよ」

七夕家さんに言うと、彼の顔もほころんだ。

「読みたい本があるというのは、幸せなことだね。会う約束をしたばかりの友達がいるみたいな感じかな。ぼくも、四時くらいに来て、あちこち、うろうろしておったんです。それじゃあ、そろそろ、ろしあ亭に、行きましょうか」

七夕家さんは、そう言って、わたしたちを店の外へとうながした。ろしあ亭というのは、わたしもよく知る、ここから歩いてすぐの、ロシア料理のご飯屋さんだ。

店に到着し、ドアを開けてなかへ入ると、夕食どきだというのに、がらんとしていて、奥から、どこか昆虫を思わせる奥さんが出てきた。

「こんにちは。今日も子供づれなんですが、毎回どうも、お騒がせします」

七夕家さんは、その書く詩とはうらはらの、常識的でE慎ましい態度で、昆虫顔の奥さんに頭を下げた。

「あら、いいわよ、ようこそ、毎度、ありがとう。さあ、おじょうちゃんたち、こっちへどうぞ」

奥さんはきっぱりとした笑顔になって、子供たちを促す。さえない七夕家さんが、ろしあ亭の常連とは、意外だった。しかし今日も、子供を連れているということに、非常な恐縮を感じているようである。たしかに、子供は騒ぐしうるさいしじっとしていないし。

「あーおなかがすいたよー！」

テーブルにつくなり、梨影の、黄色い第一声があがった。

今朝、七夕家さんから電話があったとき、彼の声は妙に重く沈んでいた。

「こいけさん、きょう、東京堂で待ち合わせのこと、大丈夫ですよね。よろしくお願いします。きっと、きっと、ですよ。それで……ただ会うっていうのもなんだから、最近お互いが書いた詩を持ってくるってのはどうですか。合評会をしましょうよ」

どこまでも真面目な、七夕家さんなのである。わたしはぎょっとした。それから、ふふふ、とおかしくなった。詩を十年くらい書いているが、わたしは合評会というものを経験したことがない。合評会というのは、その場に作品を持ち合い、互いに批評し合う会のことだ。

しかし、わたしは、そもそも七夕家さんよりも、子供たちに会いたかったのだ。彼女らを眺めたり、彼女らと話をしたりするほうがずっとずっと楽しいことのような気がした。それでも熱心な七夕家さんを、傷つけるような返答はできるわけもなかった。うん、うん、わかったよといいかげんな返事をして、なんとなく、ごまかしてしまったのだった。

気がつけば、テーブルには、料理が次々と運ばれている。ピロシキ、きのこの壺焼き、シチュー。ビーフストロガノフ……。ちょっと、いつのまに、七夕家さん、こんなに頼んだのだったかしら、と少しいぶかしく思いながら、それでもわたしは、気をつけて、気をつけて、熱いわようと、すっかり、幼稚園の園長さんのように、その場をとりしきり、料理を、もりもりと切り分けてやった。

もちろん、合評会など、成立するはずもなかったが、そのあわただしさのなかで、七夕家さんとわたしは、e<u>昆虫が触角を触れ合わすように</u>、互いが書いた詩を交換しあい、それぞれ相手の詩を眺めたのであったが、わたしについていえば、七夕家さんの詩は、全体の感じが小難しそうで、そもそも第一行目から、よくわからなかった。見たこともないような漢字が使われていた。わたしは読むのを、すぐに放棄してしまった。そして七夕家さんはどうかといえば、わたしの作品を、ふんふんとうなずきながら読んでいたが、それきり何の感想ももらさなかった。

テーブルのうえの様々な料理は、みごとなくらいに、次々とたいらげられていった。食べるのは、ほとんどが二人の娘たちだ。ちょっと待って。それ、わたしまだ食べてないのよ、わたしにもひとくち、残しておいてよ。そう言いたいのをこらえながら、彼女らに食べさせているわたしがいた。死への距離を測る透明なものさしが、するすると目の前に伸びてきたようだった。わたしに比べれば、未来の時間がずっと長いこの子らに、まずは食べさせてやらねばならない。しかしこれでは食費もたいへんだろう。オ<u>まったく食欲の旺盛なやつらである。</u>

七夕家さんは、詩の話をもっともっとしたい感じだったが、そのたびに二人の娘のどちらかが、皿にフォークをがちゃがちゃと当てて音をだしたり、椅子から滑り落ちたり、床に食べ物を落としたりした。七夕家さんは、始終、あーあ、とため息をつきながら、父親のように、制したり、叱ったり、テーブルをさっと拭いたり、こぼれたものを拾い、まめまめしく彼女らの周辺を動いた。

「ごちそうさまでした」

ようやく食事が終わったとき、わたしは子供のいる食卓の現実に、ほとんど圧倒され、言葉もなかった。

店を出ると、太陽が西空に沈みかけている。

「おいしかったか」と七夕家さんが聞いた。

「おいしかった、おいしかった」と二人が答えた。

それから地下鉄の駅まで歩き、

「さよなら」とわたし。

「さよなら」と三人。

まさに詩の話など、している場合ではなかった。

後日、上の子供、響子ちゃんからはがきが届いた。

「とても楽しかったです。こいけさんとおとうさんの会話を少し聞いて、わたしは同じことが好きなものどおしはいいなあと思いました。うらやましいような感じがしました。さようなら」

うらやましい、という、思いがけないその言葉に、透明な、柔らかい、不思議な三角形が初めて意識された。響子ちゃんは、おとうさんの女のともだちを、いったいどのように認識したのだろう。

地下鉄で別れた後姿（うしろすがた）が、そのとき、わたしの胸に浮かびあがった。七夕家さんを真ん中にして、その右手と左手にそれぞれの娘たち。響子ちゃんが見上げて、七夕家さんに何かを言っている。七夕家さんも、笑いながら何ごとかを響子ちゃんに返している。三人は透明な膜で包まれ、(f)この世に浮（うか）んでいるしゃぼんだまのようだった。

あの日、わたしは何をしたのだろう。わたしは実に何もしなかった。わたしはただ、七夕家さんと二人の娘に会った。そして、三人が、夕暮れの町に消えていくまでをただ、静かにひとりで見送ったのだった。

問1　二重傍線部A～Eの本文中における意味として最も適当なものを、次の各群の①～⑤のうちから、それぞれ一つずつ選びなさい。解答番号は 16 ～ 20 。

A　押し　16

① 心ひかれる魅力を持つこと
② 口をはさむ隙を与えないこと
③ 断りにくい雰囲気を持つこと
④ 静かな熱気が漂っていること
⑤ 他人を従わせる迫力があること

B おののかせる ⑰
① 恐怖で体をこわばらせる
② 心を弾ませわくわくさせる
③ そっと後ずさりさせる
④ 高揚感で身震いさせる
⑤ 悪い予感で打ちのめす

C ひるむ ⑱
① しりごみする
② 気が重くなる
③ あきれる
④ 力が抜ける
⑤ おじけづく

D 胸をつかれた ⑲
① ショックを受けさせられた
② はっとさせられた
③ 感動させられた
④ 感傷的にさせられた
⑤ ぞっとさせられた

E 慎ましい ⑳
① 真心がこもった
② 恥ずかしそうな
③ 思慮深そうな
④ 地味で質素な
⑤ 気がひけた

問2 傍線部ア「彼らは底のぬけた、両端のない、途方もない黄金の時間を生きている」の説明として最も適当なものを、次の①～⑤のうちから一つ選びなさい。解答番号は ㉑。

① 五歳、六歳から、九歳くらいまでの子供たちは、大人にはない独特の空気感を漂わせているということ。

② 子供たちは、大人たちが過ごす日常の世界とは全く異なる充実した時間を過ごしているということ。

③ 子供たちは何かに夢中になると、時間が経つのも忘れていっしんに心を傾けているということ。

④ 子供というものは、何か一つのことに心を奪われると、周りのことが見えなくなるということ。

⑤ 大人にとっては無意味なことでも、子供たちにとっては心を育ててくれる大切なものだということ。

問3　傍線部イ「そっくりだ」とあるが、ここでのそっくりなものの組み合わせとして最も適当なものを、次の①～⑤のうちから一つ選びなさい。解答番号は ㉒ 。

① スコーン　――　ちいさな子供の肌

② 小麦粉　――　バター

③ 絹の布　――　小麦粉

④ 小麦粉　――　ちいさな子供の肌

⑤ 絹の布　――　スコーン

問4　傍線部ウ「いつまでたっても、青年と中年の、その途中を懸命に生きているようなひと」とは、七夕家さんのどのようなところについて述べたものか。その説明として最も適当なものを、次の①～⑤のうちから一つ選びなさい。解答番号は ㉓ 。

① いい年をして三十年も仕事らしい仕事につかずに資格試験に挑戦し続けて、いいかげんあきらめようともしないという、子供じみて未練がましいところ。

② いつまでも夢を追い、妻子がいながら一家の大黒柱として収入を得ようとはしておらず、浮世離れしているが、平然と、しかも真剣に、その生き方を続けているところ。

③ 法律を学んでいた大学時代からの目標である司法試験に挑戦すらできなくなっても、地に足をつけた生活を選ぶこともない、自己中心的で、自由奔放なところ。

④ 一家の収入を稼ぎ出す役目を妻に委ねて悪びれることもなく勉強や詩作にふけっているが、物事をじっくり考えていたり、家事をこなしたり真面目に生きているところ。

⑤ 青年のように自分の可能性を信じて法律家の道に邁進（まいしん）していながら、生活に疲れて目の下に隈を作っている、大人と子供の中間のような、中途半端なところ。

問5　傍線部エ「二人の娘たち」とあるが、「わたし」が感じた「娘たち」の印象の説明として最も適当なものを、次の①～⑥のうちから一つ選びなさい。解答番号は ㉔ 。

① はじめは小動物のように警戒心が強そうに見えたが、すぐに打ち解けてまとわりついてきた人なつこい子供たち。

② はじめは声も小さくびくびくしていたが、次第に自分から話しかけたり歌を歌ったりするようになった明らかな子供たち。

③　はじめは緊張していたものの、名前を褒めると嬉しそうな視線を「わたし」に向けた、美しい目が印象的な子供たち。

④　はじめは名前を褒められても返事もできなかったが、やがて「わたし」を質問攻めにした好奇心旺盛な子供たち。

⑤　はじめは初対面の女の人に警戒を示しつつも、好奇心でいっぱいの、草いきれのような匂いのする子供らしい子供たち。

問6　次は、「わたし」が歌った歌に関する発表を聞いて、生徒同士で話し合った会話である。空欄(a)・(b)に当てはまる内容として最も適当なものを、後の①～⑥のうちから、それぞれ一つずつ選びなさい。解答番号は、(a) ㉕ ・(b) ㉖ 。

七色の谷を越えて
流れていく　風のリボン
輪になって　輪になって
駆けていったよ
歌いながら　駆けていったよ

美しい海を見たよ
あふれていた　花の街よ
輪になって　輪になって
踊っていたよ
春よ春よと　踊っていたよ

すみれ色してた窓で
泣いていたよ　街の角で
輪になって　輪になって
春の夕暮れ
ひとり寂しく　泣いていたよ

（『花の街』作詞：江間章子、作曲：團伊玖磨）

発表者…　この歌について調べてみました。『花の街』とありますが、美しい街並みを見て作られた歌ではなく、実は戦争によって一面の焦土になった光景を、戦後すぐに見て書かれた歌詞でした。

Aさん…　そうだったんですか。もう一度美しい街としてよみがえってほしいという願いが込められた歌だったんですね。

Bさん…　一番・二番の歌詞では、子供たちが楽しく遊んでいる姿が思い浮かびますが、三番の歌詞は一転して寂しい感じです。この歌が作られた時期から考えると、戦争で家族や家を失った人たちの姿を歌ったものでしょう。

Cさん…　そうですね。この歌はそういうふうに解釈できますね。ただ、「わたし」がこの歌を歌った理由について考えてみると、それは「 (a) 」からであって、歌の背景とは関係ないのではないでしょうか。

Dさん…　私は、関係ない、とまでは言い切れないように思います。それは、小説のタイトルが「風のリボン」であることから明らかです。「わたし」は無意識のうちに (b) から、この歌を歌ったのではないかと思います。

①　小さくても力強い渦巻きのような生命力にあふれた子供たちによって喚起された、誰かと歌いながら道を歩く思い出が脳裏によぎった

②　歌うようにさえずる子供たちを見ていることで引き起こされた、他の人と歌うことの新鮮さ、楽しさについての思いがあった

③ 誰かと一緒に歌うことがなくなる大人のあじけなさを感じたときに、他の人に呼びかける歌詞が多いこの歌が、記憶の片隅から現れた

④ 好奇心を四方に散らかしながら歌うようにさえずる子供たちが生んだ渦巻きにより、歌ばかり歌っていた昔の自分の記憶がかきまぜられた

⑤ 美しい景色と戦争の暗さが同居するこの歌に、何もかもがないまぜになった「歌」というものの本質を感じ取っていた

⑥ 戦争の惨禍から再び立ち上がろうとする思いが残るこの歌と、粘り強く人生を歩んでいる七夕家さんの人生を重ね合わせて見ていた

問７　傍線部オ「まったく食欲の旺盛なやつらである」とあるが、このように言う「わたし」の心情の説明として最も適当なものを、次の①～⑤のうちから一つ選びなさい。解答番号は［27］。

① 人生に残された時間がそれほどは長くないであろう自分と、これから何十年も生きていくであろう子供たちとを比べて、うらやましさを覚え感傷的になっている。

② 成長期にある子供たちに食事を食べさせることを優先したものの、子供たちから発散されている生命力が自分からは失われていることに気づかされ、たじろいでいる。

③ 子供たちの食事に対する純粋な欲求に圧倒されつつも、残されている人生の期間を自分と比べ、将来のある者を優先する大人としての在り方に充足感を覚えている。

④ 食事への高い意欲を見せる子供たちに接し、童心を失っていないつもりの自分が、未来の時間が少ない大人としてのふるまいしかできないことを、不思議に思っている。

⑤ 食費という大人の事情にはまったく頓着せず、すべてのエネルギーを食べることに向けている子供たちの成長を短い時間でも手助けできたことを嬉しく感じている。

問８　七夕家さん一家と会った「わたし」についての説明として最も適当なものを、次の①～⑤のうちから一つ選びなさい。解答番号は［28］。

① 「わたし」は、七夕家さんが前向きな詩作についての合評会にはあまり気乗りしていなかったものの、小さい子供がいるせわしない日常を送りつつも詩作を続けている七夕家さんに対して、尊敬の念を抱くようになった。

② 「わたし」は、詩作のアドバイスを求める七夕家さんに抗（あらが）えず会うことにしたものの、子供たちにどう思われるかが常に頭の一隅を占めていたので、子供の一人から「うらやましい」という言葉をもらい、嬉しさに満（み）ち溢（あふ）れた。

③ 「わたし」は、もともと子供に魅力を感じており、七夕家さんの娘たちに会うことを楽しみにしていたが、子供たちの行動力と純粋さを目の当たりにして、言葉を発することもできないほど圧倒されるも、快い疲れを覚えた。

④ 「わたし」は、七夕家さんの粘り強く、また、個性的な面にひかれ、詩作の対象として強い興味を持っていたが、小動物のようにくるくると表情が変わる子供たちに会い、そ

の対象を子供たちにしようと決意を固めた。

⑤「わたし」は、子供たちと時間を過ごすことで自らの子供時代を思い出したり、人生で残された時間について思いを馳(は)せたりして、七夕家さん親子がつくっている世界を、触れることができないかけがえのないもののように感じた。

問9　本文の表現の特徴の説明として**適当でないもの**を、次の①～⑥のうちから二つ選びなさい。解答番号は［㉙］・［㉚］。

①　波線部aの「雨上がりの光る露のような言葉」は、「二人の娘」を連れてくるという七夕家さんの言葉を聞いて、雨に洗われた庭先で美しい露をふと見つけたときのように、わくわくする「わたし」の期待の高まりを表した表現である。

②　波線部bの「宝物のような、子供たちの秘密」は、誰しもが子供のころに心の中に持っていたはずの目の前の世界に対する好奇心や楽しみや愛着を、子供たち自身が無意識のうちにいつくしみながら育てていることを表した表現である。

③　波線部cの「詩を書くという悪癖」は、七夕家さんに加え、「わたし」自身もしている詩作について、あえて逆説的に表現することにより、本文中ではあまり表に出していない「わたし」の詩作に懸ける熱い思いを垣間見ることができる表現である。

④　波線部dの「まるで人買いの女のように」は、七夕家さんの子供たちが放っている命の輝きにすっかり魅了されながら子供たちを見守っている「わたし」の様子を、商品の品定めをする「人買い」という表現でユーモラスに表している。

⑤　波線部eの「昆虫が触角を触れ合わすように」は、本当は詩の合評会よりも子供たちと触れ合っていたい「わたし」と、詩は向いていないとはっきり引導を渡してほしい七夕家さんとの、うまくかみ合わない気持ちを表した表現である。

⑥　波線部fの「この世に浮んでいるしゃぼんだまのよう」は、七夕家さんと二人の娘に会った日のことをなつかしく思い出しながらも、独特の空気感を漂わせた出来事であり、遠く甘やかな記憶として眺めていることを印象的な表現で表している。

解答編

英語

I **解答** 1—④　2—①　3—②　4—③　5—②　6—②
7—②　8—③　9—④　10—②

解説　1．her の後ろにあるので名詞が適切。kindness「親切さ」

2．文の後半が「映画の残りは明日見よう」という意味なので，それまでずっと見ていたことがわかる。be getting tired「疲れてきた」

3．so は目的の意味を表す接続詞なので，文の後半は「猫が外に出ないように」という意味になる。前半は「ドアを閉めなさい」という命令文にするのが適切である。

4．what to do「何をすべきか」とすれば，「携帯をなくしたときに」という後半と合致する。

5．have *A*＋過去分詞「*A* を～してもらう」とすれば，「仕事の面接の前に髪を切ってもらった」という文脈に合う。

6．even though「～にもかかわらず」という接続詞を入れれば，「その夜は寒かったにもかかわらず，彼らは外で座っていることに決めた」という文意が成立する。

7．but 以下の文が過去形で then「そのとき」とあることから，前半は現在形ではないことがわかる。過去完了進行形の②が適切。「公園に行こうとずっと思っていたが，そのとき雨が降り出した」

8．付加疑問文を作る。もとの文を否定文にしたときに使われる助動詞を使うので，この場合は want が一般動詞の現在形であるため，don't を使うことになる。

9．be allowed to *do*「～することを許される」という意味になるので，不定詞の選択肢を選ぶ。

10．just in case ～「～の場合に備えて」という慣用的な接続詞句。「道が混んでいる場合に備えて早く出なくてはいけない」という意味になる。

Ⅱ 解答

11―①　12―②　13―②　14―③　15―①　16―②
17―④　18―④　19―③　20―②

解説　11. 多くの食料が余っている状態で，ケンが最後に「次は出席を事前に確認しよう」と言っているので，①「(実際に来た人数の) 2倍の人数が来ると思っていた」という発言が合致する。

12. モナが初めに「その著者の他の作品も読んだ？」と聞いており，最後に「最初の小説がとても好き」と言っているので，おすすめの作品を聞いているのだと考えられる。

13. サイモンの発言に対し，エミリーが「それはひどい。いつ会えるのかメールで確認しなくてはいけないかもね」と答えているので，その教授はいつも不在であることが想定できる。

14.「お金をためなくてはならない」と言っているので，③「今着ているコートは次のシーズンにも着用する予定である」とするのが自然である。

15. ボブの4つ目の発言 (Right now, I…) と5つ目の発言 (That would be…) から，キャシーは仕事の面接に来ていて，彼女を今後どのようにシフトに入れるかの話をしているとわかる。

16. キャシーの3つ目の発言 (I started off…) の後半に，「もっと働く時間を増やしたい」とあるので，現在の仕事では十分でないことがわかる。

17. ボブの4つ目の発言 (Right now, I…) に「現在はシフトの空きが少ししかないので，現在の仕事も続けたらいい」とあるので，両方のレストランで働くことを提案しているとわかる。

18. 会話全体が，タイラーの質問に対してフェントン教授が答えているという形になっており，タイラーの発言を追うと，何かの問題の解決を求めていることがわかる。

19. フェントン教授の最初の発言 (Yes, but just…) で，たくさんの人が来る予定で，数分しか時間がないと言っているので急いでいることがわかる。

20. フェントン教授の最後の発言 (Just in case, …) に「他の人が同じ研究をもう始めてしまっていないか確認した方がよい」と書かれているので，まずそのことを確認するため他の生徒に連絡を取ると考えられる。

Ⅲ **解答** 21―③　22―②　23―③　24―④　25―②

解説 ≪高齢者とIT活用≫

21. 第3段第2・3文（More elderly people … of elderly people.）に「老人の多くは老人ホームよりも家にいたいので，健康維持のための技術が役に立つ」と書かれているので，③に一致する。

22. ②「老人が他の人と交流を持つことができる」は，第5段第3文（By learning with …）以降の内容に合致する。

23. 第5段第1文（Social media does, …）に，老人がフィッシング詐欺に遭いやすいことが書かれているので③に合致する。

24. 第5段第2・3文（To combat this, … comfortable asking questions.）で述べられている「基礎IT講座で他の高齢者と一緒に学ぶこと」を示しているので，④が正解である。

25. 第4段第3文（There is a …）から，グラフCが④タブレットであることがわかる。また，③は同段最終文（The use of …）にタブレットに似た使用率だと書かれているので，このグラフの選択肢にはない。①のヘルスケアに関するアプリも，どの程度使用されているかは本文に言及がないので，消去法で②が残る。

Ⅳ **解答** 26―③　27―③　28―②　29―①　30―①

解説 ≪環境保護法の考察≫

26. 従来の環境の法律に変わって，新しい「自然の権利」という概念が登場していることについての様々な考察が書かれている文章である。

27. ③「それらは生態系の所有者に焦点を当てている」は，第2段最終文（Those who support …）に一致する。従来の環境に関する法律ではできなかったことを，新しい「自然の権利」という概念を入れた法律では可能にしていると書かれている。

28. ②「コミュニティが自然資源を必要としているということを説明するため」は，第4段第3～5文（For example, cities … of local citizens?）に水が必要だからといって湖から取水することはどうだろうかという問題提起が書かれていることに合致する。

29. 第5段の最後の2文（While this may … by the court.）に，この法律はより明確に定義される必要があり，それまで認めてこられなかったような判例が減るかもしれないと述べているので，①「環境を改善するいくつかの方法の一つである」に合致する。

30. 環境に人間と同じように権利を与えるべきだという新しい考え方の是非について書かれた文章であるので①「環境に法の権利を与えること」が最も適切である。

V　解答

31―⑦　32―⑥　33―③　34―④　35―②　36―⑥
37―①　38―⑤　39―①　40―⑥

解説　並べ換えた文は以下の通り。

31・32. （What） should be done about people who are always （late?） be done は受動態で「される」という意味。who は関係代名詞で先行詞は people。

33・34. There is nothing better than being outside on a （beautiful day.） 直訳は「晴れた日に外にいることよりもよいことはない」という意味である。

35・36. To get there on time you should take an earlier （train.） 主語は you であり，「そこに時間通りに着くために」という目的の意味を表す不定詞が文頭に来ている。

37・38. Somebody told me that Kelly was coming home （today.） come home の進行形で be coming home となっているが，これは近接未来の意味である。

39・40. （Nobody） knows why the window was left open all （night.） why 以下は間接疑問文なので，SV の語順になる。leave *A*＋形容詞「*A* を～の状態にしたままにしておく」

数学

Ⅰ 解答 ≪小問9問≫

①5　②2　③2　④2　⑤1　⑥3　⑦―③　⑧⑨⑩135　⑪⑫54
⑬⑭17　⑮7　⑯⑰⑱⑲⑳10200　㉑㉒30

Ⅱ 解答 ≪2次関数≫

㉓㉔－2　㉕2　㉖3　㉗㉘－2　㉙－　㉚1　㉛―③　㉜3　㉝―①

Ⅲ 解答 ≪図形と計量≫

㉞1　㉟4　㊱㊲21　㊳㊴15　㊵4　㊶㊷21　㊸㊹21　㊺2　㊻3
㊼㊽32　㊾7　㊿(51)64　(52)(53)34

Ⅳ 解答 ≪確　率≫

(54)1　(55)(56)36　(57)5　(58)9　(59)(60)37　(61)(62)(63)216　(64)(65)23　(66)(67)(68)108

国語

一

出典 村田純一「科学の創造性と倫理——ベーコン的科学の行方」（日本科学協会編『科学と倫理——AI時代に問われる探求と責任』中央公論新社）

解答

問1 A—④ B—④ C—② D—③ E—①

問2 ②

問3 ④

問4 ③

問5 ③

問6 ①・③

問7 ③

問8 (1)—② (2)—②

問9 ④

解説 問2 二重傍線部Cを含む段落に「自然の真の姿を明らかにするためには、自然に介入して人工的な状況を作る必要がある」とあることから、②が答えである。

問3 傍線部イを含む段落に「アリストテレスのように自然の『観想』に留まっていたのでは不十分であり、むしろ、自然を操作し人工的な状況を作り上げる製作活動が不可欠だということになる」とあることから、④が答えである。傍線部イは「理論知と製作知」という「知」の「逆転」であるが、①は「学問」の比較になっているので、適当ではない。

問4 【文章Ⅱ】の第二段落に「実験において自然の真の姿が現れるためには……人工的な状況のなかでのみ自然はその真の姿を現す」、同第三段落に「自然法則が成り立つ実験状況を……最も重要な条件は、再現可能性にあるはずだからである」とあることから、③が答えである。

問6 傍線部エの前後の段落を読み取る。カントの「主観・客観という二元論的図式」とは「違った見方」が、「人間は最初から世界のなかに位置づけられており、自然と社会が重なった場所で多様な要素と相互作用している」「相互作用のあり方を形成する要因がすべて一種のアクターとみなされる」と説明されていることから、①と③が答えである。

問7　「株式市場」は、株価が上昇することにより新たな価値が創造され、株価の下落により価値が減少する「非ゼロサムゲーム」であることから、③が答えである。

問8　【文章Ⅰ】の波線部を含む段落の前の段落に「注意深く作られたものこそが真の自然の姿、真の自然の事実なのだ」とあることから、Xには②が入る。同じ段落に「実験装置や望遠鏡のような観測器具を用いることによってはじめて可能になった人工的現象」とあることから、Yには②が入る。

問9　④の「Dさん」の「科学者よりも恩恵を享受する側の責任だね」ということは本文で議論されておらず、それが「『自然についての知識は限定的、制限つきの知識であるはずである』からわかる」わけではないことから、④が答えである。

二

出典　小池昌代「風のリボン」（『感光生活』筑摩書房）

解答

問1　A―③　B―④　C―①　D―②　E―⑤

問2　②

問3　④

問4　②

問5　⑤

問6　(a)―②　(b)―⑤

問7　③

問8　⑤

問9　③・⑤

解説　問2　傍線部アを含む段落の前の段落で、「子供たち」が「黄金の時間を生きている」状態を具体的に説明している。そして、そのように「生きている」と、傍線部アを含む一文の次の文のように「彼らのなかにある生命」は「みっしりと濃く充溢」すると説明している。以上のことから、②が答えである。

問3　傍線部イを含む一文に「小麦粉とバターを手で捏ねながら、これは昔、ひとの子を抱いたときの、肌の感触にそっくりだと思った」、傍線部イを含む段落に「ごくちいさな子供と、小麦粉の感触には、意外にも同質の官能性がある」とあることから、④が答えである。

問4　傍線部ウを含む段落に「学生時代からおよそ、三十年。その間、仕事らしい仕事にはついていない」で、「資格試験に挑戦している」とあり、これが②の前半部分の説明に当たる。後半部分は傍線部ウの「青年と中年の、その途中を懸命に生きている」から導くことができる。以上のことから、②が答えである。

問5　傍線部エと波線部dの間に「油断をとかない、小動物のような、小さな声があがった」、「草のなかをずっと歩いてきたような匂いを発していて」、「好奇心を四方に散らかしていた」、「近頃珍しい自然児たちのようだ」とあることから、⑤が答えである。

問6　歌詞の前の段落で「誰かと歌うことの楽しさやなまめかしさが、不意にわたしに思いだされた」とあることから、(a)には②が入る。「歌というものは、確かに、この世の渦巻きみたいなものだ。そのなかでは敵も味方も、おかしさも悲しみも、なにもかもがごちゃごちゃにカキマゼラレル」とあることから、(b)には⑤が入る。

問7　傍線部オを含む段落とそれ以降に「死への距離を測る透明なものさしが……まずは食べさせてやらねばならない」「わたしは子供のいる食卓の現実に、ほとんど圧倒され」とあることから、③が答えである。

問8　歌詞「七色の谷を超えて……」の前の段落に「子供のころ、わたしは本当に歌が好きだった。……そのたびに止まっては、最初からやり直す」、傍線部オを含む段落に「死への距離を測る透明なものさしが……伸びてきたようだった」、波線部fを含む段落に「三人は透明な膜で包まれ、この世に浮んでいるしゃぼんだまのようだった」とあることから、⑤が答えである。③は、圧倒されたのは「子供のいる食卓の現実」であって「子供たちの行動力と純粋さ」ではない。

問9　③の「『わたし』の詩作に懸ける熱い思いを垣間見ることができる表現である」、⑤の「詩は向いていないとはっきり引導を渡してほしいと七夕家さん」が適当な説明ではない。

教学社 刊行一覧

2025年版 大学赤本シリーズ

374大学556点
全都道府県を網羅

国公立大学（都道府県順）

全国の書店で取り扱っています。店頭にない場合は，お取り寄せができます。

1 北海道大学（文系－前期日程）
2 北海道大学（理系－前期日程） 医
3 北海道大学（後期日程）
4 旭川医科大学（医学部〈医学科〉） 医
5 小樽商科大学
6 帯広畜産大学
7 北海道教育大学
8 室蘭工業大学／北見工業大学
9 釧路公立大学
10 公立千歳科学技術大学
11 公立はこだて未来大学 総推
12 札幌医科大学（医学部） 医
13 弘前大学 医
14 岩手大学
15 岩手県立大学・盛岡短期大学部・宮古短期大学部
16 東北大学（文系－前期日程）
17 東北大学（理系－前期日程） 医
18 東北大学（後期日程）
19 宮城教育大学
20 宮城大学
21 秋田大学 医
22 秋田県立大学
23 国際教養大学 総推
24 山形大学 医
25 福島大学
26 会津大学
27 福島県立医科大学（医・保健科学部） 医
28 茨城大学（文系）
29 茨城大学（理系）
30 筑波大学（推薦入試） 医 総推
31 筑波大学（文系－前期日程）
32 筑波大学（理系－前期日程） 医
33 筑波大学（後期日程）
34 宇都宮大学
35 群馬大学 医
36 群馬県立女子大学
37 高崎経済大学
38 前橋工科大学
39 埼玉大学（文系）
40 埼玉大学（理系）
41 千葉大学（文系－前期日程）
42 千葉大学（理系－前期日程） 医
43 千葉大学（後期日程） 医
44 東京大学（文科） DL
45 東京大学（理科） DL 医
46 お茶の水女子大学
47 電気通信大学
48 東京外国語大学 DL
49 東京海洋大学
50 東京科学大学（旧 東京工業大学）
51 東京科学大学（旧 東京医科歯科大学） 医
52 東京学芸大学
53 東京藝術大学
54 東京農工大学
55 一橋大学（前期日程）
56 一橋大学（後期日程）
57 東京都立大学（文系）
58 東京都立大学（理系）
59 横浜国立大学（文系）
60 横浜国立大学（理系）
61 横浜市立大学（国際教養・国際商・理・データサイエンス・医〈看護〉学部）
62 横浜市立大学（医学部〈医学科〉） 医
63 新潟大学（人文・教育〈文系〉・法・経済科・医〈看護〉・創生学部）
64 新潟大学（教育〈理系〉・理・医〈看護を除く〉・歯・工・農学部） 医
65 新潟県立大学
66 富山大学（文系）
67 富山大学（理系） 医
68 富山県立大学
69 金沢大学（文系）
70 金沢大学（理系） 医
71 福井大学（教育・医〈看護〉・工・国際地域学部）
72 福井大学（医学部〈医学科〉） 医
73 福井県立大学
74 山梨大学（教育・医〈看護〉・工・生命環境学部）
75 山梨大学（医学部〈医学科〉） 医
76 都留文科大学
77 信州大学（文系－前期日程）
78 信州大学（理系－前期日程） 医
79 信州大学（後期日程）
80 公立諏訪東京理科大学 総推
81 岐阜大学（前期日程） 医
82 岐阜大学（後期日程）
83 岐阜薬科大学
84 静岡大学（前期日程）
85 静岡大学（後期日程）
86 浜松医科大学（医学部〈医学科〉） 医
87 静岡県立大学
88 静岡文化芸術大学
89 名古屋大学（文系）
90 名古屋大学（理系） 医
91 愛知教育大学
92 名古屋工業大学
93 愛知県立大学
94 名古屋市立大学（経済・人文社会・芸術工・看護・総合生命理・データサイエンス学部）
95 名古屋市立大学（医学部〈医学科〉） 医
96 名古屋市立大学（薬学部）
97 三重大学（人文・教育・医〈看護〉学部）
98 三重大学（医〈医〉・工・生物資源学部） 医
99 滋賀大学
100 滋賀医科大学（医学部〈医学科〉） 医
101 滋賀県立大学
102 京都大学（文系）
103 京都大学（理系） 医
104 京都教育大学
105 京都工芸繊維大学
106 京都府立大学
107 京都府立医科大学（医学部〈医学科〉） 医
108 大阪大学（文系） DL
109 大阪大学（理系） 医
110 大阪教育大学
111 大阪公立大学（現代システム科学域〈文系〉・文・法・経済・商・看護・生活科〈居住環境・人間福祉〉学部－前期日程）
112 大阪公立大学（現代システム科学域〈理系〉・理・工・農・獣医・医・生活科〈食栄養〉学部－前期日程） 医
113 大阪公立大学（中期日程）
114 大阪公立大学（後期日程）
115 神戸大学（文系－前期日程）
116 神戸大学（理系－前期日程） 医
117 神戸大学（後期日程）
118 神戸市外国語大学 DL
119 兵庫県立大学（国際商経・社会情報科・看護学部）
120 兵庫県立大学（工・理・環境人間学部）
121 奈良教育大学／奈良県立大学
122 奈良女子大学
123 奈良県立医科大学（医学部〈医学科〉） 医
124 和歌山大学
125 和歌山県立医科大学（医・薬学部） 医
126 鳥取大学 医
127 公立鳥取環境大学
128 島根大学 医
129 岡山大学（文系）
130 岡山大学（理系） 医
131 岡山県立大学
132 広島大学（文系－前期日程）
133 広島大学（理系－前期日程） 医
134 広島大学（後期日程）
135 尾道市立大学 総推
136 県立広島大学
137 広島市立大学
138 福山市立大学 総推
139 山口大学（人文・教育〈文系〉・経済・医〈看護〉・国際総合科学部）
140 山口大学（教育〈理系〉・理・医〈看護を除く〉・工・農・共同獣医学部） 医
141 山陽小野田市立山口東京理科大学 総推
142 下関市立大学／山口県立大学
143 周南公立大学 新 総推
144 徳島大学 医
145 香川大学 医
146 愛媛大学 医
147 高知大学 医
148 高知工科大学
149 九州大学（文系－前期日程）
150 九州大学（理系－前期日程） 医
151 九州大学（後期日程）
152 九州工業大学
153 福岡教育大学
154 北九州市立大学
155 九州歯科大学
156 福岡県立大学／福岡女子大学
157 佐賀大学 医
158 長崎大学（多文化社会・教育〈文系〉・経済・医〈保健〉・環境科〈文系〉学部）
159 長崎大学（教育〈理系〉・医〈医〉・歯・薬・情報データ科・工・環境科〈理系〉・水産学部） 医
160 長崎県立大学 総推
161 熊本大学（文・教育・法・医〈看護〉学部・情報融合学環〈文系型〉）
162 熊本大学（理・医〈看護を除く〉・薬・工学部・情報融合学環〈理系型〉） 医
163 熊本県立大学
164 大分大学（教育・経済・医〈看護〉・理工・福祉健康科学部）
165 大分大学（医学部〈医・先進医療科学科〉） 医
166 宮崎大学（教育・医〈看護〉・工・農・地域資源創成学部）
167 宮崎大学（医学部〈医学科〉） 医
168 鹿児島大学（文系）
169 鹿児島大学（理系） 医
170 琉球大学 医

2025年版　大学赤本シリーズ

国公立大学 その他

171 〔国公立大〕医学部医学科 総合型選抜・学校推薦型選抜※ 医 総推
172 看護・医療系大学〈国公立 東日本〉※
173 看護・医療系大学〈国公立 中日本〉※
174 看護・医療系大学〈国公立 西日本〉※
175 海上保安大学校／気象大学校
176 航空保安大学校
177 国立看護大学校
178 防衛大学校 総推
179 防衛医科大学校（医学科） 医
180 防衛医科大学校（看護学科）

※ No.171～174の収載大学は赤本ウェブサイト（http://akahon.net/）でご確認ください。

私立大学①

北海道の大学（50音順）

201 札幌大学
202 札幌学院大学
203 北星学園大学
204 北海学園大学
205 北海道医療大学
206 北海道科学大学
207 北海道武蔵女子大学・短期大学
208 酪農学園大学（獣医学群〈獣医学類〉）

東北の大学（50音順）

209 岩手医科大学（医・歯・薬学部） 医
210 仙台大学 総推
211 東北医科薬科大学（医・薬学部） 医
212 東北学院大学
213 東北工業大学
214 東北福祉大学
215 宮城学院女子大学 総推

関東の大学（50音順）

あ行（関東の大学）

216 青山学院大学（法・国際政治経済学部－個別学部日程）
217 青山学院大学（経済学部－個別学部日程）
218 青山学院大学（経営学部－個別学部日程）
219 青山学院大学（文・教育人間科学部－個別学部日程）
220 青山学院大学（総合文化政策・社会情報・地球社会共生・コミュニティ人間科学部－個別学部日程）
221 青山学院大学（理工学部－個別学部日程）
222 青山学院大学（全学部日程）
223 麻布大学（獣医、生命・環境科学部）
224 亜細亜大学
226 桜美林大学
227 大妻女子大学・短期大学部

か行（関東の大学）

228 学習院大学（法学部－コア試験）
229 学習院大学（経済学部－コア試験）
230 学習院大学（文学部－コア試験）
231 学習院大学（国際社会科学部－コア試験）
232 学習院大学（理学部－コア試験）
233 学習院女子大学
234 神奈川大学（給費生試験）
235 神奈川大学（一般入試）
236 神奈川工科大学
237 鎌倉女子大学・短期大学部
238 川村学園女子大学
239 神田外語大学
240 関東学院大学
241 北里大学（理学部）
242 北里大学（医学部） 医
243 北里大学（薬学部）
244 北里大学（看護・医療衛生学部）
245 北里大学（未来工・獣医・海洋生命科学部）
246 共立女子大学・短期大学
247 杏林大学（医学部） 医
248 杏林大学（保健学部）
249 群馬医療福祉大学・短期大学部
250 群馬パース大学 総推
251 慶應義塾大学（法学部）
252 慶應義塾大学（経済学部）
253 慶應義塾大学（商学部）
254 慶應義塾大学（文学部） 総推
255 慶應義塾大学（総合政策学部）
256 慶應義塾大学（環境情報学部）
257 慶應義塾大学（理工学部）
258 慶應義塾大学（医学部） 医
259 慶應義塾大学（薬学部）
260 慶應義塾大学（看護医療学部）
261 工学院大学
262 國學院大學
263 国際医療福祉大学 医
264 国際基督教大学
265 国士舘大学
266 駒澤大学（一般選抜T方式・S方式）
267 駒澤大学（全学部統一日程選抜）

さ行（関東の大学）

268 埼玉医科大学（医学部） 医
269 相模女子大学・短期大学部
270 産業能率大学
271 自治医科大学（医学部） 医
272 自治医科大学（看護学部）／東京慈恵会医科大学（医学部〈看護学科〉）
273 実践女子大学 総推
274 芝浦工業大学（前期日程）
275 芝浦工業大学（全学統一日程・後期日程）
276 十文字学園女子大学
277 淑徳大学
278 順天堂大学（医学部） 医
279 順天堂大学（スポーツ健康科・医療看護・保健看護・国際教養・保健医療・医療科・健康データサイエンス・薬学部） 総推
280 上智大学（神・文・総合人間科学部）
281 上智大学（法・経済学部）
282 上智大学（外国語・総合グローバル学部）
283 上智大学（理工学部）
284 上智大学（TEAPスコア利用方式）
285 湘南工科大学
286 昭和大学（医学部） 医
287 昭和大学（歯・薬・保健医療学部）
288 昭和女子大学
289 昭和薬科大学
290 女子栄養大学・短期大学部 総推
291 白百合女子大学
292 成蹊大学（法学部－A方式）
293 成蹊大学（経済・経営学部－A方式）
294 成蹊大学（文学部－A方式）
295 成蹊大学（理工学部－A方式）
296 成蹊大学（E方式・G方式・P方式）
297 成城大学（経済・社会イノベーション学部－A方式）
298 成城大学（文芸・法学部－A方式）
299 成城大学（S方式〈全学部統一選抜〉）
300 聖心女子大学
301 清泉女子大学
303 聖マリアンナ医科大学 医
304 聖路加国際大学（看護学部）
305 専修大学（スカラシップ・全国入試）
306 専修大学（前期入試〈学部個別入試〉）
307 専修大学（前期入試〈全学部入試・スカラシップ入試〉）

た行（関東の大学）

308 大正大学
309 大東文化大学
310 高崎健康福祉大学
311 拓殖大学
312 玉川大学
313 多摩美術大学
314 千葉工業大学
315 中央大学（法学部－学部別選抜）
316 中央大学（経済学部－学部別選抜）
317 中央大学（商学部－学部別選抜）
318 中央大学（文学部－学部別選抜）
319 中央大学（総合政策学部－学部別選抜）
320 中央大学（国際経営・国際情報学部－学部別選抜）
321 中央大学（理工学部－学部別選抜）
322 中央大学（5学部共通選抜）
323 中央学院大学
324 津田塾大学
325 帝京大学（薬・経済・法・文・外国語・教育・理工・医療技術・福岡医療技術学部）
326 帝京大学（医学部） 医
327 帝京科学大学 総推
328 帝京平成大学 総推
329 東海大学（医〈医〉学部を除く－一般選抜）
330 東海大学（文系・理系学部統一選抜）
331 東海大学（医学部〈医学科〉） 医
332 東京医科大学（医学部〈医学科〉） 医
333 東京家政大学・短期大学部 総推
334 東京経済大学
335 東京工科大学
336 東京工芸大学
337 東京国際大学
338 東京歯科大学
339 東京慈恵会医科大学（医学部〈医学科〉） 医
340 東京情報大学
341 東京女子大学
342 東京女子医科大学（医学部） 医
343 東京電機大学
344 東京都市大学
345 東京農業大学
346 東京薬科大学（薬学部） 総推
347 東京薬科大学（生命科学部） 総推
348 東京理科大学（理学部〈第一部〉－B方式）
349 東京理科大学（創域理工学部－B方式・S方式）
350 東京理科大学（工学部－B方式）
351 東京理科大学（先進工学部－B方式）
352 東京理科大学（薬学部－B方式）
353 東京理科大学（経営学部－B方式）
354 東京理科大学（C方式、グローバル方式、理学部〈第二部〉－B方式）
355 東邦大学（医学部） 医
356 東邦大学（薬学部）

2025年版　大学赤本シリーズ

私立大学②

357 東邦大学（理・看護・健康科学部）
358 東洋大学（文・経済・経営・法・社会・国際・国際観光学部）
359 東洋大学（情報連携・福祉社会デザイン・健康スポーツ科・理工・総合情報・生命科・食環境科学部）
360 東洋大学（英語〈3日程×3カ年〉）
361 東洋大学（国語〈3日程×3カ年〉）
362 東洋大学（日本史・世界史〈2日程×3カ年〉）
363 東洋英和女学院大学
364 常磐大学・短期大学 総推
365 獨協大学
366 獨協医科大学（医学部） 医

な行（関東の大学）

367 二松学舎大学
368 日本大学（法学部）
369 日本大学（経済学部）
370 日本大学（商学部）
371 日本大学（文理学部〈文系〉）
372 日本大学（文理学部〈理系〉）
373 日本大学（芸術学部〈専門試験併用型〉）
374 日本大学（国際関係学部）
375 日本大学（危機管理・スポーツ科学部）
376 日本大学（理工学部）
377 日本大学（生産工・工学部）
378 日本大学（生物資源科学部）
379 日本大学（医学部） 医
380 日本大学（歯・松戸歯学部）
381 日本大学（薬学部）
382 日本大学（N全学統一方式－医・芸術〈専門試験併用型〉学部を除く）
383 日本医科大学 医
384 日本工業大学
385 日本歯科大学
386 日本社会事業大学 総推
387 日本獣医生命科学大学
388 日本女子大学
389 日本体育大学

は行（関東の大学）

390 白鷗大学（学業特待選抜・一般選抜）
391 フェリス女学院大学
392 文教大学
393 法政大学（法〈I日程〉・文〈II日程〉・経営〈II日程〉学部－A方式）
394 法政大学（法〈II日程〉・国際文化・キャリアデザイン学部－A方式）
395 法政大学（文〈I日程〉・経営〈I日程〉・人間環境・グローバル教養学部－A方式）
396 法政大学（経済〈I日程〉・社会〈I日程〉・現代福祉学部－A方式）
397 法政大学（経済〈II日程〉・社会〈II日程〉・スポーツ健康学部－A方式）
398 法政大学（情報科・デザイン工・理工・生命科学部－A方式）
399 法政大学（T日程〈統一日程〉・英語外部試験利用入試）
400 星薬科大学 総推

ま行（関東の大学）

401 武蔵大学
402 武蔵野大学
403 武蔵野美術大学
404 明海大学
405 明治大学（法学部－学部別入試）
406 明治大学（政治経済学部－学部別入試）
407 明治大学（商学部－学部別入試）
408 明治大学（経営学部－学部別入試）
409 明治大学（文学部－学部別入試）
410 明治大学（国際日本学部－学部別入試）
411 明治大学（情報コミュニケーション学部－学部別入試）
412 明治大学（理工学部－学部別入試）
413 明治大学（総合数理学部－学部別入試）
414 明治大学（農学部－学部別入試）
415 明治大学（全学部統一入試）
416 明治学院大学（A日程）
417 明治学院大学（全学部日程）
418 明治薬科大学 総推
419 明星大学
420 目白大学・短期大学部

ら・わ行（関東の大学）

421 立教大学（文系学部－一般入試〈大学独自の英語を課さない日程〉）
422 立教大学（国語〈3日程×3カ年〉）
423 立教大学（日本史・世界史〈2日程×3カ年〉）
424 立教大学（文学部－一般入試〈大学独自の英語を課す日程〉）
425 立教大学（理学部－一般入試）
426 立正大学
427 早稲田大学（法学部）
428 早稲田大学（政治経済学部）
429 早稲田大学（商学部）
430 早稲田大学（社会科学部）
431 早稲田大学（文学部）
432 早稲田大学（文化構想学部）
433 早稲田大学（教育学部〈文科系〉）
434 早稲田大学（教育学部〈理科系〉）
435 早稲田大学（人間科・スポーツ科学部）
436 早稲田大学（国際教養学部）
437 早稲田大学（基幹理工・創造理工・先進理工学部）
438 和洋女子大学 総推

中部の大学（50音順）

439 愛知大学
440 愛知医科大学（医学部） 医
441 愛知学院大学・短期大学部
442 愛知工業大学 総推
443 愛知淑徳大学
444 朝日大学 総推
445 金沢医科大学（医学部） 医
446 金沢工業大学
447 岐阜聖徳学園大学 総推
448 金城学院大学
449 至学館大学 総推
450 静岡理工科大学
451 椙山女学園大学
452 大同大学
453 中京大学
454 中部大学
455 名古屋外国語大学 総推
456 名古屋学院大学 総推
457 名古屋学芸大学 総推
458 名古屋女子大学 総推
459 南山大学（外国語〈英米〉・法・総合政策・国際教養学部）
460 南山大学（人文・外国語〈英米を除く〉・経済・経営・理工学部）
461 新潟国際情報大学
462 日本福祉大学
463 福井工業大学
464 藤田医科大学（医学部） 医
465 藤田医科大学（医療科・保健衛生学部）
466 名城大学（法・経営・経済・外国語・人間・都市情報学部）
467 名城大学（情報工・理工・農・薬学部）
468 山梨学院大学

近畿の大学（50音順）

469 追手門学院大学 総推
470 大阪医科薬科大学（医学部） 医
471 大阪医科薬科大学（薬学部） 総推
472 大阪学院大学 総推
473 大阪経済大学 総推
474 大阪経済法科大学 総推
475 大阪工業大学 総推
476 大阪国際大学・短期大学部 総推
477 大阪産業大学 総推
478 大阪歯科大学（歯学部）
479 大阪商業大学 総推
480 大阪成蹊大学・短期大学 総推
481 大谷大学 総推
482 大手前大学・短期大学 総推
483 関西大学（文系）
484 関西大学（理系）
485 関西大学（英語〈3日程×3カ年〉）
486 関西大学（国語〈3日程×3カ年〉）
487 関西大学（日本史・世界史・文系数学〈3日程×3カ年〉）
488 関西医科大学（医学部） 医
489 関西医療大学 総推
490 関西外国語大学・短期大学部 総推
491 関西学院大学（文・法・商・人間福祉・総合政策学部－学部個別日程）
492 関西学院大学（神・社会・経済・国際・教育学部－学部個別日程）
493 関西学院大学（全学部日程〈文系型〉）
494 関西学院大学（全学部日程〈理系型〉）
495 関西学院大学（共通テスト併用日程〈数学〉・英数日程）
496 関西学院大学（英語〈3日程×3カ年〉） 新
497 関西学院大学（国語〈3日程×3カ年〉） 新
498 関西学院大学（日本史・世界史・文系数学〈3日程×3カ年〉） 新
499 畿央大学 総推
500 京都外国語大学・短期大学 総推
502 京都産業大学（公募推薦入試） 総推
503 京都産業大学（一般選抜入試〈前期日程〉）
504 京都女子大学 総推
505 京都先端科学大学 総推
506 京都橘大学 総推
507 京都ノートルダム女子大学 総推
508 京都薬科大学 総推
509 近畿大学・短期大学部（医学部を除く－推薦入試） 総推
510 近畿大学・短期大学部（医学部を除く－一般入試前期）
511 近畿大学（英語〈医学部を除く3日程×3カ年〉）
512 近畿大学（理系数学〈医学部を除く3日程×3カ年〉）
513 近畿大学（国語〈医学部を除く3日程×3カ年〉）
514 近畿大学（医学部－推薦入試・一般入試前期） 医 総推
515 近畿大学・短期大学部（一般入試後期） 医
516 皇學館大学 総推
517 甲南大学 総推
518 甲南女子大学（学校推薦型選抜） 新 総推
519 神戸学院大学 総推
520 神戸国際大学 総推
521 神戸女学院大学 総推
522 神戸女子大学・短期大学 総推
523 神戸薬科大学 総推
524 四天王寺大学・短期大学部 総推
525 摂南大学（公募制推薦入試） 総推
526 摂南大学（一般選抜前期日程）
527 帝塚山学院大学 総推
528 同志社大学（法、グローバル・コミュニケーション学部－学部個別日程）

2025年版　大学赤本シリーズ　No. 333

東京家政大学
東京家政大学短期大学部

2024年7月20日　第1刷発行
ISBN978-4-325-26392-0
定価は裏表紙に表示しています

編　集　教学社編集部
発行者　上原 寿明
発行所　教学社
〒606-0031
京都市左京区岩倉南桑原町56
電話　075-721-6500
振替　01020-1-15695
印　刷　共同印刷工業